掌尚文化

Culture is Future

尚文化·掌天下

本书研究获国家社会科学基金项目（16BTQ074）的资助

Knowledge Discovery Based on the Integration of Citation Analysis and Content Analysis

Theory, Method and Application

李秀霞　邵作运　著

引文分析与内容分析

融合的

知识发现

理论、方法与应用

经济管理出版社

ECONOMY & MANAGEMENT PUBLISHING HOUSE

图书在版编目（CIP）数据

引文分析与内容分析融合的知识发现：理论、方法与应用/李秀霞，邵作运著．
—北京：经济管理出版社，2022.6

ISBN 978-7-5096-8539-6

Ⅰ.①引… Ⅱ.①李… ②邵… Ⅲ.①引文分析—研究 ②文献分析—知识管理—
研究 Ⅳ.①G353.1 ②G252.8

中国版本图书馆 CIP 数据核字（2022）第 104648 号

组稿编辑：张　昕
责任编辑：张　昕　吴　倩
责任印制：黄章平
责任校对：董杉珊

出版发行：经济管理出版社
　　　　　（北京市海淀区北蜂窝 8 号中雅大厦 A 座 11 层　100038）
网　　　址：www.E-mp.com.cn
电　　　话：（010）51915602
印　　　刷：唐山昊达印刷有限公司
经　　　销：新华书店
开　　　本：720mm×1000mm/16
印　　　张：20.25
字　　　数：335 千字
版　　　次：2022 年 10 月第 1 版　　2022 年 10 月第 1 次印刷
书　　　号：ISBN 978-7-5096-8539-6
定　　　价：98.00 元

随着网络技术、信息技术、数据库技术的迅猛发展，"信息爆炸"现象日益突出，如何从数据、信息中发现有用的知识已成为各个学科领域的研究热点。1995年在加拿大召开的第一届知识发现和数据挖掘国际学术会议上定义知识发现（Knowledge Discovery in Databases，KDD）为"非平凡地抽取数据中隐含的、先前未知的、潜在有用的知识"。在不同类型的知识发现中，学术文献承载着不同时代的新发现、新发明、新创造成果，蕴藏着大量有价值的知识，对社会、经济的发展意义重大，因此从文献数据库中发现知识显得尤为重要。

学术文献中存在复杂的知识单元，主要的知识单元有文献作者、作者机构、作者关键词、文献主题词、文献内容（问题、方法、工具等）、摘要、参考文献以及文献载体学术期刊等。学术文献知识发现的主要目标包括：发现上述知识单元的知识关联，通过文献知识单元的分类、聚类，挖掘学科发展前沿、发展趋势以及学科知识结构等。

当今，跨学科、跨专业的知识交流加剧了知识的分化，人们识别文献之间的知识关联愈加困难；人们的科研环境、学习习惯和工作方式也发生了本质的变化，其服务需求正由信息服务需求向知识服务需求转化；同时，数据库技术、高性能计算、智能处理及可视化技术的发展使从海量文献中发现知识成为可能。在此背景下，数据分析和文本挖掘技术迅速兴起并被广泛应用于学术文献的知识发现中，特别是引文分析、文献内容分析两种分析方法的成熟发展为文献的知识发现提供了良好的理论基础。

引文分析、文献内容分析两种方法虽然已近成熟，但在文献知识发现中都有各自的优势和局限，而多数研究是采用单一的方法进行的，影响了研究结果的准确性和可靠性。为此，寻求将引文分析和内容分析相结合的方法，取两种方法各自的优势，弥补其不足，以探寻文献更深层次、更细粒度、更全面的知识关系，这是文献知识发现新的研究方向。本书将从引文分析和内容分析结合的理论、方法、应用等方面进行系统的阐述。

本书共分三篇：第一篇是文献知识发现基本概述与基本原理，在比较引文分析和内容分析两种方法的基础上，介绍两种方法结合的文献知识发现基本原理、基本流程和技术实现等。第二篇是文献知识发现的基本方法与工具，介绍文献知识发现的基本方法、常用的数据库和软件工具。第三篇是应用研究，共分六部分：①基于主题挖掘的共现分析。本部分在挖掘文献主题的基础上，将主题分解为内容主题、方法主题，构建"内容-方法"和"作者-内容-方法"异质共现关系，并通过二部、多部共现网络，分析学科领域内研究内容与研究方法以及作者与研究内容、研究方法之间的密切关联。②学术文献的聚类与分类。本部分在文献主题提取的基础上，提出与 K-means 算法结合实现学术文献聚类的方法、与 KNN 算法结合实现学术文献分类的方法。③知识交流与融合。本部分以学科间、国家间引用的学术文献为知识交流的数据基础，通过提取文献主题，分析学科间知识交流的特征、国家间知识流动与转移的规律。④多源信息融合的知识发现。学术文献之间存在多种关系，不同关系反映文献之间不同的关联信息。本部分基于当前缺乏多源信息融合的研究现状，提出通过融合函数实现期刊耦合分析、作者合著分析；通过联合非负矩阵分解（Joint Non-negative Matrix Factorization，J-NMF）算法实现学科领域相似作者的识别和划分。⑤学科领域知识演化路径识别。本部分在分析引文网络主路径识别方法的基础上，提出结合主题提取和文本相似度计算的主路径识别法，有效识别出图书情报领域"粗糙集"研究方向的主路径；提出基于主题词的后向主路径与前向主路径结合的主路径识别方法。⑥学科领域研究主题优先级识别。本部分在用户需求趋势与发文趋势分析的基础上，利用战略坐标法实现图书情报学领域研究主题的优先级划分，利用 Z 分数与 Sen's 斜率相结合的方法进行图书馆学领域研究主题优先级识别，进而揭示相应学科领域研究主题的发展态势。

　　学术文献多种信息的融合能够实现信息的交叉印证、优势互补，减少信息遗漏，防止决策失误，有利于挖掘文献数据的价值，提升信息分析的能力。本书通过引文分析和内容分析结合的理论、方法与应用研究，形成文献知识发现中基于引文分析和内容分析结合的方法体系。因此，本书内容不仅是对文献知识发现方法体系的丰富和拓展，为文献知识发现提供新的分析方法和支持手段，而且可为大数据环境下多源异构信息的有效融合提供一定的理论和方法借鉴。

目 录／Contents

PART ONE
第一篇／原理篇

第一章　文献知识发现的基本概述　*3*

一、数据、信息和知识　*3*

二、知识发现　*4*

三、文献知识发现　*5*

四、文献知识发现的产生背景　*6*

五、文献知识发现的研究现状与发展历程　*7*

六、基于引文的知识发现研究现状与发展历程　*8*

七、基于文本内容的知识发现研究现状与发展历程　*10*

八、引文分析与内容分析融合的文献知识发现　*16*

九、文献知识发现的发展趋势　*17*

第二章 文献知识发现中多源信息的组合、聚合与融合 *27*

一、引文分析与内容分析概述 *28*

二、引文分析与内容分析相结合的必要性 *29*

三、引文分析与内容分析相结合的方法 *29*

四、本章小结 *38*

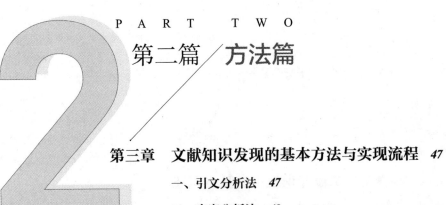

PART TWO

第二篇／方法篇

第三章 文献知识发现的基本方法与实现流程 *47*

一、引文分析法 *47*

二、内容分析法 *49*

三、社会网络分析 *52*

四、多元统计分析 *53*

五、文献知识发现的一般流程 *56*

第四章 文献知识发现常用的软件工具 *74*

一、文献数据库 *74*

二、常用文献题录统计工具 *76*

三、可视化分析工具 *78*

四、常用统计分析工具 *82*

PART THREE

第三篇／应用篇

第五章　基于主题挖掘的共现分析 *87*

　　一、基于主题挖掘的"内容-方法"共现　*87*

　　二、基于主题挖掘的"作者-内容-方法"共现　*103*

第六章　学术文献的聚类与分类 *117*

　　一、主题模型与 K-means 算法融合的文本聚类　*117*

　　二、主题模型与 KNN 算法结合的文本分类　*131*

第七章　知识交流与融合 *144*

　　一、基于关键词的学科间知识交流与融合　*144*

　　二、基于主题模型的学科间知识交流　*158*

　　三、基于主题模型的国家间知识流动　*168*

第八章　多源信息融合的知识发现 *191*

　　一、融入引文内容的期刊耦合分析　*191*

　　二、基于融合函数的文献主题信息与作者合著
　　　　信息的融合　*207*

　　三、基于 J-NMF 算法的作者相似性划分　*222*

第九章　学科领域知识演化路径识别　*243*

一、学科领域知识演化路径识别研究综述　*243*

二、基于主题词的学科领域知识演化路径识别　*251*

三、基于主题词的引文网络前向、后向主路径识别　*263*

第十章　学科领域研究主题优先级识别　*285*

一、学科领域研究主题战略坐标及研究优先级排序　*285*

二、基于 Z 分数与 Sen's 斜率的学科领域研究前沿主题识别　*300*

后　记　*315*

第一篇

原理篇

PART ONE

学术文献多由学术团队协作或个人独立完成，汇集了研究者的研究成果，凝聚了研究者的智慧，对科技进步和社会发展具有非常重要的意义。现有的文献多以非结构化或半结构化的形式存储在数据库或各种机读文件中，其中的知识在被人们认识之前是以隐性的形式存在的，因此将隐性知识显性化的文献知识发现研究一直是人们关注的热点。本篇将对文献知识发现的由来、相关概念、基本原理做详细介绍，并在比较引文分析和内容分析两种方法的基础上，介绍两种方法融合的文献知识发现的基本原理、基本流程和技术实现等。

第一章　文献知识发现的基本概述

一、数据、信息和知识

了解文献知识发现的概念与内涵，首先要弄清数据、信息和知识的含义及它们之间的关系。

数据（Data）是对事实的客观记录，是事实的数字化、编码化和序列化，如数字、声音、图像以及其他代表性的符号等都是数据。数据（如 38）本身并没有特别的价值，但它却是人们获取信息和知识的重要基础。就文献知识发现研究而言，涉及的数据有文献引文数据、评价数据、文本数据等。信息（Information）是经过加工组织的、对决策者有意义的数据，通常以文档和视觉的交流来表现，它是表述性的，如体温是 38 度。知识（Knowledge）是对既有信息的加工提炼，并根据其内在联系进行解释和评价的结果，它以某种有目的、有意义的方式处理信息，表述或预测出信息之间的规律和原理性联系。也就是说，信息加经验经过整合后形成知识，它是人们在改造自然的实践中所获得的认识和经验的总和。

数据、信息和知识又是密不可分的。数据经过处理、分析后，可以变成有用的信息；信息经过审核、分类后，可以变成有价值的知识；知识经过行动、验证后，可以协助人们解决问题、创造价值。例如，根据体温 38 度，人们结合简单的医疗常识，采取降温措施，使体温下降。

目前，人们使用的数据主要有三种类型：①结构化数据，指存储在数据库里，由明确定义的数据类型组成，如用二维表结构来逻辑表达实现的数据；②非结构化数据，是指数据结构不规则或不完整，没有预定义的数据模型，不方便使用数据库二维逻辑表来表现的数据，如文档、图片、音频、视频等；③半结构化数据，是介于完全结构化数据和非结构化数据之间的数据，一般是自描述的，数据的结构和内容混在一起，没有明显的区分[1]，如 XML、HTML 等格式的全文数据就是常见的半结构化数据[2]。非结构化、半结构化数据比结构化数据在技术上更难标准化和理解，所以存储、检索、发布及利用需要更加智能化的信息技术，比如海量存储、智能检索、内容保护、知识发现等。但非结构化数据中却蕴藏着大量有价值的信息，分析非结构化数据能够帮助人们快速地了解现状、显示趋势并且识别新出现的问题等。

二、知识发现

数据的长期积累和存储技术的不断发展，使"人们被数据淹没了"，仅靠传统的统计分析工具和检索工具已经远远不能满足人们的需求，正所谓"饥饿于知识"，由此，一个新的研究领域——知识发现（Knowledge Discovery in Database，KDD）应运而生。

1995 年在加拿大召开的第一届知识发现和数据挖掘国际学术会议上给出了KDD 定义："非平凡地抽取数据中隐含的、先前未知的、潜在有用的知识。"[3][4][5] KDD 被认为是从数据中发现有用知识的整个过程，知识发现涉及数据准备、模式搜索、知识评价，以及反复的修改求精，该过程要求是非平凡的，即要有一定程度的智能性、自动性，具有有效性、新颖性、潜在有用性、最终可理解性等特点。知识发现的有效性是指发现的模式对于新的数据仍保持一定的可信度；新颖性要求发现的模式应该是新的；潜在有用性是指发现的知识将来有实际效用，如用于决策支持系统里可提高经济效益；最终可理解性要求发现的模式能被用户理解，如知识表现形式简洁、直观。

　　知识发现的过程步骤是：分析研究问题，根据当前问题抽取数据，并结合现有数据库中的相关数据生成目标数据集；经过数据清洗和预处理，将数据缩减、变换为便于计算机处理的格式化数据。选择针对性的数据挖掘算法挖掘数据中潜在的知识，在此基础上，通过模式评估将获取的知识呈现，通过应用系统提供知识服务（见图1-1）。

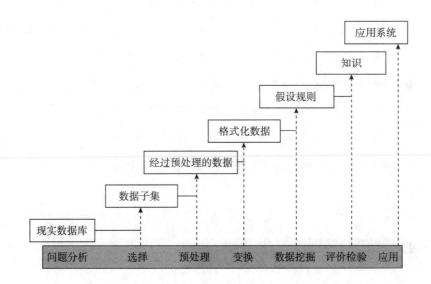

图1-1　知识发现（KDD）过程

资料来源：若无特别说明，本书图表均由笔者根据相关资料或数据自制。

　　知识发现有时被称为数据挖掘，但知识发现并不等同于数据挖掘，数据挖掘只是知识发现过程的核心，是整个KDD过程的一个步骤。

三、文献知识发现

　　当知识发现的起始点是文献数据库、最终应用结果是用户获得的知识模式时，知识发现就可称为文献知识发现。对应的数据类型主要是非结构化或半结构化的文献数据。

文献分为相关文献和非相关文献[6]。目前，对相关文献与非相关文献并没有明确的定义。从文献计量学的角度来讲，相关文献包括两种情况：一是指文献外在的相关，即文献在诸如作者、机构、参考文献等方面的相关性，这种相关性通过文献的引文关系来呈现；二是指文献内容上的相关性，即文献在诸如题名、摘要、关键词等内容上有关联，这种相关性一般需要通过文献关键词提取、主题提取，并通过文献间关键词共现、主题共现来表示。非相关文献与相关文献相对应，非相关文献是指文献之间彼此没有引文或共引关系，也没有或极少有关键词、主题词的共现关系，即文献间在引文上和内容上均没有直接的关联，它们之间彼此独立。

根据文献的分类，相应地，我们把文献知识发现分为基于相关文献的知识发现和基于非相关文献的知识发现两种。基于相关文献的知识发现是从相关文献中发现科学发展的脉络，引导科研人员提出科学假设或猜想，进行攻关或实验，从而发现新的知识。

四、文献知识发现的产生背景

（1）文献总量的增加与人类吸收知识能力之间的鸿沟不断扩大和加深。文献是知识的主要载体，是科研成果的主要表现形式，是蕴藏着有价值信息的宝库，具有继承性、累加性。随着科学技术的迅猛发展，文献呈爆炸式增长，而人的智力水平和有限的生命严重影响人们从海量文献中快速获取所需知识并利用已有知识进行知识创新。

（2）跨学科、跨专业的知识交流加剧了知识的分化。随着科研领域的不断细分，各个学科不断产生新的分支和专业，学科间的知识关联越来越密切，从海量文献中识别学科间知识交流与知识交叉的工作越来越重要。

（3）人们的服务需求由信息服务需求向知识服务需求转化。互联网所构建的强大虚拟信息空间，多语义、多媒体、移动式的泛在知识环境，支持教育、科研、学习过程中的协作和参与模式等，改变着人们的科研环境、学习习惯和工作方式，人们的服务需求由信息服务需求逐渐转向知识服务需求，以文献数据库为资源向用户提供知识服务已成为知识管理、知识服务工作的一部分。

（4）引文分析、内容分析为知识发现奠定了方法论基础。引文关系即文献之间的引用关系，引文分析用于分析文献及其作者、对应期刊等之间的引用和被引用的现象和规律，进而揭示其隐含的知识结构。内容分析是对文献进行定性分析与定量分析相结合的分析方法，一般采用文献主题提取、文献词频分析等，结合其他分析方法将非定量的文献材料转化为定量的数据，并依据这些数据对文献内容进行可再现的、有效的推断，揭示其深层的信息，发现隐藏在文献中的重要事实或趋势，分析结果具有客观性、科学性和合理性。

（5）数据库技术、高性能计算、智能处理及可视化技术的发展使文献知识发现成为可能。一些数据库如 PubMed/BioMed Central、Citeseer 和 arXiv 等都能够提供可进行数据格式解析和文本内容挖掘的全文信息，为深入文献内部进行全文层面的引文分析研究提供了良好的数据基础[7]。数据库技术的研究，解决了计算机信息处理过程中对海量文献有效组织、存储和共享的问题；计算机技术和智能处理技术提供了有效处理非结构化和半结构化文献数据的工具、手段；可视化技术及可视化分析工具实现了多维数据之间复杂关系的可视化、知识概念关系的可视化，可以展示完整的知识结构。

总之，在信息爆炸时代，科技文献呈指数级增长、跨学科信息交流越来越频繁、学科分化和知识分裂日趋加剧，面对上述变化科研人员难以获取想要的知识；智能计算和文本挖掘技术的发展使从海量文献中发现有价值的知识成为可能，在主观有需求、客观技术环境有支持的背景下，文献知识发现这一研究方向由此产生。

五、文献知识发现的研究现状与发展历程

国内情报学界似乎一致认为文献知识发现发源于 1986 年美国芝加哥大学 Swanson 提出的开放式文献知识发现，并以其后续发文为主线给出了文献知识发现的演化发展历程。对此不少人提出异议，如冷伏海等认为这种认识"显然不妥"[8]。因为 Swanson 的研究是"基于非相关文献"的，他认为非相关文献是指不存在引用（包括互引和共引）关系的文献。也就是说，"相关文献"是存在引用关系的文献。事实上，没有引用关系的文献之间，在内容上也可能会有一定的关联，暂且称为文献之间的知识关联，只要有知识关联，文献之间就是相关的。所以，Swanson 提出的"非相关文献"本身就有一定的局限性。而且，Swanson 提出的文献知识发现，排除了存在引用关系的文献，但有引用关系的文献之间关联更密切，其间反映的知识结构更有代表性，更有知识发现的价值。

由此，本书界定相关文献是指有引用关系或内容关联的文献。在此基础上，给出两类文献知识发现，即基于引文关系的文献知识发现和基于内容关联的文献知识发现。根据 Swanson 给出的文献知识发现的概念，以及在其知识发现中主要以文献的标题、摘要、标准叙词表、概念、语义分析等来构建初始文献集和寻找中间集合，采用词频分析、语义过滤方法等技术，强调高频度，在评估知识发现的效果或结果时也普遍采用 1986 年 Swanson 有关雷诺病与食用鱼油的研究的结果，本书认为 Swanson 提出的文献知识发现应该属于基于内容关联的文献知识发现。

六、基于引文的知识发现研究现状与发展历程

基于引文关系的文献知识发现是伴随着引文分析的发展而发展起来的。

引文分析起源于 20 世纪初期，1917 年，Cole 和 Eales 最早将引文分析法应用于文献计量学[9]；1927 年（也有说是 1911 年），Gross 等利用引文分析[10][11] 统计了化学专业的某些期刊论文的参考文献并进行了分析，得出了化学教育方面的核心期刊；1955 年，加菲尔德（Garfield）[12] 在美国 *Science* 期刊上发表了一篇题为"科学引文索引"的论文，系统地提出了通过引文分析对科技文献进行检索的方法，从而掀开了引文分析研究的新篇章。之后，普莱斯（Price）研究了引文的半衰期现象，

分析了文献被引次数的不均等性，并构建了简单的引文网络，普莱斯的研究推动了引文分析方法的快速发展，使其成为文献计量学中最重要且应用最广泛的方法之一，深刻影响了科学计量学的学科面貌[13]；20 世纪 60 年代中期，随着 Kessler 文献耦合分析方法、Small 和 White 共被引分析方法的提出，各种与引文分析有关的新指标、新算法、新模型和新的可视化方法不断涌现，文献耦合、共被引分析、文献老化、文献扩散等引文分析子领域逐渐形成，使引文分析的发展逐渐走向繁荣，也促进了文献计量和科学评价的进一步发展[14]。在国内，1990 年，武夷山[15] 针对 *Scientometrics* 期刊中刊载的文章，研究了引文分析的研究现状。2008 年，刘则渊等[16] 在《科学知识图谱》一书中第一次提出"引文分析学"，意味着引文分析法在我国计量学研究中已形成一门成熟的分支学科。通过引文分析，不仅能够发现具有相似研究主题的相关文献，还能够揭示学科文献的引文规律及学科知识的交流模式，揭示科学研究中相关的作者群及其之间的知识交流规律、科研团队的结构组成与发展，探析学科结构、学科关联、学科交叉与渗透等。

20 世纪 90 年代末，结构化全文数据库发展成熟，不少数据库能够向用户提供电子出版物全文在线服务（Web of Science 数据库、Elsevier 数据库）、学术期刊和电子图书的在线服务（Spring）、免费获取服务（PubMed Central 数据库、PLOS 和 PeerJ 期刊数据库）等，研究者逐渐以数目数据库为基础广泛开展发现学科结构的应用研究，如 Small 发现了跨学科边界通向目标领域的通道，发现了多层次的学科结构[17]，Goldfinch 等基于文献数据库发现了学科合作交流的边界效应[18] 等。而且，通过复杂网络发现知识流动、技术扩散也成为可能，基于数据库的全文引文分析，可以进一步揭示学科结构、探析学科研究前沿、发现学术权威、预测学科发展趋势等，引文分析真正成为文献知识发现的有效途径。加之计算机深度学习技术和可视化技术在引文分析中的运用，为引文分析的蓬勃发展提供了工具条件，通过构建引文网络知识图谱，将潜在的知识结构、知识关联生动、形象、逼真地显性化。至此，引文分析在文献知识发现中的地位进一步稳固。

但将引文分析用于科学评价与预测从一开始就备受质疑，在其发展过程中，国内外学者对其有效性和可靠性也一直争论不断。加菲尔德[19] 在 20 世纪 60 年代就曾指出,"引文统计是对科学活动的测度","只是对科研工作和兴趣的一种反映",引用次数无法揭示出作者的引用动机、科学工作的性质、工作效用等,这些因素只能通过对被引文献的内容分析或同行专家评议,才能够探究清楚[20]。2009 年,史密斯[21] 分析了作者的引用动机,认为引用次数不足以成为评价的唯一指标。我国学者叶继元[22] 2010 年指出,当前对引文评价功能的利用比较片面;2011 年,杨思洛[14] 从引文分析理论的不完善,引用过程中存在的不足,引文分析方法、工具和数据库的缺陷,引文分析应用与实践的局限四个方面叙述了引文分析存在的问题;2013 年,祝清松[23] 同样提出,由于引文分析存在引文数据不全面、引用信息不明确、引用动机不清晰、应用行为具有主观性,同时引用行为受马太效应的影响,还存在将所有引用同等看待、忽视了引用深度的差异、引用正向与反向的差异等问题,所以单纯地利用被引次数是当前引文分析法的最大问题。

可见,早期的引文分析主要关注被引文献和施引文献之间简单的数量统计,分析引文的分布特征,揭示的是文献之间宏观层面的、外在的关联,将所有引用同等看待,并不关注引用的动机和目的、引用文献之间的关联,不关注引文的内容,不能发现引文内容的语义信息[24]。

菲尔德和普赖斯在研究引用频次的同时指出,讨论前沿问题时需要对施引文献内容进行分析,该观点使引文分析从定量分析转为定性分析,也成为下一代引文分析的方向[25]。随着全文本获取的可行性和文本挖掘技术的应用,引文内容分析被推进到一个新的阶段[26],之后越来越多的学者呼吁将定量分析与定性分析结合,至此引文内容分析法更多地被提及。

七、基于文本内容的知识发现研究现状与发展历程

文本内容分析主要是对文献内容进行客观、系统的分析,是定量与定性结合的分析方法。它以定性的问题假设作为出发点,通过对文献内容的定量分析,找出既

能反映文献内容的一定本质又易于计数的特征，将用语言表示的文献转换为用数量表示的资料，将分析的结果用统计数字描述，并从统计数据中得出定性的最终结论，以达到对文献内容更深刻、更精确的认识。

文本内容分析的对象是各种用于交流的信息内容，任何有交流价值的信息都能成为内容分析的对象。就学术文献而言，作为分析对象的内容可以是学术信息，如题名、摘要、关键词、参考文献、期刊等；也可以是社会信息，如作者、机构、论文基金支持单位等。通过文本内容分析能够揭示文献所隐含的情报内容、追溯学术发展的轨迹、预测学术演化趋势、深层次揭示学科知识结构，是一种较高层次的情报分析方法[27]。

根据文本内容分析对象的不同，将文献知识发现分为两类：一类是基于引文内容的文献知识发现；另一类是基于文本内容的文献知识发现。

（一）基于引文内容的文献知识发现

最早对引文内容的研究当属 Small 的系列研究成果。1978 年，Small[28] 提出用概念符号表达引用内容，即用引文文本内容中出现频次最高的词或短语来表示引文，并在之后的研究中将共被引聚类与引文内容分析结合，对学科领域的知识演变历史给出更好的解释，有效揭示学科领域的知识基础和知识结构[29]。1982 年，Small[30] 给出了引文内容（Citation Context）的定义，他将引文内容定义为参考文献及其标识周围的文本内容。该定义将引文内容分析分为两种：第一种是引文上下文分析（Citation Context Analysis），主要是面向引用位置、引用功能或引用倾向的引文类型的识别，该方法重视外部特征，忽略了引文的内容，仍是文献外在层面的分析；第二种是引文上下文的内容分析（Content Analysis of Citation Contexts），主要是面向主题词或短语的语义内容挖掘，是对第一种方法的重要补充，该方法重视文献的内部特征，深入语义内容进行分析，具有更好的应用价值[7]。

引文内容分析属于内容分析研究范畴，但其分析的文本内容是引用内容，既具有一般的文本属性，又具有引用行为及过程所生成的独特性质[7]。之后，引文内容分析的类型基本延续了 Small 的分类方法，刘浏等[24] 将引文内容分析分为基于频率的引用内容分析和基于文本的引用内容分析：前者以统计一篇引文在同一篇施引文献中出现的频率、在同一篇施引文献不同位置的频率以及一篇引文的句子或主题词在同一篇施引文献中出现的频率等为基础，这种统计分析与传统的引文分析法一脉相承，都是基于"量"的统计对引文内容进行分析；后者将关注点聚焦在引用的文本上，不仅分析引用位置，更重要的是借助语义分析技术、主题提取技术、自然语言处理技术等有效挖掘隐含在引文文本中的语义信息，包括引用动机[31]、主题识别[32]、自动文摘[33]、信息检索[34]、聚类[35] 和文本分类[36] 等方面。利用引文内容可以在很大程度上提高信息检索的性能，较好地识别文本研究的主题，提高文本分类效果和聚类效果[7]。

随着自然语言处理技术的不断提高，对引文内容分析的研究越来越深入、广泛，引文内容分析已经成为文献知识发现的重要方法。早在 1989 年，Katherine 等[37] 就已经将引文内容分析法运用到了分子遗传学。2005 年，Nanba 和 Okumura[38] 将引用内容定义为 "Reference Areas"，指的是在参考文献区域内与引文相关的一个或多个句子。2008 年，Mei 等[39] 在利用引用内容生成文本概要的研究中，将引用内容定义为引用标签周围的五句话，其中有一句是包含引用标签的句子，另外四句分别是含有引用标签句子前面的两个句子和后面的两个句子。Nakov 等[40] 在 2004 年提出 "Citance" 的概念，指的是引用句子集合，用于表示引用内容。2010 年，Lawrence 等[41] 利用引文内容分析法和机器学习模型预测了生物医学领域文献的被引量。Aljaber 等[42] 基于引文内容，提出了一种针对科学文献的新的聚类方法。与 Small 的研究类似，2014 年，Ding 等[43] 将基于内容的引文分析分为两个层面：一个是语法层面，指引文分布在文献中的不同语法结构；另一个是语义层面，指引文具有不同的语义贡献。同年，Yoo Kyung Jeong 等[44] 使用作者共被引方法提取了文献中出现的作者，分析了文章之间的关联性。

国内，自 20 世纪 90 年代以来，学术界研究内容分析的论文呈逐年上升的趋势，内容分析法逐年得到重视。1993 年，何佳讯[45] 采用比较方法与内容分析方法，发现自 1991 年以来，我国引文分析的若干研究动态与国外 20 世纪 80 年代的研究态势呈呼应态势。刘洋等[46] 提出利用引文上下文的文字片段包含的丰富信息可以表现被引证论文具有代表性意义的方法、观点等有价值的内容特征，并且引文上下文在表征被引文献内容特征的效果上明显优于目标文献摘要。2014 年，冷伏海、祝清松[47] 以碳纳米管纤维研究领域的高被引论文为研究对象，对其引文进行内容抽取，指出内容分析可以有效揭示引用动机。刘盛博等[7] 将引文内容分析分为两个研究分支：一个方向从施引文献入手，分析参考文献的被引用频次，挖掘单篇参考文献的位置分布以及多篇参考文献间的相对位置、层次和距离，这实际上是对传统引文分析理论的研究深化和功能拓展；另一方向则聚焦于引用片段，运用文本挖掘和语句处理技术，进行引用内容主题层面的研究。章成志等[48] 通过实证研究，证实引文内容分析能够探测学科的交叉融合现象；徐庶睿等[49] 从内容层面构建了学科交叉分类的量化标准，解决了基于主题的学科交叉度计算问题，并定量研究了学科交叉的类型。

引文内容分析是在传统引文分析的基础上，深入施引文献的内容层面，挖掘文献背后隐含的知识。随着文本挖掘技术的发展，以及全文本开放数据库的出现，引文内容分析的研究将进入一个全新的发展阶段[50]。

（二）基于文本内容的文献知识发现

1. 文本内容知识发现的起源

20 世纪 70 年代末至 80 年代中期，出现了两大文献内容发现的理论基础，即基于相关文献知识发现的共词和共现理论、基于非相关文献知识发现的 Swanson 理论。前者是通过文献的词共现关系形成相关文献集，后者则是将看似内容上没有直接关联的文献关联起来。事实上，Swanson 理论与共词理论本质方法是统一的，都是通过"词共现"将文献信息拼接起来，获得无法从各自文献集中得到的信息。2008 年，Kostoff 和 Porter 将非相关文献知识发现扩展到相关文献知识发现[51]，相关研究项目有文本挖掘的试点项目[52]、DT[53]、TOAS[54] 等，其研究成果实现了

"Swanson 理论"与"共词和共现理论"的统一[55]。

内容分析法最早应用于新闻传播领域，起源于"二战"期间美国学者拉斯韦尔（Lasswell）等的"战时通信研究"工作。Krippendorff 最早认为，内容分析是一种对显性内容进行客观、系统、定量描述的研究方法[56]。Stemler[57] 则认为，文献内容分析需要解决六个关键问题，包括：分析哪些数据？如何定义数据？如何获取数据？数据分析的语境如何？分析的前提条件是什么？分析的结论是什么？20 世纪 60 年代末，西方图书馆学情报学将内容分析列入自己的方法论体系[58]。80 年代以来，内容分析法不断吸收当代科学发展的成果，用系统论、信息论、符号学、语义学、统计学等新兴学科的成果充实自己[59]。之后，内容分析法逐年成为文献知识发现的一个重要研究方法。

文献的内容特征主要通过文献的标题、摘要、关键词以及增补关键词和正文等来体现。计算机技术和全文数据库的发展为内容分析提供了便利条件，数据挖掘和知识发现技术的应用也给内容分析法研究带来了蓬勃生机[59]。内容分析法主要以符号群为基本信息单元，以统计数理分析、计算语言学为基础，结合信息检索技术和机器学习，分解文本内容，关注文本的内容特征，实现对文本细粒度、深层次、全面的分析和处理[60]。

2. 文本内容文献知识发现的分类

（1）以高频词统计为基础的文献知识发现。早期的基于文本内容的文献知识发现主要以文本高频词为分析对象，如词频分析、共词分析等。关键词是文献研究主题、研究内容、研究方法和手段的高度概括与凝练，反映了文献研究的逻辑关系或创新突破点，多在文献中分列标明，易于提取，便于量化分析。高频关键词则反映了某研究领域的热点问题和前沿趋势，频次越高说明研究者的关注度越高，通常构成研究热点。因此，可以根据统计和分析关键词在某学科领域文献集中出现的频次高低，来确定研究热点、研究趋势，确定学科领域中的研究团队、权威人士等。例如，Mosteller 和 Wallace[61] 通过统计文献集中的词频发现了匿名论文的作者；司莉等[62] 通过高频词分析，发现了学科领域的研究热点；Stemler 和 Bebell[63] 通过文献内容分析发现学科发展的趋势和发展模式等。

共词分析法是 20 世纪 70 年代中后期由法国文献计量学家 Callon 和 Law 等提出并应用于科学研究中的[64][65][66]。共词分析法也是将文献关键词作为研究对象,通过统计一组关键词在同一篇文献中两两出现的次数,构成关键词共现矩阵,借用多种分析手段,如聚类分析、因子分析、分类分析、多维尺度分析、关联分析等,发现关键词之间的亲疏关系,从而进一步分析学科领域知识结构、研究热点及关注点的发展趋势。早在 1984 年,Rip 等[67] 就以一种生物技术核心期刊 10 年的文章为数据样本,使用共词分析法分析了生物技术领域的科学知识结构。实验结果表明,相比共引分析法,共词分析法能够更好地展示学科知识结构。1986 年,法国国家科学研究中心(CNRS)出版的 *Mapping the Dynamics of Science and Technology* 一书使共词分析法得到广泛推广[68]。经过 20 多年的发展,共词分析法已经被应用于许多学科领域的知识发现[69]。

(2)以主题词提取为基础的文献知识发现。共词分析的分析单元是从分析数据集中选取的表征能力较强的词。早期分析单元通常从数据库(如 WOS、CNKI 等)中提取已有的结构化词汇(如关键词),导致这种分析方法存在很多的不足,如术语的规范化问题(同义词、近义词、缩写词及中英混用)、术语表征差异化问题(标引源差异、文献属性差异以及词重要性差异)、主观性问题(无论是词频数量确定还是分类命名等都由人为主观确定)、不完整性问题(以高频词为分析对象,忽视大量低频次的作用,尤其是突发词的影响)等。随着自然语言处理(NLP)技术的兴起,人们开始从结构化数据的标题、摘要、全文及非结构化文本数据中提取有意的词,称为文献主题提取。

主题提取即提取学科领域学术文献集中的研究主题。学术文献的标题和摘要传达了文章的主题,标题提供了文献涉及的核心问题,摘要则反映了文献的研究背景、研究目的和意义、研究方法和过程、结果与结论等中心内容。因此,多数研究是从文献的标题、摘要中提取文献主题,采用的方法主要是主题模型。

主题模型最早出自 2000 年法国学者 Bigi 等[70] 撰写的 *A Fuzzy Decision Strategy for Topic Identification and Dynamic Selection of Language Models* 一文，该文提出一种基于模糊关系的主题模型。后来，学者们对该模型进行了扩展和改进，衍生出了层次概率主题模型（Hierarchical Latent Dirichlet Allocation，HLDA）[71]、作者主题模型（Author-Topic，AT）[72]、动态主题模型（Dynamic Topic Model，DTM）[73] 等。主题模型的不断丰富与完善为文献内容知识发现提供了有力的支持工具，使文献内容知识发现进入一个快速、繁荣的发展时期。

自 20 世纪 90 年代以来，内容分析法得到学界广泛重视，国内有关内容分析的论文呈逐年上升的趋势，并已建立起比较系统的方法体系，其研究性质、研究内容等也得到普遍确认和明确定义。目前，内容分析法作为情报学研究的核心方法[74]已被广泛应用于文献知识发现中。王茜等[75] 通过对"优秀博士学位论文"指导教师发表的有关导师指导研究生的文献进行内容分析，提炼总结了优秀博士生导师的指导经验和方法；谢晴[76] 通过对警察职业倦怠领域的 45 篇文献进行内容特征的分析，得到反映国内警察倦怠领域"研究主题、结论和方法"的总体分布情况及发展趋势；魏江等[77] 采用内容分析法识别出工程教育大学联盟建构过程中的关键维度和基本要素；谭春辉等[78] 运用内容分析法，对 2011—2015 年国内外以智库为主题的文献进行统计与可视化分析，发现国内外智库研究的内容特征与动态；董坤等[79] 在实践中发现，基于主题识别的文献内容分析能够深入文本内部，充分考虑文本的潜在语义特征，识别结果准确性更高。

八、引文分析与内容分析融合的文献知识发现

引文分析法和内容分析法分别从单一的视角揭示不同层面的知识结构。引文分析法主要从文献外在的引证关系反映文献的社会关联与社会影响，进而揭示科学结构及其演化，其内容的揭示是一种间接的方式，因此该方法的知识发现缺乏文献研究主题和内容上的深层次挖掘；内容分析法是对当前文献主题的直接计量与分析，能通过文献的语义关系真实反映文献的主题内容，但内容分析法却无法体现文献的

社会影响。Morris 等[80] 认为，用单一的计量方法揭示文献中反映出的科学信息是有限且片面的。尤其是在当今大数据环境下，情报分析更加强调多源信息的融合。[81][82][83] 因此，把引文分析法和内容分析法相结合，取两种方法各自的优势，弥补其不足，能够更加深刻、全面地发现文献中潜在的知识，且效果会更为科学、合理。

国内外已有不少将引文分析与内容分析相结合实现文献知识发现的研究。国外代表性的研究有 Small[84]、Glenisson 等[66] 通过两种方法的结合，进行学科知识结构识别与分析，研究表明两种方法结合是发现文献知识结构更完整全面、更有效的方法。Kevin 等[85] 利用两种方法的结合探索娱乐休闲领域的研究热点。Light 等[86] 利用主题模型与期刊引文相结合，探索 HIV/AIDS 研究的演变过程。

国内相关研究有吴建华等[87] 运用内容分析法与引文分析法相结合，深入文献内部，发现国际图书情报领域阅读研究关注的主要问题和研究方法，证明两种分析方法相结合可以高效发现有价值的信息；朱少强等[88] 通过对文献的外部特征与内容特征的量化统计，发现了大量文献群背后隐含的信息；肖雪[89] 的实证研究证明：内容分析法结合引文分析法在分析潜在信息方面具有独特优势，能提高信息分析的科学性和客观性。

分析引文分析与内容分析结合的已有研究，发现两者结合的方式大致有三种：引文分析与内容分析的组合、引文分析与内容分析的聚合、引文分析与内容分析的融合。对三种结合方法的详细介绍见"第二章　文献知识发现中多源信息的组合、聚合与融合"。

九、文献知识发现的发展趋势

未来文献知识发现的研究将主要集中在以下几个方面：

（1）研究引文分析与内容分析融合的更可靠方法。目前，引文分析与内容分析结合的研究不少，但实现融合的方法不多，积极探索实现文献内容信息与引用信息融合的有效途径是未来文献知识发现发展的一个重要方向。

（2）研究自动获取文献潜在知识的技术。目前，虽然确立了文献内容信息在文献知识发现中的重要地位，但实际上真正大规模文献语义的识别工作还远远不够，需要研究本体语义推理及其在文献内容挖掘中的应用，以更有效地从海量文献中获取有价值的内容信息。

（3）研究文献数据的多源特征及融合方法。随着文献种类的多样化和数据规模的增大，需要研究文献多源数据的规模、分布、结构等特征，研究实现多源数据融合的技术方法，提高知识发现的效度和满意度，这是未来文献知识发现和知识服务的需求。

（4）研究文献知识发现效果的评价标准。随着研究的不断深入，文献知识发现方法越来越多，但如何评估文献知识发现过程及结果的价值，尚未形成统一的标准，目前或是采用专家评估法，或是采用用户评分法，或是采用对比分析法，前两种方法不仅带有主观性，而且不易实施，而不同的评价方法因其原理上的差异，可比性不强，导致对比分析法也并不理想。因此，研究具有权威性的文献知识发现评价标准是值得学者们关注的问题。

（5）研究文献知识发现系统。目前，国内已有不少文献知识发现系统，如超星发现系统、知网 KNS、维普智立方、万方创新助手等，但以上系统均忽视了对用户使用行为的挖掘分析[90]。利用数据挖掘技术，实现用户 Web 日志记录的挖掘、用户行为的挖掘，并将其纳入文献知识发现系统，使文献知识发现在不断接受用户信息反馈的基础上持续完善和改进，为用户提供深层次、多维度的知识服务，将是文献知识发现的另一个方向。

参考文献

[1] 结构化和非结构化数据定义［EB/OL］.［2017 - 02 - 12］.https：//wenku.baidu.com/view/e 4ecd 1f 3ba 0d 4a 7302763a 02.html.

［2］赵蓉英，曾宪琴，陈必坤．全文本引文分析——引文分析的新发展［J］．图书情报工作，2014，58（9）：129-135.

［3］Piatetsky‐Shapiro G，Frawley W J. Knowledge Discovery in Databases［M］. AAAI/MIT Press，1991.

［4］Fayyad U M，Piatetsky‐Shapiro G，Smyth P，and Uthurusamy R. Advances in Knowledge Discovery and Data Mining［M］. AAAI/MIT Press，1996.

［5］Piatetsky‐Shapiro G，Fayyad U M，Smyth P. From Data Mining to Knowledge Discovery：An Overview［M］//Fayyad U M，et al.（eds.），Advances in Knowledge Discovery and Data Mining. AAAI/MIT Press，1996：1-35.

［6］张树良，冷伏海．基于文献的知识发现的应用进展研究［J］．情报学报，2006，25（6）：700-712.

［7］刘盛博，丁堃，张春博．引文分析的新阶段：从引文著录分析到引用内容分析［J］．图书情报知识，2015（3）：25-34.

［8］张云秋，冷伏海．非相关文献知识发现的理论基础研究［J］．中国图书馆学报，2009，35（4）：25-30.

［9］Cole F J，Eales N B. The History of Comparative Anatomy：Part I. —A Statistical Analysis of the Literature［J］. Science Progress（1916-1919），1917，11（44）：578-596.

［10］邱均平．文献信息引证规律和引文分析法［J］．情报理论与实践，2001，24（3）：236-240.

［11］Gross P L，Gross E M. College Libraries and Chemical Education［J］. Bulletin of the American Association of University Professors，1927，66（1713）：385-389.

［12］Garfield E. Citation Indexes for Science［J］. Science，1955，122（3159）：108-111.

［13］胡志刚．全文引文分析（第二版）［M］．北京：科学出版社，2017，2：1-3.

［14］杨思洛．引文分析存在的问题及其原因探究［J］．中国图书馆学报，2011：37（193）：108-117.

［15］武夷山．从 Scientometrics 载文看引文分析研究的现状［J］．情报学报，1990，9（4）：265-272.

［16］刘则渊，陈悦，侯海燕．科学知识图谱：方法与应用［M］．北京：人民出版社，2008.

［17］Small H. A Passage Through Science：Crossing Disciplinary Boundaries［J］．Library Trends，1999，48（1）：72-108，199.

［18］Goldfinch S，Dale T，DeRouen K. Science from the Periphery：Collaboration，Networks and 'Periphery Effects' in the Citation of New Zealand Crown Research Institutes Articles，1995-2000［J］．Scientometrics，2003，57（3）：321-337.

［19］Garfield E. Can Citation Indexing Be Automated［C］//Statistical Association Methods for Mechanized Documentation，Symposium Proceedings，1964：189-192.

［20］尤金·加菲尔德．引文索引法的理论及应用［M］．侯汉清，等译．北京：北京图书馆出版社，2004：230-231.

［21］Smith L C. Citation Analysis of Library Trends［J］．Webology，2009，6（1）：83-105.

［22］叶继元．引文的本质及其学术评价功能辨析［J］．中国图书馆学报，2010，185（36）：35-39.

［23］祝清松．引文内容分析方法研究综述［J］．情报资料工作，2013（5）：39-42.

［24］刘浏，王东波．引文内容分析研究综述［J］．情报学报，2017，36（6）：637-643.

［25］刘胜博．科学论文的引用内容分析及其应用［D］．大连理工大学，2014.

［26］Teufel S. Argumentative Zoning：Information Extraction from Scientific Text［D］．University of Edinburgh，1999.

［27］宋振峰，宋惠兰．基于内容分析法的特性分析［J］．情报科学，2012，30（7）：965-966，984.

[28] Small H G. Cited Documents as Concept Symbols [J]. Social Studies of Science, 1978, 8 (3): 327-340.

[29] Small H G, Greenlee E. Citation Context Analysis of A Co-citation Cluster: Recombinant-DNA [J]. Scientometrics, 1980, 2 (4): 277-301.

[30] Small H G. Citation Context Analysis [J]. Progress in Communication Sciences, 1982 (3): 287-310.

[31] Ding Y, Zhang G, Chambers T, et al. Content Based Citation Analysis: The Next Generation of Citation Analysis [J]. Journal of the Association for Information Science and Technology, 2014, 65 (9): 1820-1833.

[32] Liu S, Chen C. The Differences between Latent Topics in Abstracts and Citation Contexts of Citing Papers [J]. Journal of the American Society for Information Science and Technology, 2013, 64 (3): 627-639.

[33] Qazvinian V, Radev D R, Mohammad S M, et al. Generating Extractive Summaries of Scientific Paradigms [J]. Journal of Artificial Intelligence Research, 2013 (46): 165-201.

[34] Ritchie A, Teufel S, Robertson S. Using Terms from Citations for IR: Some First Results [C] //Proceedings of the IR Research, 30th European Conference on Advances in Information Retrieval (ECIR), 2008: 211-221.

[35] Aljaber B, Stokes N, Bailey J, et al. Document Clustering of Scientific Texts Using Citation Contexts [J]. Information Retrieval, 2010, 13 (2): 101-131.

[36] Aljaber B, Martinez D, Stokes N, et al. Improving MeSH Classification of Biomedical Articles Using Citation Contexts [J]. Journal of Biomedical Informatics, 2011, 44 (5): 881-896.

[37] Katherine W, Mc Cain, Kathleen T. Citation Context Analysis and Aging Patterns of Journal Articles in Molecular Genetics [J]. Scientometrics, 1989, 17 (1): 127-163.

［38］Nanba H, Okumura M. Automatic Detection of Survey Articles［C］//Research and Advanced Technology for Digital Libraries. Vienna：Springer, 2005：391-401.

［39］Mei Q, Zhai C. Generating Impact - based Summaries for Scientific Literature［J］. Proceedings of ACL-08：HLT, 2008：816-824.

［40］Nakov P I, Schwartz A S, Hearst M. Citances：Citation Sentences for Semantic Analysis of Bioscience Text［C］//Proceedings of the SIGIR 04 Workshop on Search and Discovery in Bioinformatics. Sheffield：ACM, 2004：81-88.

［41］Fu L D, Aliferis C F. Using Content-based and Bibliometrics Features for Machine Learning Models to Predict Citation Counts in the Biomedical Literature［J］. Scientometrics, 2010, 85（1）：257-270.

［42］Aljaber B, Stokes N, Bailey J. Document Clustering of Scientific Texts Using Citation Contexts［J］. Information Retrieval, 2010（13）：101-131.

［43］Ding Ying, Zhang Guo, Chambers Tamy. Content - based Citation Analysis：The Next Generation of Citation Analysis［J］. Journal of the Association for Information Science and Technology, 2014, 65（9）：1820-1833.

［44］Yoo Kyung Jeong, Min Song, Ying Ding. Content-based Author Co-citation Analysis［J］. Journal of Informetrics, 2014, 8（1）：197-211.

［45］何佳讯. 中外引文分析研究的比较——基于内容分析的研究［J］. 情报科学, 1993（1）：18-29.

［46］刘洋, 崔雷. 引文上下文在文献内容分析中的信息价值研究［J］. 图书情报工作, 2014, 58（6）：101-104.

［47］冷伏海, 祝清松. 碳纳米管纤维领域文献的关键研究路径分析［J］. 科学观察, 2014（6）：1-10.

［48］章成志, 徐庶睿, 卢超. 利用引文内容监测多学科交叉现象的方法与实证［J］. 图书情报工作, 2016, 60（19）：108-115.

［49］徐庶睿, 章成志, 卢超. 利用引文内容进行主题级学科交叉类型分析［J］.

图书情报工作，2017，61（23）：15-24.

[50] 赵蓉英，曾宪琴. 全文本引文分析的新发展 [J]. 图书情报工作，2014，58（9）：129-135.

[51] Huang Y, Contracto R N, Yao Y. CI-KNOW：Recommendation Based on Social Networks [C] //Proceedings of the 2008 International Conference on Digital Government Research. Digital Government Society of North America, 2008：27-33.

[52] Kostoff R N, Río J A, Humenik J A et al. Citation Mining：Integrating Text Mining and Bibliometrics for Research User Profiling [J]. Journal of the Association for Information Science, 2014, 52（13）：1148-1156.

[53] Kostoff R N, Eberhart H J, Toothman D R. Database Tomography for Technical Intelligence：A Roadmap of the Near-Earth Space Science and Technology Literature [J]. Information Processing & Management, 1998, 34（1）：69-85.

[54] Watts R J, Porter A L, Cunningham S. TOAS Intelligence Mining：Analysis of Natural Language Processing and Computational Linguistics [J]. Lecture Notes in Computer Science, 1997（1263）：323-334.

[55] 田瑞强，姚长青，潘云涛. 关联文献的知识发现与创新研究进展 [J]. 情报理论与实践，2013，36（8）：117-123.

[56] Krippendorff K. Content Analysis：An Introduction to its Methology [M]. Beverly Hills, CA：Sage, 1980：1-36.

[57] Stemler S. An Overview of Content Analysis [J]. Practical Assessment Research & Evaluation, 2000, 7（17）.

[58] 媒体测评方法与应用研究 [EB/OL]. [2017-02-12]. https：//max. book118. com/html/2015/0219/12590424. shtm.

[59] 王曰芬. 文献计量法与内容分析法的综合研究 [D]. 南京理工大学，2007.

[60] 马秀敏. 中国典型管理期刊文献主题发现与演化分析 [D]. 大连理工大学，2011.

［61］Mosteller F, Wallace D L. Inference and Disputed Authorship：The Federalist ［M］. Massachusetts：Addison-Wesley, 1964.

［62］司莉, 陈辰, 王雨娃等. 2014-2018 年国内外图书情报与档案管理学科研究热点比较分析［J］. 图书与情报, 2020（1）：75-82.

［63］Stemler S, Bebell D. An Empirical Approach to Understanding and Analyzing the Mission Statements of Selected Educational Institutions ［R］. Paper presented at the annual meeting of the New England Educational Research Organization. Portsmouth, New Hampshire. Available：ERIC Doc No. ED 442 202, 1998.

［64］Callon M, Law J, Rip A. Mapping the Dynamics of Science and Technology：Sociology of Science in the Real World ［M］. Macmillan, 1986.

［65］Law J, et al. Policy and the Mapping of Scientific Change：A Co-word Analysis of Research into Environmental Acidfication ［J］. Scientometrics, 1988, 14（3-4）：251-264.

［66］Glenisson P, Glänzel W, Janssens F, et al. Combining Full Text and Bibliometric Information in Mapping Scientific Disciplines ［J］. Information Processing & Management, 2005, 41（6）：1548-1572.

［67］Rip A, Courtial J P. Co-Word Maps of Biotechnology：An Example of Cognitive Scientometrics ［J］. Scientometrics, 1984, 6（6）：381-400.

［68］葛菲, 谭宗颖. 基于文献计量学的科学结构及其演化的研究方法述评 ［J］. 情报杂志, 2012, 31（12）：34-39.

［69］储节旺, 郭春侠. 共词分析法的基本原理及 EXCEL 实现 ［J］. 情报科学, 2011（6）：931-934.

［70］Bigi B, De Mori R, El-Bèze M, et al. A Fuzzy Decision Strategy for Topic Identification and Dynamic Selection of Language Models ［J］. Signal Processing, 2000, 80（6）：1085-1097.

［71］Griffiths D, Tenenbaum M. Hierarchical Topic Models and the Nested Chinese Restaurant Process ［J］. Advances in Neural Information Processing Systems, 2004, 3

（16）：17.

［72］Rosen-Zvi M，Griffiths T，Steyvers M，et al. The Author-Topic Model for Authors and Documents ［C］//ACM. Proceedings of the 20th Conference on Uncertainty in Artificial Intelligence. USA：AUAI Press，2004：487-494.

［73］Blei D M，Lafferty J D. Dynamic Topic Models ［C］//ACM. Proceedings of the 23rd International Conference on Machine Learning. USA：ACM Press，2006：113-120.

［74］金鑫，海沫. 基于文献内容分析的 IT 创新概念关联关系计算分析及实证研究 ［J］. 图书情报工作，2012，56（20）：28-32.

［75］王茜，古继宝，吴剑琳. 基于内容分析法的研究生导师指导职能研究 ［J］. 中国高教研究，2013（9）：76-80.

［76］谢晴. 内容分析法下的警察职业倦怠研究文献分析 ［J］. 湖北警官学院学报，2014（11）：20-22.

［77］魏江，梅景瑶，李晨. 工程教育大学联盟的要素识别与模式建构——应用内容分析方法的多案例研究 ［J］. 高等工程教育研究，2015（4）：21-26.

［78］谭春辉，曾娟. 近五年来国内外智库研究动态与趋势分析 ［J］. 中国科技资源导刊，2016，48（5）：42-52.

［79］董坤，许海云，罗瑞. 基于科技文献内容分析的多维学科交叉主题识别方法研究 ［J］. 情报理论与实践，2018，41（5）：131-149.

［80］Morris S A，van der Veer Martens B. Mapping Research Specialties ［J］. Annual Review of Information Science and Technology，2008，42：213-295.

［81］武夷山. 融合就是创造，整合就是创造 ［J］. 情报学报，2014，33（10）：4-5.

［82］化柏林，李广建. 大数据环境下多源信息融合的理论与应用探讨 ［J］. 图书情报工作，2015，59（16）：5-10.

［83］白如江，冷伏海. "大数据" 时代科学数据整合研究 ［J］. 情报理论与实践，2014，37（1）：94-99.

［84］Small H G. Maps of Science as Interdisciplinary Discourse：Co-citation Contexts and the Role of Analogy［J］. Scientometrics，2010，83（3）：835-849.

［85］Kevin K B，Kyong S K. A Study on the Intellectual Structure of Leisure and Recreation Studies through Examining the Keyword Network：Published Articles in the Korean Journal of Leisure and Recreation for the Past 9 Years（2006-2014）［J］. Journal of Leisure，Park & Recreation Studies，2015，39（2）：117-132.

［86］Light R，Adams J. Knowledge in Motion：The Evolution of HIV/AIDS Research［J］. Scientometrics，2016，107（3）：1227-1248.

［87］吴建华，高靓颖，李雪. 国际图书情报领域阅读研究文献内容分析［J］. 图书馆论坛，2018（5）：144-149.

［88］朱少强，邱均平. 文献计量与内容分析——文献群中隐含信息的挖掘［J］. 图书情报工作，2005，49（6）：19-23.

［89］肖雪. 试析内容分析法在学科信息门户构建中的应用［J］. 图书情报工作，2007，51（1）：56-59.

［90］国内知识发现系统的主要功能对比分析［EB/OL］.［2018-08-26］. https：//www. xzbu. com/1/view-13052738. htm.

第二章 文献知识发现中多源信息的组合、聚合与融合

　　文献知识发现通过一定的方法手段从文献集中发现其潜在的知识结构，是知识管理、知识服务研究的重要组成部分。获取文献知识的信息源有多种，最常用的信息有表征文献间引用关联的信息和表征文献间内容关联的信息。两种信息分别反映了文献的不同交互关系，前者反映了文献之间外在的链接关系，对应的研究方法是引文分析法；后者则反映了文献之间内在的主题关联，对应的研究方法为内容分析法。一般来讲，在内容上存在关联的文献之间产生外部链接的可能性更高，没有引用关系的文献之间可以通过内容上的相似性产生关联。因此，通过引文分析与内容分析的结合将分立的信息有机连接起来，能够利用不同信息源间的信息补充，挖掘更丰富的知识结构，进而实现更准确、更有针对性的知识服务。目前，通过引文分析与内容分析的结合实现文献知识发现的研究方法丰富多样、应用范围广泛，但尚缺乏对相关研究整体结构的探讨。为此，本章从引文分析与内容分析组合、聚合与融合的概念解析、研究结构、相关应用等方面，系统展示两种分析方法结合的概貌，形成两种分析方法相结合的方法体系，并给出未来两种分析方法实现深度结合的研究趋势，为未来相关研究提供方法引导和借鉴。

一、引文分析与内容分析概述

引文分析是利用数学、统计学方法以及逻辑分析方法，对科学文献、著者等分析对象的引证与被引证现象进行分析，进而揭示其中的数量特征和内在规律的一种文献计量分析方法。1917 年，Cole 和 Eales 最早将引文分析法应用于文献计量学[1]；1955 年，Garfield[2][3] 在美国 *Science* 期刊上发表了一篇题为《科学引文索引》（*Citation Index for Science*）的论文，系统地提出通过引文分析对科技文献进行检索的方法，从此确立了引文分析在文献计量学中的地位。目前，常用的引文分析法有共被引分析和耦合分析，在文献知识发现中常以因子分析、多维尺度分析、聚类分析、知识图谱分析等方法为辅助，这类研究的国内外成果颇为丰富，在知网中，以"引文分析"或"共被引分析"或"共引分析"或"耦合分析"为主题进行检索（检索时间为 2019 年 1 月 30 日），共检索到相关文献 25239 篇。可见，经过 60 余年的发展，引文分析法已形成了系统而成熟的文献分析方法，并被广泛应用于知识发现。

内容分析法最早应用于新闻传播领域，20 世纪 60 年代末，西方图书情报学界将内容分析列入自己的方法论体系；80 年代以来，内容分析法不断吸收当代科学发展的"养料"，用系统论、信息论、符号学、语义学、统计学等新兴学科的成果充实自己[4]；目前，利用内容分析法实现文献知识发现逐渐成为图书馆情报学领域的一个重要研究方向。

文献内容分析是定量与定性相结合的分析方法，它以定性的问题假设作为出发点，通过对文献内容的定量分析，找出既能反映文献内容的一些本质又易于计量的特征，将用语言表示的文献转换为用统计数字描述的资料，并从统计数据中得出定性的最终结论，以达到对文献内容更深刻、更精确的认识。任何有交流价值的信息都能成为内容分析的对象。就学术文献而言，作为分析对象的内容主要是文献题名、摘要、关键词、参考文献等学术信息。通过文献内容分析能够揭示文献所隐含的情报内容、追溯学术发展的轨迹、深层次揭示学科知识结构，因此内容分析法是一种较高层次的文献分析方法。文献内容分析法使用的关键技术主要是文档向量空间模型，通过如 TF-IDF 方法、潜在语义索引（LSI）方法、主题模型等对文献进行特征提取、语义提取等，并借助主成分分析、相关分析、聚类分析等方法发现文献潜在的知识结构。内容分析法需要一定的文本挖掘技术，过程相对复杂，实现有一定的难度，相关的研究量不及引文分析法，但近年来随着大数据应用价值的凸显和文本挖掘技术的成熟，文献内容分析的相关研究量开始大幅上升。

二、引文分析与内容分析相结合的必要性

引文分析与内容分析各自从单一的视角揭示文献不同层面的知识结构。引文分析主要从文献外在的引证关系反映文献的社会关联与社会影响，侧重分析文献外部形式特征的"量"，如引文量、共引量、共现量等，主要用于探寻文献的流通、应用规律，进而揭示学科知识结构及其演化规律，其内容的揭示是一种间接的方式，不能对文献研究主题和内容进行深层次的挖掘。

内容分析法是对当前文献主题的直接计量与分析，通过文献的语义关系真实反映文献的主题内容，侧重分析文献内容特征的"量"，如文献关键词、主题词等反映文献语义信息的统计量或共现量，进而发现文献知识的关联及发展演化，是对文献内容的直接揭示。但内容分析法不能体现文献的社会影响。

Morris 等[5] 认为，用单一的计量方法揭示文献中反映的科学信息是有限且片面的，尤其是在大数据环境下，知识发现更需要加强多源信息的结合。因此，将两种分析方法相结合，取各自的优势，弥补其不足，才能使分析结果具有互补性、完整性。

三、引文分析与内容分析相结合的方法

根据已有研究发现，在文献知识发现研究中引文分析与内容分析结合的形式大

致有三种：①引文分析与内容分析的组合；②引文分析与内容分析的聚合；③引文分析与内容分析的融合。三种形式在方法原理、方法特征、数据处理结果、数据处理方式以及当前研究量等方面存在较大的差异，如表2-1所示。

表2-1　文献知识中引文分析与内容分析结合的三种形式对比

对比项目	两者的组合	两者的聚合	两者的融合
方法原理	通过一定的方式把两种方法进行简单组合。两种方法分别从不同层面、不同视角对同一研究对象进行分析说明	通过网络图的方式将两种方法对应的数据进行有机关联，形成多重共现关系。在此基础上分析研究对象	通过一定的算法（如融合函数、联合矩阵分解）将两种方法对应的数据融为一体。在新数据基础上分析研究对象
方法特征	两种分析方法对应的两种数据源组合后未产生新的数据，是一种类物理反应	两种方法聚合后各自内容仍具有独立性，类似物理反应；聚合后两种方法形成共现关系，其特点又类似化学反应	两种分析方法对应的两种数据源融合后产生了新的数据形式，类似于化学反应
处理结果	两种方法平行进行，未产生新数据、新方法	将两种方法聚集到一起，形成新的模式	将两种方法融合，形成新的知识单元
方法优势	两种方法在说明解释中能够起到取长补短的作用，方法简单	能够揭示两种方法关联后更丰富的内容，发现更复杂的知识结构	能够共享两种方法的一些潜在信息，弥补不同信息的不对称性，使不同信息之间相互增强；能够降低高维数据中大量零数据的干扰
方法不足	不能消除零噪音的干扰，信息互补性较低	不能消除零噪音的干扰	对算法要求较高
当前研究量	最多	较多	很少
适用范围	对数据量没有要求	适用于少量数据的处理	适用于高维数据的处理

（一）引文分析与内容分析组合的知识发现

引文分析与内容分析组合的知识发现结构如图2-1所示。

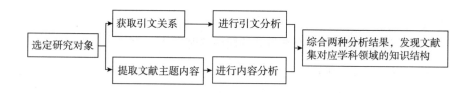

图2-1　引文分析与内容分析组合的知识发现结构

　　最早对引文分析与内容分析结合的研究是 Braam、Moed 等[6]，他们在同被引聚类分析的基础上，通过内容词分析描述农业科学领域和化学感受领域的研究主题，揭示科学研究结构，研究表明两种方法组合比单纯用一种分析方法能更有效地展示科学结构的全貌；Glenisson 等[7] 2005 年在分析 *Sciencometrics* 期刊 2004 年出版的文献时发现，引文分析和内容分析组合是研究科学结构演化的一种有价值的方法；Glenisson 等[8]、Besselaar 等[9]、Small[10] 先后通过两种方法的组合，进行学科知识结构识别与分析，认为两种方法组合是发现文献知识结构更完整、更有效的方法。美国德雷塞尔大学陈超美教授开发的基于 Java 平台的可视化应用软件 Citespace 能够同时绘制引文知识图谱、主题词图谱、突发词图谱以及引文文献与引文术语的混合图谱[11]，该软件是将引文分析与内容分析相结合实现学科知识发现的有效工具，在国内外都有大量的应用研究。1997 年，我国学者柴省三[12] 首次将引文分析与内容分析两种方法组合，识别文献主题和学科结构；葛菲等[13] 通过对比引文分析法、内容分析法、引文-内容组合法，指出引文-内容组合的方法能够更加精确地展示文献的研究主题、更好地揭示科学结构及其演化过程；另有张艺曼等[14] 通过主题挖掘将引文内容和全文本引文分析方法相结合，研究学科内部和学科间知识流动的趋势；古亚力、田文静等[15] 基于关键词共现和社会网络分析法探究我国智库的研究热点；徐庶睿[16] 2017 年将引证关系和引文内容组合，分析学科交叉主题、识别学科交叉知识结构。可见，引文分析与内容分析组合已成为文献知识发现研究中广为接受的一种分析方法。

（二）引文分析与内容分析聚合的知识发现

引文分析与内容分析的聚合方法一般有两种：一种是基于关键词的引文分析与内容分析聚合，另一种是基于主题挖掘的引文分析与内容分析聚合。

1. 基于关键词的引文分析与内容分析聚合

该方法是通过提取文献关键词，获取文献的内容信息；由文献间的引用关系获取文献的引文信息；然后通过网络图构建由引文信息与内容信息形成的 n-模网络，在 n-模网络中发现知识的复杂关联。该方法涉及统计分析、计量分析和社会网络分析等方法。代表性的研究有 Kyong 等[17] 利用作者-关键词耦合分析（Author Keyword Coupling Analysis，AKCA）和社会网络分析，构建了娱乐休闲领域的关键词耦合知识网络图，并根据社会网络分析的中心度对关键词进行排名，探索该领域研究热点。我国学者孙海生[18] 通过构建作者-关键词 2-模网络探究国内图书情报学领域作者的主要研究方向，展示作者学术研究的多样性；邱均平等[19][20] 通过构建作者引文关系和内容关键词的共现关系网络，揭示知识网络的演化规律；李长玲等[21] 以知识网络为例，通过构建年份-作者-关键词 3-模网络，揭示知识网络的演化规律，发现作者关系及学科领域的知识结构；郭秋萍、梁梦丽等[22] 以图书情报学学科领域"知识服务"为例，基于作者-关键词-引文 3-模网络，揭示科技文献间的多重隐性关联。

2. 基于主题挖掘的引文分析与内容分析聚合

该方法通过主题模型（常用的模型包括 PLSA 模型、LDA 模型、CTM 模型等）挖掘文献的内容信息，通过引文关系获取文献的链接信息，然后通过网络图的链接实现两种不同信息的共现，以全面揭示文献隐含的知识结构。

以"作者-内容-方法"共现网络为例说明这种聚合方法。首先，通过主题模型从文本集中提取文献主题，之后将文献主题按内容主题和方法主题进行属性划分，并构建"内容-方法"共现网络；其次，根据文献作者和文献主题的对应关系，通过编程把文献作者关联到文献相应的主题上，形成"作者-内容-方法"共现关系；最后，通过网络图形成"作者-内容-方法"多重共现网络，在此基础上，发现学科领域的核心作者、相关研究主题、常用的研究方法以及三者之间的关联。设网络定义为 $Gasm = \{A, S, M, E\}$，其中 A 为具有引文关系的作者节点，S 为研究内容主题节点，M 为研究方法主题节点，E 为上述三者之间的边。在边集合中，作者和研究主题之间建立连边，作者之间、内容之间、方法之间没有连边，如图 2-2 所示。

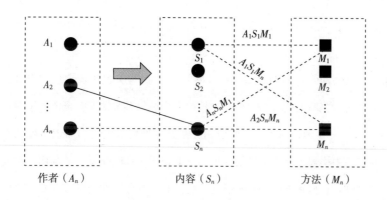

图 2-2　主题挖掘与网络图结合的引文分析与内容分析聚合

目前，国内外相关研究较少，国外最具代表性研究是 Keeheon 等[23] 2016 年提出的"Subject-Method Topic"模型，在研究中他将该模型与网络分析相结合，发现了通信工程学科领域受欢迎的主题、方法，以及主题-方法的比例和配对关系。国内相关研究有周娜等[24] 在主题提取的基础上，构建了"作者-内容-方法"多重共现网络，通过这种内容与引文的多重共现关系，不仅可以发现该领域的权威作者、热点研究内容，还可得到作者、研究内容与研究方法之间的关联，揭示的内容更加丰富。

（三）引文分析与内容分析融合的知识发现

如果说引文分析与内容分析的聚合是构建知识单元间的关联，那么两者的融合则是构建新的知识单元。新的知识单元代表了引文数据、内容数据最关键、最核心的信息，因此分析融合后的知识单元能发现更有价值的知识结构。

1. 基于主题挖掘的引文分析与内容分析融合

基于主题挖掘的引文分析与内容分析融合主要通过主题模型提取具有引用关系的文献主题，获得文献－主题关系、作者－主题关系等，上述关系体现了不同主题在其对应文献或作者上的贡献值，将该贡献值与文献间或作者间的引用关系（如反映引用关系的链接次数、被引频次、影响因子等）相融合，形成一种同时体现文献引文信息和内容信息的新的数据形式，在新数据形式基础上进一步挖掘文献潜在的知识。

国外代表性的研究是 Michal 等[25] 将 LDA 模型与文献作者信息相融合，使每个作者都是所有主题上的多项式分布，该研究为进行多维知识融合提供了有益的前期借鉴；Yan[26] 认为，基于主题的引用关系是一种剖析主题间知识传播的有效方法，并在实验中构建了一种主题层次的引文知识图谱；Light 等[27] 利用主题模型与期刊引文相结合，探索 HIV/AIDS 研究演变过程，并进一步分析了 HIV/AIDS 知识生产的动态性和跨学科特征。国内相关的代表性研究有，刘盛博[28] 提出根据文献内容的相似性对文献共被引关系进行赋权，实验发现，赋予权重后的共被引分析效果优于传统的共被引分析效果；魏瑞斌[29] 在作者文献主题挖掘的基础上，将作者自引网络与内容分析相融合，发现并分析作者研究主题、研究主题的变化及不同作者研究主题的差异；祝娜等[30] 从主题关联的角度入手，构建了基于时间序列的 3D 打印领域的知识演化路径；李秀霞等[31] 先后将文献引文频次与学科领域研究主题相结合，发现学科领域高影响力的文献和作者；并在主题提取的基础上，将主题发文趋势与引文趋势相结合，发现学科研究主题的优先级[32]。

基于主题挖掘的引文分析与内容分析融合方法能够有效地实现文献间的语义关联，因此在学科知识结构识别、知识路径探测、学术评价等方面都得到有效应用。

2. 基于融合函数的引文分析与内容分析融合

引文分析与内容分析融合的另一种方法是从引文链接和引文内容两个信息源出

发，分别构建两种信息源的相似性矩阵，之后通过一定的融合函数将两者融合，形成一个融合矩阵，最后根据融合矩阵实现对文献的深度挖掘。其实现过程如图2-3所示。

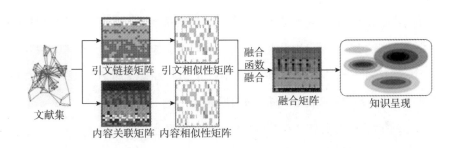

图2-3　基于融合函数的引文分析与内容分析融合

这种融合方法实现的关键是融合函数，它能够把从文献内容特征得到的相似关系和从文献引用特征得到的相似关系融合在一起，形成一个包含两种信息的融合矩阵[33]。2007—2010年，以Janssen为代表的研究团队发表了一系列研究成果[34]-[36]，他们在图书情报学和生物信息学研究中，根据文献内容特征获得文献内容相似矩阵，根据文献耦合关系得到文献间引文相似矩阵，先后提出线性融合函数、费歇尔逆卡方、基于假设检验的逆卡方等将两类矩阵融合的方法，其实证研究表明，通过融合矩阵得到的研究结果更加科学。之后，利用引文分析与内容分析融合的方法开展文献知识发现的研究迅速展开，Liu等[37]利用引文分析与内容分析的融合方法计算文献的相似性；Hamedani等也认为，设计科技文献的相似性度量方法需要同时考虑引文和内容两方面的信息，2013—2016年，Hamedani等发表了系列文章，研究利用引文分析与内容分析融合的算法[38]，并通过在真实数据集上的实验，证明在文献相似度测度中，引文分析与内容分析融合算法较单一方法的准确率提高很多。[39][40]

国内相关研究成果较少，具有代表性的是任红娟的系列研究，2010年任红娟等提出：利用统计的方法将反映文献不同特征的数据进行融合，能够把不同数据更深层次地整合为一体[41]。之后，她在《中国图书馆学报》《情报学报》两个图书情报学权威期刊连续发表了两篇论文：《一种内容和引用特征融合的知识结构划分方法研究》《基于文献内容和引用特征融合的科学结构分析方法研究》，给出实现文献内容特征和引用特征融合的融合函数（最大值函数），并在文本聚类中验证了引文分析与内容分析的融合可以提高知识结构划分的精度。2016 年，李秀霞等通过融合函数将文献内容信息分别融入期刊耦合分析[42]、作者共被引分析[43]，发现融入内容的期刊耦合分析其分析能力得到显著提升，融入内容的作者共被引分析能够更准确、更细致地挖掘和揭示学科领域知识结构。

3. 基于联合矩阵分解的引文分析与内容分析融合

矩阵分解是机器学习方法的一种，通过矩阵分解可发现隐藏的数据结构。下面通过简单的例子来理解矩阵分解的思想，设有一个作者-文献矩阵，通过矩阵分解，可以得到两个矩阵，即作者-特性矩阵和文献-特性矩阵，通过分解后的两个矩阵，可以深入、全面地分析作者特征或文献特性。同时，由于在文献知识发现中对应的原始作者-文献矩阵多是高维矩阵，通过矩阵分解能够大大降低矩阵的维度，消除无意义的噪音信息。因此，通过矩阵分解能够有效应对多维数据的挖掘分析任务，该方法在文本、语音、图像识别等数据挖掘任务中已有成功的应用[44]。

联合矩阵分解则是将两个信息源矩阵如作者-文献矩阵、内容主题-文献矩阵作为待分解的矩阵，通过联合矩阵分解，将其分解为作者和内容的低秩联合潜在特征空间的过程，然后通过作者和内容对应的潜在特征发现相应的文献知识。针对文献数据的多属性特征，利用联合矩阵分解不仅能够消除大量的噪音信息，而且能够从文献的多维信息中有效挖掘隐含的知识结构，因此分解后的结构具有更高的分析价值。

基于联合矩阵分解的引文分析与内容分析融合的结构框图如图 2-4 所示。

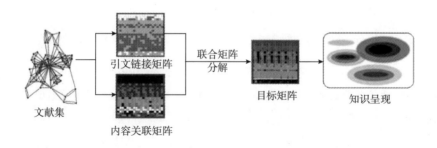

图 2-4　基于联合矩阵分解的引文分析与内容分析融合

利用联合矩阵分解实现引文分析与内容分析融合的具体原理是：以引文关系（或内容信息）形成的邻接矩阵为目标矩阵，将文献内容信息（或引文关系）构建的相似度矩阵作为协同学习矩阵，在同一算法框架下，联合两个矩阵进行迭代分解（传统的矩阵分解方法有奇异值分解、非负矩阵分解、概率矩阵分解等），选取合适的目标函数和矩阵分解的优化更新准则，通过优化算法达到目标函数收敛，实现目标矩阵的优化求解。这种方法的优势在于同时对不同的信息源矩阵进行分解，分解的过程中可以共享一些潜在特征信息，因此能够有效弥补不同信息源的不对称性，使不同信息之间相互增强，实现有效的知识发现。

目前，基于联合矩阵分解的多源信息融合的相关研究已有不少，主要包括：①信息推送研究，这是应用最多的一类研究。例如，Pan 等[45] 从迁移学习的角度利用用户与信息间的喜好矩阵作为辅助信息，使用协同矩阵分解的方法研究用户信息推荐问题；Shi 等[46] 提出一种将电影情感特征相似度矩阵和用户电影评分矩阵进行联合分解的电影推荐算法；Shi 等[47] 提出将用户地标偏好矩阵和基于类别的地标偏好相似度进行联合分解的个性化地标推荐算法。②网络话题发现与追踪研究。例如，Cao 等[48] 将文本流数据分为当前话题和历史话题，通过一种在线非负矩阵分解模型从文本流数据中实现话题发现与追踪；杨东芳等[49] 为有效处理海量话题数据，将当前数据块表示为当前的话题分布和前一时刻的话题分布两种形式，采用联合矩阵分解技术获取当前的话题分布情况，并随着时间的推移对话题的演化进行追踪。③网络社区发现。例如，黄瑞阳等[50] 融合网络中拓扑信息和异质信息，利用时序分析联合非负矩阵分解方法，发现了动态异质网络社区中潜在的社区结构；常振超等[44] 有效利用网络拓扑结构特征和节点属性特征两种信息源，提出基于联合矩阵分解的节点多属性网络社团检测算法指导社团检测，有效提高了社团划分的质量。

虽然国内就基于联合矩阵分解的数据挖掘已有一定的应用研究，但应用于文献知识发现的研究极少。学术文献具有以下突出的特征：①信息多源性，包括引文信息、内容信息，还包括多媒体信息；②数据高维性，学科领域研究人员众多，引文关系复杂，研究内容主题多样，致使作者-引文矩阵、作者-内容矩阵等具有明显高维、稀疏的特征；③目标函数明确，在文献知识发现中，或是发现文献间的引文趋势，或是发现作者间的链接关系，或是发现文献内容结构，进而揭示学科知识结构，研究目标明确，研究主题易于确定。以上特征完全满足联合矩阵分解的条件。鉴于联合矩阵分解在挖掘多源信息中的独特优势，分析学术文献的引文特征和内容特征，借用联合矩阵分解法深度挖掘海量文献中所隐含的知识结构，应是未来文献知识发现中一种具有较高应用价值的研究方法。

四、本章小结

本章通过对引文分析与内容分析组织、聚合、融合的内涵、方法流程及相关应用研究的梳理，系统展示了两种分析方法结合实现文献知识发现的研究架构和方法体系。本书是对情报学学科方法体系的丰富与拓展，为提高文献知识发现的质量和有效性、可靠性提供了较好的方法引导和借鉴。

目前，研究者围绕引文分析与内容分析的结合开展了大量卓有成效的研究，取得了丰硕成果，为文献知识发现提供了一系列的新技术、新方法，文献知识发现也在一定程度上解决了由信息爆炸与学科分化带来的知识服务难题。但是，对引文分析与内容分析结合的相关研究还需要不断丰富和完善，如研究多维度、多样化的知识聚合方法，建立更深层次的语义关联；研究引文分析与内容分析更优化的自适应赋权方法，提高引文分析与内容分析融合函数的有效性；研究机器学习技术，实现引文分析与内容分析的深度融合；开展引文分析与内容分析融合效果的评价研究，为研究人员提供检验新方法的评价标准和尺度等，并在此基础上拓展文献知识发现中引用信息、内容信息、多媒体信息等多源信息融合的研究方法及应用。相信随着文献知识发现研究的持续深入，引文分析与内容分析结合的理论、方法将会得到不断丰富，引文分析与内容分析融合的程度将不断深化，文献知识发现的效果会更加合理、可靠。

参考文献

［1］Cole F J, Eales N B. The History of Comparative Anatomy：Part I. —A Statistical Analysis of the Literature ［J］. Science Progress（1916－1919），1917，11（44）：578-596.

［2］Garfield E. Citation Indexes for Science ［J］. Science，1955，122（3159）：108-111.

［3］Burger A. Science Citation Index ［M］. Science Citation Index. Institute for Scientific Information，Inc，1961：789-790.

［4］王曰芬. 文献计量法与内容分析法的综合研究 ［D］. 南京理工大学，2007.

［5］Morris S A, Van der Veer Martens B. Mapping Research Specialties ［J］. Annual Review of Information Science and Technology，2008，42：213-295.

［6］Braam R R, Moed H F. Mapping of Science by Combined Co－Citation and Word Analysis I：Structural Aspects ［J］. Journal of the American Society for Information Science，1991，42（4）：233-251.

［7］Glenisson P, Glänzel W, Janssens F, et al. Combining Full Text and Bibliometric Information in Mapping Scientific Disciplines ［J］. Information Processing & Management，

2005, 41 (6): 1548-1572.

[8] Glenisson P, Glänzel W, Persson O. Combining Full-text Analysis and Bibliometric Indicators. A Plot Study [J]. Scientometrics, 2005, 63 (1): 163-180.

[9] Besselaar P V D, Heimeriks G. Mapping Research Topics Using Word-reference Co-occurrences: A Method and an Exploratory Case Study [J]. Scientometrics, 2006, 68 (3): 377-393.

[10] Small H. Maps of Science as Interdisciplinary Discourse: Co-citation Contexts and the Role of Analogy [J]. Scientometrics, 2010, 83 (3): 835-849.

[11] Chen C, Cribbin T, Macredie R. Visualizing and Tracking the Growth of Competing Paradigms: Two Case Studies [J]. Journal of the Association for Information Science & Technology, 2002, 53 (8): 678-689.

[12] 柴省三. 内容词-共引聚类分析及其在科学结构研究中的应用 [J]. 情报学报, 1997, 16 (1): 68-73.

[13] 葛菲, 谭宗颖. 基于文献计量学的科学结构及其演化的研究方法述评 [J]. 情报杂志, 2012, 31 (12): 34-39.

[14] 张艺蔓, 马秀峰, 程结晶. 融合引文内容和全文本引文分析的知识流动研究 [J]. 情报杂志, 2015, 34 (11): 50-54.

[15] 吉亚力, 田文静, 董颖. 基于关键词共现和社会网络分析法的我国智库热点主题研究 [J]. 情报科学, 2015, 33 (3): 108-111.

[16] 徐庶睿. 基于引证关系和引文内容的多学科交叉主题探测研究 [D]. 南京理工大学, 2017.

[17] Kevin K B, Kyong S K. A Study on the Intellectual Structure of Leisure and Recreation Studies through Examining the Keyword Network: Published Articles in the Korean Journal of Leisure and Recreation for the Past 9 Years (2006-2014) [J]. Journal of Leisure, Park & Recreation Studies, 2015, 39 (2): 117-132.

[18] 孙海生. 作者关键词共现网络及实证研究 [J]. 情报杂志, 2012, 31 (9):

63-67.

[19] 邱均平，刘国徽. 基于期刊作者耦合的学科知识聚合研究 [J]. 情报杂志，2014，33（4）：17-22.

[20] 邱均平，刘国徽，董克. 基于合作分析的知识聚合与学科知识结构研究——以国内知识管理领域为例 [J]. 情报理论与实践，2014，37（8）：6-11.

[21] 李长玲，刘非凡，魏绪秋. 基于3-mode网络的领域主题演化规律分析——以知识网络研究领域为例 [J]. 2014，37（12）：104-110.

[22] 郭秋萍，梁梦丽，刘秀丽，华康民. 基于作者-关键词-引文多重共现的超网络知识关联研究 [J]. 情报理论与实践，2016，39（7）：20-26.

[23] Keeheon L, Hyojung J, Min S. Subject-Method Topic Network Analysis in Communication Studies [J]. Scientometrics, 2016, 109: 1761-1787.

[24] 周娜，李秀霞，高丹. 基于LDA主题模型的"作者-内容-方法"多重共现分析——以图书情报学为例 [J/OL]. 情报理论与实践. http://kns.cnki.net/kcms/detail/11.1762.g3.20190131.1556.004.html.

[25] Michal R, Thomas G, Mark S. The Author-Topic Model for Authors and Documents [J]. Bibliometrics, 2004（7）：487-494.

[26] Yan E. Research Dynamics, Impact, and Dissemination: A Topic-level Analysis [J]. Journal of the Association for Information Science and Technology, 2015, 66（11）：2357-2372.

[27] Light R, Adams J. Knowledge in Motion: The Evolution of HIV/AIDS Research [J]. Scientometrics, 2016, 107（3）：1227-1248.

[28] 刘盛博. 科学论文的引用内容分析及其应用 [D]. 大连理工大学，2014.

[29] 魏瑞斌. 基于自引网络和内容分析的学者研究主题挖掘 [J]. 情报学报，2015，34（6）：635-645.

[30] 祝娜，王芳. 基于主题关联的知识演化路径识别研究——以3D打印领域为例 [J]. 图书情报工作，2016（5）：101-109.

［31］李秀霞，宋凯. STCF 值：基于研究主题的学术文献影响力评价新指标［J］. 图书情报工作，2018，10（20）：88-94.

［32］李秀霞，程结晶，韩霞. 发文趋势与引文趋势融合的学科研究主题优先级排序——以我国情报学学科主题为例［J］. 图书情报工作，2019，63（10）：38-45.

［33］任红娟. 基于文献内容和引用特征融合的科学结构分析方法研究［J］. 情报学报，2013，32（10）：1068-1074.

［34］Zhang L，Janssen F，Liang L M，et al. Hybrid Clustering Analysis for Mapping Large Scientific Domains［C］//2009 proceeding of ISSI.

［35］Janssen F. Clustering of Scientific Fields by Integrating Text Mining and Bibliometrics［D］. K. U. Leuven：Faculty of Engineering，2007，Belgium：261.

［36］Jeong Y K，Song M. Content-based Author Co-citation Analysis［J］. Journal of Informetrics，2014，（8）：197-211.

［37］Liu X H，Yu S，Janssen F，et al. Weighted Hybrid Clustering by Combining Text Mining and Bibliometrics on a Large-scale Journal Database［J］. Journal of the American Society for Information Science and Technology，2010，61（6）：1105-1119.

［38］Hamedani M R，Kim S W，Kim D J. On Exploiting Content and Citations together to Compute Similarity of Scientific Papers［J］. The 22nd ACM International Conference on Information & Knowledge Management，2013：1553-1556.

［39］Hamedani M R，Lee S C，Kim S W. On Combining Text-based and Link-based Similarity Measures for Scientific Papers［J］. The 2013 Research in Adaptive & Convergent Systems，2013：111-115.

［40］Hamedani M R，Kim S W，Kim D J. SimCC：A Novel Method to Consider both Content and Citations for Computing Similarity of Scientific Papers［J］. Information Sciences，2016，334-335：273-292.

［41］任红娟，张志强. 基于文献内容和链接融合的知识结构划分方法研究进展［J］. 情报理论与实践，2010，33（4）：124-128.

[42] 李秀霞, 马秀峰, 程结晶. 融入引文内容的期刊耦合分析 [J]. 图书情报工作, 2016, 60 (11): 100-106.

[43] 李秀霞, 邵作运. 融入内容信息的作者共被引分析——以学科服务研究主题为例 [J]. 图书情报工作, 2016, 60 (1): 98-104, 141.

[44] 常振超, 陈鸿昶, 刘阳. 基于联合矩阵分解的节点多属性网络社团检测 [J]. 物理学报, 2015, 64 (21): 1-10.

[45] Pan W, Yang Q. Transfer Learning in Heterogeneous Collaborative Filtering Domains [J]. Artificial Intelligence, 2013, 197: 39-55.

[46] Shi Y, Larson M, Hanjalic A. Mining Mood-specific Movie Similarity with Matrix Factorization for Context-aware Recommendation [C] //The Workshop on Context-Aware Movie Recommendation [S. l.]: ACM, 2010: 34-40.

[47] Shi Y, Serdyukov P, Hanjalic A, et al. Personalized Landmark Recommendation based on Geotags from Photo Sharing Sites [C] //International Conference on Weblogs & Social Media. Barcelona, Catalonia, Spain: DBLP, 2011: 622-625.

[48] Cao B, Shen D, Sun J, et al. Detect and Track Latent Factorswith Online Nonnegative Matrix Factorization [C] //Proc of the 20th International Joint Conference on Artificial Intelligence. 2007: 2689-2694.

[49] 杨东芳, 王丹, 张治斌, 等. 基于联合矩阵分解的话题发现与追踪模型 [J]. 计算机应用研究, 2016, 33 (8): 2307-2310.

[50] 黄瑞阳, 吴奇, 朱宇航. 基于联合矩阵分解的动态异质网络社区发现方法 [J]. 计算机应用研究, 2017, 34 (10): 2989-2992.

第二篇

方法篇

PART TWO

学术文献具有不同于其他类型文献（如新闻、博客、网页等）的独特的结构化特性，由标题、摘要、关键词、正文、参考文献等组成。因此，对学术文献的知识发现具有一套系统的方法体系。本篇将重点介绍文献知识发现的基本方法和具体实现步骤，介绍文献知识发现中常用的数据库和实现工具。

第三章　文献知识发现的基本方法与实现流程

文献的知识发现自 1986 年 Swanson 提出以来，经过无数文献计量专家 30 多年持续不断的研究，现已形成系统的方法理论体系，本章将对文献知识发现的基本方法与实现流程做具体介绍。

一、引文分析法

在科学文献体系中，科学文献之间并不是孤立的，而是相互联系的。科学文献的相互关系突出表现在文献之间的相互引证。作者在发表学术论文或著作时，通常采用尾注或脚注等形式列出其"参考文献"或"引用书目"。这样就形成了科学文献之间的引证与被引证的关系。科学文献的相互引证关系是引文分析的主要依据[1]。引文分析是文献计量学非常重要的组成部分，是利用各种数学、统计学的方法和比较、归纳、抽象、概括等逻辑方法，依据文献之间存在的相互引证关系及特点，对科技期刊、学术论文、会议论文等各种分析对象的引用与被引用现象进行分析研究，以便揭示其数量特征和内在规律的一种信息计量研究方法[2]。引文分析产生于 20 世纪 20 年代，在引文分析研究的发展过程中，人们先后提出了若干概念，如 1927 年 Grace 等提出核心期刊表，1955 年 Eugene Garfield 提出引文索引，1956 年 Brown 对引文分析方法进行了拓展，1963 年 Kessler 提出文献耦合，1964 年出现 Eugene Garf-ield 的 SCI 印刷版，1973 年 Small 提出同被引技术，1997 年出现了 SCI 网络版等[3]。在后来发表的文献计量学方面的论文中，有关引文分析的论文越来越多。

引文分析的相关研究大致分为三种类型：①研究引文的数量，用于评价期刊、论文、作者等的学术影响力。②研究引文网络，引文网络中存在大量的共被引和耦合结构，以此揭示学科的发展和学科间的联系。③研究引文反映出的主题相关性，揭示学科结构。

根据文献间引用关系的不同，引文分析一般分为两种类型：共被引分析和耦合分析。

1. 共被引分析

共被引分析，也称同被引分析，是美国情报学家 Small 和苏联情报学家 Marsha-kova 在研究文献的引证结构和文献分类时提出的[4]。所谓文献共被引，是指两篇（或多篇）文献同时被后来的一篇或多篇文献引证，称这两篇（或多篇）文献具有引文上的共被引关系。共被引的程度可以用共被引强度来衡量。共被引强度是指共同引证它们的文献数量。共同引证两篇（或多篇）文献的文献数越多，说明它们之间的内容关联越密切。共被引分析根据其对象的不同可以分为文献共被引、期刊共被引、著者共被引、主题共被引、学科同被引等，上述共被引分别从不同角度揭示了文献间引证的复杂结构关系，为全面进行引文分析、研究引文结构提供了系统的方法途径。

2. 耦合分析

文献耦合概念是由美国学者开斯勒（Kessler）博士于 1963 年提出的[5]，邱均平教授在 1987 年《论"引文耦合"与"同被引"》一文中详细分析过耦合和同被引的异同，并提出文献耦合可以扩展至著者耦合、期刊耦合等。所谓文献耦合是指如果两篇（或多篇）文献同时引证某篇或某几篇完全相同的文献，那么这两篇（或多篇）文献就具有引文上的耦合关系。具有耦合关系的文献必然在研究内容上存在某种相关性，其耦合程度可以用"耦合强度"指标来衡量[6]。耦合强度指的是具有耦合关系的文献共同引用的参考文献的数量，耦合强度越大表明文献的内容相关性越强。根据耦合分析对象的不同可以将耦合分析分为文献耦合、期刊耦合、著者耦合以及学科耦合。耦合分析方法是信息计量学中非常重要的一种计量分析方法，对耦合关系进行分析可以揭示学科的内部结构，划分学科内容相近的论文簇。

共被引分析与耦合分析法的提出是对文献计量学研究方法的丰富的拓展，为文献学、科学学、预测学和科技管理等提供了新的研究途径。

二、内容分析法

内容分析法（Content Analysis）是一种对研究对象的内容进行深入分析，透过现象看本质的科学方法[7]。美国传播学家伯纳德·贝雷尔森把它定义为一种客观地、系统地、定量地描述交流的明显内容的研究方法[8]。"明显"意味着所要计量的传播内容必须是明白、显而易见的，而不是隐晦的、含混不清或没有明确表达出来的意思。内容分析法具有三个关键特征：系统性、客观性和定量性。系统性是指内容或类目的取舍应依据一致的标准，以避免只有支持研究者假设前提的资料才被纳入研究对象的情况；客观性是指分析必须基于明确制定的规则执行，从而确保不同的人可以从相同的文献中得出同样的结果；定量性是指研究中运用统计学方法对类目和分析单元出现的频数进行计量，用数字或图表的方式表述内容分析的结果[9]。

内容分析法分为解读式内容分析法、实验式内容分析法和计算机内容分析法。解读式内容分析法源于 20 世纪 70 年代的人类学研究，是一种通过精读、理解并阐释文本内容来传达作者意图的方法；实验式内容分析法主要指定量内容分析和定性内容分析相结合；计算机技术极大地推动了内容分析法的发展，计算机作为一种数据管理工具，在数据的搜集、存储、编辑和整理等过程中具有手工方法无法比拟的速度和准确度，该方法将各种定性、定量方法有效地结合起来，使内容分析法取得了迅速推广和飞跃发展。在近百年的发展历程中，内容分析法已经被广泛运用到新闻传播、政治军事、社会学、心理学、图书情报等社会科学领域中，取得了显著的成果。

上述内容分析法属于广义的概念范畴，在图书情报学领域，狭义的内容分析法特指文献内容分析法，是指深入文献内部，从文献内容层面解释文献所隐含的知识结构和特征。20 世纪 70 年代末、80 世纪中期，出现了两大文献内容发现的理论基础：一是基于相关文献知识发现的共词和共现理论，即通过文献的词共现关系形成相关文献集；二是基于非相关文献知识发现的 Swanson 理论，即将看似内容上没有直接联系的文献关联起来。

1. 词频分析法

词频分析法属于内容分析法的一种，也是文献计量学传统的分析方法之一。词频分析法所依据的基本理论是齐普夫定律（Zipf's Law），即通过分析能够揭示或描述文献主旨内容的关键词或主题词在某一研究领域的文献集中出现频率的高低，确定该学科领域的研究热点和发展动向。词频分析法作为一种透过现象看本质的科学研究方法，克服了传统文献综述方法过于依赖定性的总结描述、难以摆脱个人经验和主观偏好、无法深入揭示文献隐含的深层次内容的弊端，具有客观性、准确性、系统性、实用性等特点，因而被广泛用于揭示不同学科领域的发展动态[10]。20 世纪 80 年代，经过图书情报学学者对齐普夫定律以及词频分析法的广泛宣传，词频分析法从理论研究走向实践应用。1995 年喻培珍等[11] 率先尝试用词频分析法探讨我国放射诊疗新技术的发展，揭开了词频分析在我国实践应用的序幕。2005—2009 年，词频分析在我国的应用研究稳步发展，发表的文献数量急剧上升，应用领域也扩展到科学学、教育学、管理学、计算机科学、生命科学等众多领域。

词频分析法的首要环节是高频词阈值的确定，高频词阈值的选取不仅决定词频分析法的分析结果，而且对整个分析研究都有着极其重要的影响。目前，学术界最常用的高频词阈值选取方法有自定义选取法、高低频词界定公式选取法、普赖斯公式选取法及混合选取法四类。自定义选取法是作者依据关键词频次界定、数量排名先后、中心度大小等的度量自主设置阈值进行选取。高低频词界定公式

为 $T=\dfrac{1}{2}$ $(-1+\sqrt{1+8\times I_1})$，源于齐普夫第二定律，其中 I_1 代表只出现过一次的关键词数量，但是此公式的运用并不广泛。最早被用于确定高被引文献，进而确定某研究领域内核心作者的公式是普赖斯公式，其计算公式为 $M=0.749\sqrt{N_{max}}$，其中 M 为高频词阈值、N_{max} 表示区间学术论文被引频次的最高值；普赖斯公式也可用于确定高频关键词阈值，这时 N_{max} 表示的是关键词的频次最高值。混合选取法就是将两种或两种以上的方法合并使用的方法[12]。当然，不少学者也提出了自己的词频阈值选取方法，如词频 g 指数，是根据 g 指数选取高频词的方法。词频 g 指数的定义如下：在研究领域中，一个关键词的数量分值为 g，当且仅当此研究领域的关键词总量 N 中，有 g 个关键词的累计出现频次不少于 g^2 次，而 $g+1$ 个关键词的累计出现频次少于 $(g+1)^2$ 次[13]。在高频词选定之后，就可以进行整个领域热点和现状的定性定量分析。

2. 共词分析法

共词分析法最早在 20 世纪 70 年代中后期由法国文献计量学家提出。共词分析法利用文献集中词汇对或名词短语共同出现的情况，来确定该文献集所代表学科中各主题之间的关系。一般认为，词汇对在同一篇文献中出现的次数越多，则代表这两个词汇的关系越紧密。由此，统计一组文献的关键词两两之间在同一篇文献出现的频率，可以发现某一学科领域的研究热点；通过词汇之间的共现关系可进一步形成由这些词对关联所组成的共词网络，网络内节点之间的远近可以反映词汇之间的亲疏关系。共词分析就是以此为原理，以文献关键词为研究对象，借助包容系数、聚类分析、多维尺度分析等多种统计分析方法，把众多分析对象之间错综复杂的共词网状关系简化为以数值、图形直观地表示出来的过程[14]。

共词分析法的步骤一般包括关键词的选取、高频词的选定、共词矩阵的构建及其标准化、共词分析图谱的绘制和结果分析[15]。由于共词分析方法比较固定，易于掌握，目前在人工智能、科学计量学、信息科学和信息系统、信息检索等领域都得到很好的应用，并产生了大量的应用成果。

三、社会网络分析

早在 20 世纪 30 年代到 60 年代，在心理学、社会学、人类学以及数学领域，越来越多的学者探讨和提出各种与"网络"有关的概念（中心势、密度、结构平衡性、结构均衡性、块等），"社会网络"一词渐入学术殿堂。社会学认为社会网络分析是一种社会学研究方法，认为社会不是由个人而是由网络构成的，网络中包含节点及节点之间的关系；社会关系学认为社会网络分析是一套用来分析多个个体相互联系的结构与性质、描述其联系属性的方法集合，它强调从关系或者结构的角度把握研究对象，注重个体间的关系；统计学家认为社会网络分析（Social Network Analysis，SNA）是一门对社会关系进行量化分析的技术，它要求有较高的统计学、数学功底以及计算机编程技术和能力等[16]。可见，社会网络分析是对网络中行动者间的关系进行量化研究，它给出了一个结构性的研究视角，至今已形成一套用来描述网络结构特征的完整、具体的测量方法和指标[17]。

社会网络分析常用的指标有以下七个[18][19]：

（1）网络密度（Overall Density）：是网络中存在的连接数与网络中可能存在的最大连接数的比，评价的是网络中节点之间联系的紧密程度。

（2）直径（Diameter）：指网络中任意两节点对之间的最短距离中的最大长度。若设 l_{ij} 是网络中从节点 i 到节点 j 的最短距离，则直径 $D=\max\limits_{i,j}\{l_{ij}\}$。

（3）平均路径长度（Average Distance）：是任意两个节点之间距离的平均值，其公式为 $L=\dfrac{2}{N(N-1)}\sum\limits_{i=1}^{N-1}\sum\limits_{j=i+1}^{N}l_{ij}$。其中，$N$ 为网络节点数，这个数值反映了网络中的信息通畅程度。若平均路径长度小于 10，则该网络具有小世界的特性。

（4）聚类系数（Overall Graph Clustering Coefficient）：是指与某个节点相连的节点之间相互连接的可能性。假设网络中的一个节点 i 有 K_i 个邻居节点，在这 K_i 个邻居节点之间最多可能有 $K_i(K_i-1)/2$ 条边，将这 K_i 个邻居节点实际存在的边数

N_i 与最多可能边数的比定义为节点 i 的聚类系数，记为 C_i，$C_i = \dfrac{2N_i}{K_i\,(K_i-1)}$。

整个网络的聚类系数则是所有节点聚类系数的平均值，其大小反映了网络内存在小团体的普遍程度，记为 C，$C = \dfrac{1}{N}\sum_{i=1}^{N} C_i$。

（5）节点度（Degree）：一个节点的度 K_i 定义为与该节点直接相连的邻居节点的个数。

（6）中介性（Betweenness）：是指其他结点的最短路径通过该结点的频数，节点 i 的中介性表示为 $B_i = \sum_{m,n} \dfrac{g_{\min}}{g_{mn}}$。$m$、$n$ 是不同于节点 i 的两个节点，g_{mn} 是节点 m 和节点 n 之间的最短路径数，$g_{\min}$ 是节点 m 与节点 n 之间经过节点 i 的最短路径数。中介性反映了节点对其他节点间沟通控制的能力。

（7）小团体分析（Subgroup 或 Cliques）：小团体指团体中的一小群人关系特别紧密，以至于结合成一个次级团系。对小团体进行研究，可以了解它们对整体网络的影响，比如是加快了资源共享、提高合作层次，还是阻碍了科研合作的进一步发展。

用于 SNS 分析的工具有很多，如 Ucinet、Pajek、Vosviewer、Gephi，其中最常用的是 Ucinet 和 Vosviewer。

四、多元统计分析

多元统计分析通过对多个变量观测数据的分析来研究变量间的相互关系，以揭示变量内在的变化规律，是实现定量科学分析的有效工具[20]。20 世纪 50 年代中期，随着电子计算机的发展和普及，多元统计分析在地质、气象、生物、医学、图像处理、经济分析等许多领域得到了广泛应用。同时，各种统计软件如 SPSS、SAS 等相继推出，为科研工作者利用多元统计分析解决实际问题提供了简便易行的平台[21]。

常用的多元统计分析方法有相关分析、回归分析、聚类分析、因子分析、主成分分析和多维尺度分析等。

1. 相关分析 (Correlation Analysis)

相关分析就是衡量两个数值型变量间统计关系的强弱，其显著特征是各变量处于同等地位、不分主次。当两个变量的变动方向一致时，则称它们有正相关关系；反之，当两个变量的变动方向相反时，则称它们有负相关关系，具体相关度的大小用相关系数来表示。相关系数有多种定义方式，较为常用的是皮尔逊相关系数，相关性强弱与相关系数的对应关系一般是：相关系数取绝对值后，在 0.8 以上有强相关性；0.3~0.8 有弱相关性；0.3 以下没有相关性。

2. 回归分析 (Regression Analysis)

回归分析是确定两个或两个以上变量间相互依赖的定量关系的一种统计分析方法。按自变量的多少，回归分析可分为一元回归分析和多元回归分析；按自变量和因变量之间的关系类型，可分为线性回归分析和非线性回归分析。

回归分析的一般步骤如下：确定解释变量（自变量）和被解释变量（因变量）→确定回归模型→建立回归方程→对回归方程进行各种检验→利用回归方程进行预测。

回归分析与相关分析既有区别又有密切的关系。相关分析只研究变量之间相关的方向和相关的强弱，需要依靠回归分析来表现变量之间相互依存的具体定量关系；回归分析以相关分析为基础，通过相关分析能够表现变量之间数量变化的相关程度，只有当变量之间存在较高的相关度时，通过回归分析发现其具体的定量关系才有意义。因此，在具体应用过程中，只有把相关分析和回归分析结合起来，才能达到研究和分析的目的。

3. 聚类分析 (Cluster Analysis)

聚类是将一组数据分到不同的类或不同的簇的过程，同一个类中的对象有很大的相似性，不同类间的对象有很大的相异性[22]。

聚类分析方法主要有两种：层次聚类分析和快速聚类分析。层次聚类分析是根据观察值或变量之间的亲疏程度，将最相似的对象以逐次聚合的方式结合在一起，直到最后所有样本都聚成一类；当观察对象过多或文件非常庞大（通常观察值在200个以上）时，层次聚类分析难以实现，这时多采用快速聚类分析法，快速聚类是先将观察对象粗糙地分为一类，然后再按照一定的原则进行修正，直至分类比较合理为止。

聚类分析是统计分析、数据挖掘、模式识别、图像处理等研究方向的重要研究内容之一，在识别数据内在结构方面具有极其重要的作用[23]。

4. 因子分析（Factor Analysis）

因子分析就是用少数几个线性不相关的因子来描述许多指标或因素之间的联系，使数据处理得以简化。因子分析依据相关性的大小将变量分组，使同组内的变量之间相关性较高，不同组的变量之间相关性较低，每组变量代表一个基本结构，这个基本结构称为公共因子。

因子分析有严格的步骤：首先，确定待分析的原有若干变量是否适合进行因子分析，因子分析潜在的要求是原有变量之间具有比较强的相关性；其次，构造因子变量，因子分析中有很多确定因子变量的方法，应用最为广泛的是基于主成分模型的主成分分析方法；再次，因子变量的命名解释，在实际应用中，主要通过对载荷矩阵分析，得到因子变量和原有变量之间的关系，从而对新的因子变量进行命名；又次，计算因子变量得分，估计因子得分的方法主要有回归法、Bartlette法等；最后，对因子分析结果给出合理的解释。

5. 主成分分析（Principal Component Analysis， PCA）

主成分分析是因子分析的一个特例，是利用降维的思想，在保持原有变量信息不损失的前提下，通过"正交变换"将一组可能存在相关性的变量转换为一组线性不相关的变量，转换后的一组变量称为主成分。其中，每个主成分都是原始变量的线性组合，各主成分之间是两两不相关的，而且这些主成分能够反映原始变量的绝大部分信息，且所含的信息互不重叠[24]。可见，主成分分析能够将复杂因素转变为几个便于解释的主要因素，使复杂问题简单化。

6. 多维尺度分析（Multi- dimensional Scaling, MDS）

MDS 是一种用于信息可视化的降维技术。MDS 能够在保持变量在高维空间中原始关系的条件下，降低数据维度，输出有限的几个维度，通过该方法可以获取二维位置分布的可视化图。在 MDS 分布图中表现各元素间的关系，越相似的元素在空间上越接近[25]。多维尺度分析往往与聚类分析结合来展现不同类团在整个知识空间中的位置分布，通过观察 MDS 图中的组织结构来推断数据集的基本维度，确认知识单元之间的亲疏关系，并结合特定内容和知识基础给出科学合理的解释。

五、文献知识发现的一般流程

文献知识发现是指从大量文献集中发现潜在未知的、有用的、可被理解的知识的过程[26]。由于文献具有区别于一般数据库信息资源的半结构化特性，计算机很难理解和处理，必须利用有针对性的分析方法获得对文献内容的全面而深入的理解。在目标问题确定的前提下，文献知识发现一般经过以下几个阶段：文献数据库选择、文献预处理、文本特征选择、文献知识表示、文本相似度分析、文本相似度计算模型、文献知识发现等[27]。

（一）文献数据库选择

选择数据库是实现文献知识发现的首要环节，选择数据库首先要了解数据库的类型。

文献数据库的划分标准有很多。按信息类型划分主要包括图书数据库（如超星数字图书馆）、期刊数据库（如 Web of Science（WOS）、CNKI）、会议论文数据库（如中国重要会议论文全文数据库、SciFinder Scholar）、学位论文数据库（如万方）、专利数据库（如中国国家知识产权局专利数据库、美国专利数据库）、科技报告数据库（如美国政府科技报告数据库）、报纸数据库（如中国重要报纸全文数据库）等。按学科类型来划分，可分为多种学科数据库（如中国期刊全文数据库、

Web of Science）和单一学科数据库（如 IEEE/IEE Digital Library）。根据数据库著录内容的不同，分为全文型数据库（如中国期刊全文数据库、Science Direct）、摘要型数据库（如 Web of Science、SciFinder Scholar）。

选择数据库时一般可以根据数据库的语种、信息类型、著录内容、学科范围、时间范围等来选择。

（二）文献预处理

文献预处理是在对文本内容挖掘之前，先对原始文献数据进行必要的清理集成、变换与规约等一系列的处理工作，是文献处理过程中最为基础也是最重要的一步，直接影响文献知识挖掘的效果[28]。

数据库中的文献内容是使用自然语言描述的，具有多语言、同义/近义词、上下文语境、概念等特点，属于非结构化数据，难以直接被计算机识别和理解。文献预处理就是将能够反映文献特征的特征项从文献中提取出来，转化为计算机易于识别与处理的二维逻辑数据。

1. 数据清洗

文献知识发现所需的文献数据一般是有限的学科对应的文献数据的集合，而文献数据库中的数据是来自不同系统、不同学科专业的数据，不可避免地会有不完整的数据、错误的数据以及交叉重复的数据等现象，影响着数据挖掘和应用的效果，因此在文本数据挖掘之前需按照一定的规则"把脏数据洗掉"，以提高数据的"质量"，这个过程就是数据清洗。数据清洗包括填补空缺值、消除噪音数据、实现数据一致性等过程。

2. 去标签

英文文本中单词与单词之间以空格区分，去标签就是利用一定的算法，如 tm 包中 tm_ map（）函数，去除文本中多余的空格以及存在的标点符号，将待处理文本转化为用一系列的单词表示的纯文本文档。

3. 去停用词

由于重要术语一般是名词，人们通常是从具有实际意义的名词中提取核心信息，以辨识文本类别属性，而一篇英文文献中包含大量的单词，其中有一部分单词（如 a/an、this/that、is、the 等）相对于整个文本语义来说并没有实际意义，这些单词的频繁出现会干扰对文本类别的辨识度，因此有必要把这些词从文本中过滤掉。一般方法是先自建"停用词表"，通过"停用词表"对数据集进行去"停用词"的操作。

4. 词干化

英文文本中常常会有一些单词的不同形式，比如名词复数、第三人称单数、时态等。为在后续处理中防止计算机将单词原形与其变形识别为不同含义的词，使文本特征维度过大、计算量复杂，需要通过一定的工具（如 R 语言中的 SnowballC 包与 EnStemmer 词根还原工具）将不同变形单词的原形提取出来。

文本预处理过程在整个知识发现过程中有很重要的作用。现实世界的很多数据是不完整的、含噪音的并且不一致的，预处理过程可以改进数据的质量，降低文本表示维度，从而有助于提高文本挖掘过程的精度和性能。高质量的决策必然依赖于高质量的数据，因此数据预处理是知识发现过程不可缺少的重要环节。

（三）文本特征选择

经过上述预处理过程的文献数据集包含的数据量是巨大的，文本量过大会导致文本特征维数灾难，无法准确、快速地实现下一步的知识挖掘。因此，在进行知识挖掘之前，需要对预处理后的文本进行特征选择，即从繁杂的文本数据中剔除对文本信息不重要的特征词，保留最能代表文本信息的特征数据。因此，文本特征选择的功能有两个：一是减少特征数量、降维，使模型泛化能力更强，减少过拟合；二是增强对特征和特征值之间的理解[29]。常用的文本特征选择方法有基于文档的频率统计方法、卡方统计方法、互信息方法、信息增益方法、期望交叉熵等。

1. 基于文档的频率统计方法

文档频率（Document Frequent，DF）是特征选择方法中比较简便的一种评估方法，表示某一个特征词出现在文档集中文档的次数，用来评价特征词在文本集中的重要程度。也就是说，如果某些特征词在文档中频繁出现，那么这个词就可能在整个文档中占有非常重要的地位；反之，如果某些特征词在文档中很少出现，或者在整个语料库中仅出现一次，说明这些特征词相对于整个文档来说携带文档语义信息量很少，甚至是信息噪音，那么这类特征词对于接下来的挖掘分析来说无关紧要，可以将它们从原本的文本集中删除。文档频率的计算公式如下：

$$DF = \frac{\text{出现某一特征词的文档数}}{\text{文档集总数}} \tag{3-1}$$

这种方法是保留对于文档集来说高频率出现的词，但实际上文档中的一些对于文档语义信息无关的"停用词"（比如 a/an、the、this 等）同样在文本中经常性出现，所以在使用文档频率方法作为特征选择时要尽可能完善"停用词表"。值得关注的是，在整个文本集上有些含有丰富语义的稀有词其在某一篇文本中的文本频率低。

2. 卡方统计方法

卡方统计方法（CHI）的基本思想就是对实际值与理论值进行观察，通过计算两者的相关性来确定理论值是否正确。卡方统计方法首先假设特征量与文本类别是相互独立的，然后观察特征量与文本类别的偏离程度，如果偏离值很小，就认定此偏离值是正常的样本误差，是测量方法或手段不够精确导致或者偶然发生的，两者确确实实是独立的，此时就接受原假设；如果两者偏差值过大，大到这个误差值不能被认为是因为偶然性或者是测量方法不精确导致的，说明原假设是错误的、特征值与此文本类别是有关系的。该特征项的卡方统计值越高，说明与文本类别的联系越大。首先假设特征项 t 与类别 c 之间是互相独立的，两者的卡方统计值计算公式如下：

$$\chi^2(t, c) = \frac{N \times (AD-CB)^2}{(A+C)(B+D)(A+B)(C+D)} \tag{3-2}$$

其中，N 指文档集包含的文档总数，A 代表文档集合中包含的特征项 t 且属于类别 c 的文档概率值，B 代表文档集合中包含的特征项 t 但该特征项不属于类别 c 的文档概率，C 代表属于类别 c 但是不包含特征项 t 的文档概率值，D 代表不包含的特征项 t 且不属于类别 c 的文档概率。

3. 互信息方法

互信息方法（Mutual Information）与卡方统计方法（CHI）的思想类似，它表示两个特征项的相关性，认为与类别相关性能越高的特征越重要，在统计语言模型中应用甚广。其计算公式如下：

$$MI(t, c) = \log \frac{P(t \mid c)}{P(t)} \tag{3-3}$$

其中，$P(t \mid c)$ 指文档集合中既包含特征项 t 又属于类别 c 的文档概率，$P(t)$ 表示特征项 t 出现在整个文档集中的概率。当特征项 t 出现在整个文档集的概率越大，其与类别 c 的互信息值越小；相反，当特征项 t 的概率越小，互信息值越大。利用互信息作为特征选择方法时，保留了出现次数比较低的特征项，将出现较频繁的特征词从文本信息中删去。

4. 信息增益方法

信息增益（Information Gain，IG）可以理解为特征项对系统所做的贡献大小，是在机器学习领域中衡量属性值的标准。通过统计某个特征在一篇文档中有或者没有这个特征的次数来预测文档的类别，可以理解为某个特征项在某文档中出现前后的信息混乱程度（即信息熵）的差值，特征项信息量越大，信息增益值越高，说明该特征项对于整个文档来说越重要。信息增益的计算公式如下：

$$IG(t) = -\sum_{i=1}^{m} P(c_i) \log P(c_i) + P(t) \sum_{i=1}^{m} P(c_i \mid t) \log P(c_i \mid t) +$$

$$P(\bar{t}) \sum_{i=1}^{m} P(c_i \mid \bar{t}) \log P(c_i \mid \bar{t}) \tag{3-4}$$

其中，$P(t)$ 表示特征词 t 出现的概率，$P(c_i)$ 表示文档集中属于类别 c_i 的文档出现的概率，$P(\bar{t})$ 表示特征词 t 没有出现的概率，$P(c_i \mid t)$ 表示包含特征

词 t 且属于类别 c_i 文档的概率，$P\left(c_i\middle|\bar{t}\right)$ 表示不包含特征词 t 且属于类别 c_i 文档的概率，文档集共包含 m 个类别信息。

利用信息增益方法进行特征选择时，分别计算每个特征项的信息增益值，设置一个固定的阈值，保留信息增益值高于所设定的阈值，而将信息增益值小于阈值的特征项从文本信息中剔除。其缺点是仅考虑了属于某个类别的特征项，忽略了类别之间的信息。

5. 期望交叉熵

相对于信息增益，期望交叉熵（Expected Cross Entropy，ECE）将特征项不出现的情况排除在外，排除特征项不出现的情况有效避免了一些出现次数很少的稀有特征的干扰。它的计算公式如下：

$$ECE(t) = \sum_{i=1}^{m} P(c_i\mid t)\log\frac{P(c_i\mid t)}{P(c_i)} \tag{3-5}$$

与信息增益中一样，式（3-5）中 m 指文档集存在的类别数目，文档集中属于类别 c_i 的文档出现的概率用 $P\left(c_i\right)$ 进行表示，包含特征词 t 且属于类别 c_i 文档的概率用 $P\left(c_i\mid t\right)$ 表示。如式（3-5）所示，当文档集中属于类别 c_i 的文档出现的概率比较小，但是文档集中存在某个特征项且这个特征项属于类别 c_i 的文档的概率较大时，这个特性项的期望交叉熵值就大，说明此特征项携带的分类信息比较丰富。

期望交叉熵在文本特征选择上存在一些不可忽视的问题，最显著的一点就是期望交叉熵只是将特征与类别之间的相关性纳入重点考虑范围，并没有关注特征项在类内与类—类之间均匀分布的程度。对于类间的影响，如果一个特征项出现在某一个类中次数多，但是在其他类别中并未出现或者出现次数少，说明特征项包含该类的信息比较多，包含其他各个类别的信息较少。对于类内的影响，一个特征项均匀地分布在一个类别中的文本里，而非只分布于这个类别中的某几篇文本中，说明这个特征项包含该类的信息比较丰富。

（四）文献知识表示模型

最初的文献数据经过上述处理过程后，还需要表示为易于计算机识别的模式，以便进一步呈现其知识结构。

1. 向量空间模型

向量空间模型（Vector Space Model，VSM）是由 Salton 等在 1968 年提出的一种文本表示模型[30]。VSM 将文本表达成几何空间中的向量，为计算文本之间的相似度、确定关键词与文本的关系提供了便利。

VSM 包含文档、特征项、特征项权重。文档通常指一篇文章。特征项（Term）表示文本的内容特征，文本内容特征以文档本身包含的基本语言单位来表示，如字、词、词组或短语等这些被统称为文本的特征项。特征项的权重（Term Weight）表示每个特征项的重要性，通常用 TF-IDF（文档-逆文档频率）方法来计算特征项的权重，可以调整特征词与文档主题之间的相关度，过滤与主题无关的信息。

TF-IDF 的计算公式为：

$$TF\text{-}IDF = TF \times IDF \tag{3-6}$$

其中，TF 是词项频率，表示某一词项在一篇文档中出现的频率。

$$TF = \frac{某词在一篇文档中出现的次数}{该文档总词数}$$

IDF 指逆文档频率，是该词对文档普遍重要性的度量。

$$IDF = \log\left(\frac{文档总数}{包含该词的文档数+1}\right)$$

VSM 实则是一个词袋模型，忽略词在文档中出现的先后顺序，且假设词与词之间是互相独立的，本身无法解释文档中一词多义或者同义词的现象。此外，由于文档包含词语数量众多，向量空间中特征项维度高，向量空间内存大且在计算特征项权重时运算量较大。当文档数据集偏大时，模型效率偏低。因此，需要用更优秀的模型来表示文本。

2. 主题提取

主题提取即提取文献的主题内容。学术文献的研究主题反映了文献的研究内容、体现了文献的研究方法，获取文献的研究主题才能实现真正意义的文献内容分析。1990 年，Deerwester[31] 提出的潜在语义分析模型 LSA（Latent Semantic Analysis）首次成功地将"语义"引入文本主题挖掘；1999 年，Hofmann[32] 运用期望最大化算法提出了基于概率统计的 PLSA（Probabilistic Latent Semantic Analysis）模型，将机器学习纳入文本主题提取；2003 年，Blei 等[33] 在 PLSA 的基础上，把先验概率引入隐含语义分析，提出潜在狄利克雷分配模型 LDA（Latent Dirichlet Allocation）。LDA 主题模型假设主题具有独立性，这种假设与真实数据集相互矛盾，削弱了对大样本数据的表示能力以及预测不同主题产生相关词的能力。因此，2007 年 Blei 等提出对 LDA 的一种改进模型 CTM 模型[34]。目前，对主题提取模型的研究多是在 IDA 模型和 CTM 模型基础上进行的相关改进。

（1）LDA 模型。

LDA 模型也称三层贝叶斯概率模型，它包括词层、主题层和文档层[35]。LDA 是一种非监督学习模式，可以用来识别大规模语料库中的主题信息。LDA 模型的主要思想是将文档看作主题的一个混合概率分布，而将其中的每个主题看作在单词上的一个概率分布，其模型图如图 3-1 所示。

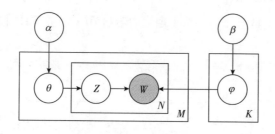

图 3-1　LDA 模型图

在 LDA 模型中，M 表示文档集合，N 表示某篇文档包含的词数，K 表示主题数目。α 和 β 表示语料级别的参数，是狄利克雷先验分布的超参数。θ 是文档层变量，每篇文档对应一个 θ。z 和 w 是单词层变量，z 代表某篇文档的某个主题，由 θ 生成；w 是词（深色实心圈表示），是唯一可观察到的变量，由 z 和 φ 共同生成。LDA 的联合概率分布如下：

$$p(\theta, z, w \mid \alpha, \beta) = p(\theta \mid \alpha) \prod p(z_n \mid \theta) p(w_n \mid z_n, \beta) \tag{3-7}$$

简单地说，LDA 就是根据给定的一篇文档，推测其主题分布。在 LDA 模型中一篇文档生成的过程如下：

对于一篇文档 d 中的每个单词（词）：

Step1：根据先验知识（超参数 α）确定文章的主题分布 θ。

Step2：从该文章所对应的多项式分布（主题分布）θ 中提取一个主题 z。

Step3：根据先验知识（超参数 β）确定当前主题的词分布 φ。

Step4：从主题 z 所对应的多项式分布（词分布）φ 中抽取一个单词（词）w。

以上步骤，重复 N 次，即产生一篇文档 d。

（2）CTM 模型。

LDA 模型利用 Dirichlet 分布模拟文档生成的过程，从 Dirichlet 分布中抽样产生一个文档-主题的多项式分布，然后对主题进行反复抽样，从而产生文本中的每个词[36]。CTM 模型引入对数正态分布（Logistic Distributeon）取代 LDA 模型中的 Dirichlet 分布对文档集隐含的主题进行提取，并且引入协方差矩阵来描述主题间的相关性，解决了 LDA 模型所提取主题之间不相关的问题。CTM 模型图如图 3-2 所示。

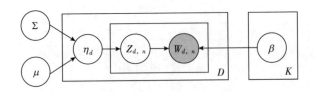

图 3-2 CTM 模型图

在 CTM 模型中，词（用深色实心圈表示）是唯一可观察到的随机变量。该模型假设某个单词具有强大的语义信息，一组文档用一组主题来表征，每个主题对应一系列相关的词。因此，可通过识别语料库中经常在文档中一起出现的单词组来发现潜在主题。以这种方式，文档被建模为潜在主题的随机混合模型，其中每个主题的特征在于其自身对词汇的特定分布，即主题–词汇分布。

给定一个文档集 D，假设包含 M 篇文档，共有 N 个不同的词。给定主题数目为 k，其中是 k 维均值向量，ε 是 $k \times k$ 的协方差矩阵。

一篇文档 d 产生的过程如下：

Step1：从 Logistic Distribution 分布 $f(\eta \mid \mu, \Sigma)$ 中随机选择一个 k 维向量 η_d，表示文档 d 中的主题混合比例，即主题概率分布。

Step2：根据文档–主题混合比例 η_d 对文档 d 中的词 $w = \{w_1, w_2, w_3, \ldots, w_n\}$ 进行反复抽样，为每个词 W_d 确定一个主题 Z_d。

Step3：根据主题 Z_d 对应的主题–词项概率分布 β 确定主题下包含的具体词项，即 $f(w_n \mid \eta_d, \beta)$ [36]。

目前，利用 LDA 和 CTM 主题模型进行知识挖掘已在诸多领域取得显著的研究成果。

3. 主题数目确定

在文献主题提取中，主题数目的确定至关重要，主题数目过少不能涵盖学科领域的研究全貌，过多则会出现重复分析的现象；根据作者或专家建议确定主题数目又带有主观性的弊端。因此，在文献知识发现中，主题数目的确定直接影响文献主题的抽取效果和文献知识发现的结果[37]。

在文献主题提取中，常用的确定主题数目的方法有余弦相似度法、困惑度法、对数似然值法、困惑度法和对数似然值相结合的方法等。

（1）余弦相似度法。

设共 N 个主题，每个主题含 n 个主题词，主题词用 k 表示，则每个主题 $T_r(r = 1 : N)$ 表示为 $T_r = (k_1, k_2, \cdots, k_i, \cdots)$，$W = (w_1, w_2, \cdots, w_i, \cdots)$ 表示主题 T_r 中

主题词出现的频次，$i = 1$：n；$Sim(T_p, T_q)$ 表示任意两个主题 T_p 和 T_q 之间的余弦相似度，$p, q \in [1:r]$，$avg\text{-}Sim(structure)$ 表示所有主题的平均余弦相似度[38]。

$$Sim(T_p, T_q) = \frac{\sum_{i=1}^{n}(w_{pi} * w_{qi})}{\sum_{i=1}^{n}(\sqrt{(w_{pi})^2} * \sqrt{(w_{qi})^2})} \tag{3-8}$$

$$avg - Sim(structure) = \frac{\sum_{p=1}^{N-1}\sum_{q=p+1}^{N} Sim(T_p, T_q)}{N*(N-1)/2} \tag{3-9}$$

平均余弦值在 1 和 0 之间。确定主题数目的原则是：当主题结构的平均相似度最小时，对应的模型最优[39]。

（2）困惑度法。

困惑度是语言模型中标准的衡量准则，用以评价主题模型的优劣。其基本思想是在语言模型中，测试集中的句子都是正常的句子，训练好的模型在测试集上的概率越高，则模型解释能力就越强，模型性能越优。困惑度随潜在主题数量的增加而减小，具体公式如下：

$$perplexity(\varphi) = \prod_{d=i}^{D}\prod_{i=p+1}^{N_d} p(w_i \mid \varphi, w_{1:p})^{1/\sum_{d=1}^{D}(N_d-p)} \tag{3-10}$$

其中，$p(w \mid w_{1:p})$ 表示模型中词汇的分布情况，φ 表示 CTM 模型的参数，D 是文档总数，d 指其中的每篇文档，每篇文档包含 N_d 个单词。

（3）对数似然值法。

对数似然函数是似然函数的自然对数形式，是关于模型中参数的函数，表示模型参数中的似然性。在主题模型中，通过计算不同主题数目下最大化观察数据 X 对于参数 φ 的对数似然值来评价模型性能。其中，对数似然值越大，表明模型性能越优。公式如下：

$$Loglikehood(\varphi) = \log P(X \mid \varphi) \tag{3-11}$$

也可采用上述困惑度和对数似然值相结合的方法[40] 来决定最优的主题数目。

（五）文本相似度分析

面对海量的文本信息，计算文本间的相似度可以快速地分类并提取文本内容，同时为进一步研究文本间的内在联系、主题与主题间的发展演化趋势提供定量描述工具。因此，文本相似度作为自然语言处理的关键技术之一，是信息检索与情报处理领域各类分析与应用系统的重要支撑，受到学者们的广泛重视。文本相似度分析是通过比较给定文本的字符、单词、语句、段落等，判定文本间的差异，从而确定给定文本的相似程度。衡量相似度的数值通常为 [0, 1]，相似性越强，数值越接近 1，表示文本内容越趋于相同；相似性越弱，数值越接近于 0，意味着比较的文本越不相同。1998 年，Lin 推论出相似度定理[41]：

$$Sim(A, B) = \frac{\log P(common(A, B))}{\log P(desctription(A, B))} \tag{3-12}$$

式（3-12）中，$common$（A, B）表示文本 A、B 的共性部分，$description$（A, B）代表文本 A、B 的全部内容。此定理因其通用性特征而被多学科领域采纳应用。

（六）文本相似度计算模型

目前，基于统计的文本相似度计算模型有布尔模型（Boolean）、VSM、潜在语义分析（Latent Semantic Index，LSI）模型等，几种模型的对比如图 3-3 所示。这些模型运用数学和计算机领域的语言、工具等对文本内容及其相互关系加以处理，解决文本相似度计算中的文本特征项选择、加权设置以及相似度计算等问题。

20 世纪 60 年代末出现的 VSM[33] 是目前使用最广泛且效果较好的文本相似度计算模型。该模型的基本思想是词与词之间相互独立，文本意义仅与词语出现的频次有关，与词的顺序和位置没有关联，并以频次来表征词的权重；以向量来表示文本，使模型具有很强的可计算性和操作性。在 VSM 中，可以将文献 A 看成由词语 $(a_1, a_2, a_3, \cdots, a_n)$ 构成，对于每一个词语 a，根据其在文本中的重要程度赋予一定的权值 W，并将 $(a_1, a_2, a_3, \cdots, a_n)$ 看成是一个 n 维坐标系中的坐标轴，$(W_1,$

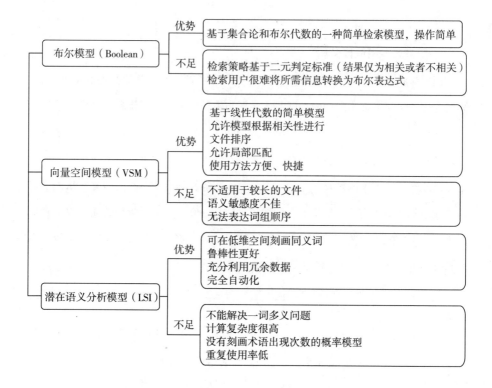

图 3-3　文本相似度计算模型对比

W_2，W_3，…，W_n）为对应的坐标值，由此文献 A 就构成一个 n 维的文本向量空间。

（七）文献知识发现应用方向

文献知识发现的应用范围十分广泛，主要包括学科领域知识结构识别、主题演变分析、文本分类、文本聚类、知识主路径识别、预测分析和学术评价等功能。

1. 学科领域知识结构识别

学科领域知识结构是指学科领域知识体系的构成情况、构成要素（知识元）之间的内在组合方式及关系。学科领域知识结构识别是利用有效的分析方法和手段识别隐含在学术成果背后的知识结构，进而研究学科领域知识元之间的关系，该过程是有效利用知识和进行知识创新的关键，也是进行知识服务的依据。常用的方法有共现分析法、多维尺度分析法和社会网络分析法等。

2. 主题演变分析

演变分析是对随时间变化的数据对象的变化规律和趋势进行建模描述与分析。对于某一学科或研究领域来说，其产生、发展是一个动态过程。学科领域研究主题随着时间的延续不断演变，这种演变反映了学科领域发展随着时间变化的特点。演变分析能够准确、完整地获取某学科或领域在各个阶段的特征信息，以时间为节点，将主题内容整合，完成对主题的动态演化过程，便于人们更好地了解学科发展的来龙去脉[42]。

3. 文本分类

文本分类是一个带有监督的学习过程，通过一个分类函数或分类模型（也常常被称为分类器）训练已分配好类别的文档集，用以预测新文档的类别。常用的文本分类算法包括 K 最邻近算法（KNN）、朴素贝叶斯（Naïve Bayes）、支持向量机（SVM）、神经网络（Neural Network）、决策树（Decision Tree）等。

4. 文本聚类

文本聚类是一种无监督学习过程，聚类是在预先不知道划分类别的情况下，根据数据的不同特征将其聚集为不同的数据类，其目的是使属于同一类别的数据之间的距离尽可能小，不同类别数据之间的距离尽可能大[43]。常用的文本聚类算法有 K 均值算法（K-Means）、K 中心点聚类算法、DBSCAN、BIRCH 等。

5. 知识主路径识别

知识演化路径是知识的产生、发展、演化和消亡的路线，它可以帮助特定领域的学者及时把握本领域的研究重点和热点，快速发现研究的核心和前沿问题[44]。目前，学科知识演化路径的相关研究大致分为两种：一种是基于引文网络的学科知识演化路径分析，另一种是借助关键词或主题词聚类分析法动态展示学科发展态势。将两种方法结合分析学科知识演化路径的研究是未来的研究趋势。

6. 预测分析

预测分析是根据研究对象的已知信息，运用各种定性和定量的方法，预测、优化、预报或模拟其未来发展趋势和水平的一种研究方法。在文献知识发现研究中，预测分析可用于学科发展趋势预测、学科主题演化趋势预测、学术影响力预测等。常用的预测分析方法有线性回归法、指数平滑法、简易平均法、移动平均法等。

7. 学术评价

学术评价就是按照一定的评价标准对学术研究人员、学术研究成果、学术载体等进行量化打分排序的过程。学术评价对学术资源分配、人才引进、学术奖励、职称评选、审批科研项目等都具有重要的指导意义。目前，基于学术文献的学术评价基本方法大致分以下几种：同行评议法、基于文献计量的评价方法、基于网络链接的评价方法、替代计量评价法、融入主题内容的评价法和综合评价法等。

参考文献

［1］邱均平主编. 信息计量学［M］. 武汉：武汉大学出版社，2007.

［2］马秀敏. 中国典型管理期刊文献主题发现与演化分析［D］. 大连理工大学，2011.

［3］邱均平. 网络计量学［M］. 北京：科学出版社，2010.

［4］Small H G, Griffith B C. The Structure of Scientific Literatures I：Identifying and Graphing Specialties［J］. Science Studies，1974，4（1）：17-40.

［5］Kessle R M M. Bibliographic Coupling between Scientific Papers［J］. American Documentation，1963，14（1）：10-25.

［6］邱均平. 信息计量学［M］. 武汉：武汉大学出版社，2010.

［7］邱均平，邹菲. 关于内容分析法的研究［J］. 中国图书馆学报，2004，30（2）：12-17.

［8］内容分析法简介［EB/OL］.［2018-1-17］. http：//www. etc. edu. cn/ko/ko/1f148b8658844855b11d147f11c0c7d3.

［9］邹菲. 内容分析法的理论与实践研究［J］. 评价与管理，2012，12（4）：

71-77.

［10］张勤.词频分析法在学科发展动态研究中的应用综述［J］.图书情报知识，2011（2）：95-98.

［11］喻培珍，秦惠基.从主题词频率变化分析我国放射诊断新技术发展趋势［J］.医学图书馆通讯，1995，14（9）：26-26.

［12］刘奕杉，王玉琳，李明鑫.词频分析法中高频词阈值界定方法适用性的实证分析［J］.数字图书馆论坛，2017（9）：42-49.

［13］唐果媛.基于共词分析法的学科主题演化研究方法的构建［J］.图书情报工作，2017，61（23）：100-107.

［14］钟伟金，李佳.共词分析法研究（一）——共词分析的过程与方式［J］.情报杂志，2008，27（5）：70-72.

［15］李颖.国内竞争情报研究演进态势——共词分析视角［D］.湘潭大学，2010.

［16］汤汇道.社会网络分析法述评［J］.学术界，2009（3）：205-208.

［17］赵丽娟.社会网络分析的基本理论方法及其在情报学中的应用［J］.图书馆学研究，2011（20）：9-12.

［18］孙晓玲.作者合作网络的结构及其演化与预测研究［D］.大连理工大学，2014.

［19］张洋，刘锦源.基于SNA的我国竞争情报领域论文合著网络研究［J］.图书情报知识，2012，2（15）：87-94.

［20］张莉莉.基于多元统计分析的"985"高校ESI学科指标综合评价［J］.黑龙江高教研究，2016（11）：14-18.

［21］360baike.多元统计分析［EB/OL］.［2018-11-4］.https：//baike.so.com/doc/6311666-6525255.html.

［22］贺玲，吴玲达，蔡益朝.数据挖掘中的聚类算法综述［J］.计算机应用研究，2007，24（1）：10-13.

［23］孙吉贵，刘杰，赵连宇. 聚类算法研究［J］. 软件学报，2008（1）：48-61.

［24］朱星宇，陈勇强. SPSS 多元统计分析方法及应用［M］. 北京：清华大学出版社，2011.

［25］Everitt B, Hothorn T. Multidimensional Scaling［J］. Econometric Institute Research Papers, 2014, 46（2）：1050-1057.

［26］张树良，冷伏海. 基于文献的知识发现的应用进展研究［J］. 情报学报，2006，25（6）：700-712.

［27］卢宁. 面向知识发现的知识关联揭示及其应用研究［D］. 南京理工大学，2007.

［28］程显毅，朱倩. 文本挖掘原理［M］. 北京：科学出版社，2010.

［29］特征选择和特征理解［EB/OL］.［2018-3-10］. https：//www. cnblogs. com/tonglin0325/p/6214978. html.

［30］Salton G, Lesk M E. Computer Evaluation of Indexing and Text Processing［J］. Journal of the ACM, 1968, 15（1）：8-36.

［31］Deerwester S C. Indexing by Latent Semantic Analysis［J］. Journal of the American Society for Information Science, 1990, 41（6）：391-407.

［32］Hofmann T. Probabilistic Latent Semantic Analysis. Proceedings of the Fifteenth Conference on Uncertainty in Artificial Intelligence［C］. Morgan Kaufmann Publishers inc, 1999：289-296.

［33］Blei D M, Ng A Y, Jordan M I. Latent Dirichlet Allocation［J］. Journal of Machine Learning Research, 2003（3）：993-1022.

［34］Blei D M, Lafferty J D. Correction：A Correlated Topic Model of Science［J］. Annals of Applied Statistics, 2007, 1（1）：17-35.

［35］王燕霞. 基于相关主题模型的文本分类方法研究［D］. 苏州大学，2010.

［36］王燕霞，邓伟. CTM 与 SVM 相结合的文本分类方法［J］. 计算机工程，2010，36（22）：203-205.

[37] 关鹏，王曰芬. 科技情报分析中 LDA 主题模型最优主题数确定方法研究 [J]. 现代图书情报技术，2016，32（9）：42-50.

[38] 程蔚，线岩团，周兰江. 基于双语 LDA 的跨语言文本相似度计算方法研究 [J]. 计算机工程与科学，2017，39（5）：978-983.

[39] 曹娟，张勇东，李锦涛等. 一种基于密度的自适应最优 LDA 模型选择方法 [J]. 计算机学报，2008，31（10）：1780-1787.

[40] 杨正良. 优化特征选择的 CTM 模型在文本分类中的应用研究 [D]. 华中师范大学，2016.

[41] Lin D. An Information-theoretic Definition of Similarity [J]. The Fifteenth International Conference on Machine Learning，1998：296-304.

[42] 茅利锋. 基于主题模型的主题演化分析及预测 [D]. 南京邮电大学，2016.

[43] 吴斌. 复杂网络与科技文献知识发现 [M]. 北京：科学技术文献出版社，2013.

[44] 祝娜，王芳. 基于主题关联的知识演化路径识别研究——以 3D 打印领域为例 [J]. 图书情报工作，2016，60（5）：101-109.

第四章　文献知识发现常用的
软件工具

　　随着网络技术和文献电子化的发展，文献数据库中的文献信息量巨大，单凭人工在浩瀚的文献海洋中发现和获得自己需要的信息变得困难重重。可视化技术的成熟和多功能科学知识图谱工具的不断推出，为从文献大数据中获取有价值的知识提供了强有力的支持。常用的工具有文献题录统计工具 Bicomb、SATI 等，可视化分析工具 Ucinet、Pajek、Vosviewer、Gephi、CiteSpace 等，统计分析软件工具 SPSS、Origin 等。

　　本章在介绍几个常用的数据库基础上，重点介绍文献知识发现常用的几种软件工具。

一、文献数据库

　　随着计算机技术、网络技术、数据库技术的发展，文献数据库数量快速增长，库容量激增。与文献资源有关的数据库包括图书数据库、期刊数据库、会议论文数据库、学位论文数据库、专利数据库、科技报告数据库等，上述数据库为文献知识发现提供了宝贵的大数据。常用的数据库有 Web of Science（WOS）数据库、Scopus 数据库、中国科学引文数据库（Chinese Science Citation Database，CSCD）、中文社会科学引文索引数据库（Chinese Social Sciences Citation Index，CSSCI）、中国知网（China National Knowledge Infrastructure，CNKI）数据库等。

下面仅介绍常用的三个数据库。

1. Web of Science 数据库

Web of Science 数据库是美国科学情报研究所（Institute for Scientific Information，ISI）于 1997 年创建的网络版引文索引数据库检索平台，包括三大引文数据库：SCI（Science Citation Index）、SSCI（Social Sciences Citation Index）、A&HCI（Arts & Humanities Citation Index），两个化学信息事实型数据库：CCR（Current Chemical Reactions）和 IC（Index Chemicus），以及科学引文检索扩展版：SCIE（Science Citation Index Expanded）、科技会议文献引文索引、社会科学以及人文科学会议文献引文索引数据库。Web of Science 拥有全世界 9300 种高影响力期刊及 12000 种学术会议内容，涵盖社会科学、艺术与人文、工程技术与应用、医学与生命科学、行为科学等领域的 150 多个学科。文献最早可追溯至 1900 年。利用 Web of Science 数据库不仅可以从文献引证的角度评估文献、机构、期刊的学术价值，还可以迅速地组建某研究课题的参考文献网络，帮助科研人员迅速、准确的挖掘相关知识，省时又省力。Web of Science 数据库凭借其功能齐全、覆盖范围广泛、用户检索方便的优势，已成为国际上公认的最具影响力的科学文献检索工具之一。

链接地址：http：//apps. webofknowledge. com/UA_ GeneralSearch_ input. do？product=UA&search_ mode=GeneralSearch&SID=5DyCeAakPlAXE1qLIiB&preferencesSaved=。

2. 中国知网（CNKI）

中国知网全名为中国知识基础设施工程数据库，由清华大学、清华同方发起，始建于 1999 年 6 月，是以实现全社会知识资源传播共享与增值利用为目标的信息化建设项目。目前，CNKI 是世界上全文信息量规模最大的 "数字图书馆"，是集期刊、硕博论文、报纸、会议论文、专利等为一体的、走在国际领先行列的网络出版平台。CNKI 共收录了 7000 多种期刊、近 1000 种报纸、18 万本博/硕士论文、16 万册会议论文、30 万册图书及国内外 1100 多个专业数据库，是中文文献科技查新的最佳数据库，也是国内用于分析学科领域内知识结构及学科间知识交流的权威数据资源。链接地址：http：//www. cnki. net/。

3. 中文社会科学引文索引（CSSCI）

CSSCI 是由南京大学中国社会科学研究评价中心开发研制的数据库，首次发布于 2000 年 5 月[1]。CSSCI 数据库包括数据处理、信息检索和统计分析三个子系统，具有控制数据质量、提高检索效率、保存引文分析数据、分析学科研究特征等功能。CSSCI 遵循文献计量学规律，采取定量与定性相结合的方法从全国 2700 余种中文人文社会科学学术性期刊中精选出学术性强、编辑规范的期刊作为来源期刊。CSSCI 目前收录了包括法学、管理学、经济学、历史学、政治学等在内的 25 大类的 500 多种学术期刊。利用 CSSCI 引文索引数据可以分析学科研究特征，观察学科的成长性和国际化程度，探究学科研究热点和趋势、发现重要学术论著、构建学术网络等研究。链接地址：http：//cssci. nju. edu. cn/。

其他几个常用的数据库对应的链接地址分别是：

Scpus 数据库：https：//www. scopus. com/search/form. uri？display＝basic。

中国科学引文数据库 CSCD：http：//sciencechina. cn/index. jsp。

万方数据库：http：//www. wanfangdata. com. cn/index. html。

研究人员可根据自己的研究需求选择合适的一个或多个文献数据库，从中下载所需的目标文献数据。

二、常用文献题录统计工具

1. 书目共现分析系统 Bicomb

Bicomb（Bibliographic Items Co-occurrence Matrix Builder）是由中国医科大学崔雷博士采用流行的数据库语言开发的书目共现分析软件系统，作为文本挖掘的基础工具，Bicomb 可对国际上权威的生物医学文献数据库 PubMed、引文数据库（Science Citation Index，SCI）、中国知网（CNKI）和万方数据等数据库的文献记录进行快速读取、准确提取字段、归类存储和统计，并生成书目数据的共现矩阵，为进一步研究提供全面、准确、权威的基础数据[2]。Bicomb 还允许用户对系统功能进行修改、增加等拓展操作。

软件有三大功能：

（1）提取关键字段。这一部分有三个界面：第一个界面，是管理员界面，在这个界面主要是定义文件格式。Bicomb 可对 PubMed、SCI、CNKI 和万方等数据库中的两种文件格式：TXT 和 XML 进行处理，根据自己要处理的数据格式定义相应的格式即可。第二个界面是项目，该界面很简单，只需创建一个项目，选择之前自己定义的格式即可。第三个界面是提取界面，选择需要提取的数据文件，确定需要提取的关键字段，点击提取按钮即可。提取完成后，还可对提取的内容进行修改和摘除，也可导出提取的内容。

（2）统计关键字段的频次。在统计界面，可对关键字段进行频次统计，统计后的字段内容以及词频可导出至 Excel。

（3）对提取的关键字段生成共现矩阵。Bicomb 中可以生成两种矩阵：一种是词篇矩阵，可用于文献聚类、分类；另一种是共现矩阵，主要用于文献主题发现。矩阵生成后，可以导入 Ucinet、Pajek 等可视化软件或 SPSS 统计分析软件，以备进一步挖掘文献内部的知识结构。

Bicomb 软件可在网上免费下载，安装也十分简单。下载两个文件（Bicomb、bde-install），解压缩后，先运行一遍 bde-install，布置好环境，然后运行 Bicomb 即可。

2. 文献题录信息统计分析工具 SATI

SATI（Statistical Analysis Toolkit for Informetrics）与 Bicomb 类似，也是一款功能强大的文献题录统计分析软件，能够处理国内外的数据库题录信息，如 WOS、中国知网、CSSCI、万方等，其功能包括题录数据转换、字段信息抽取、条目频次统计、共现矩阵构建等，可用于计量分析、共现分析、聚类分析、多维尺度分析等。SATI 内置了 Netdraw 软件，所以不用导出至其他软件就可直接进行可视化分析。

SATI 分为四个功能模块：

（1）题录数据格式转换。根据工作需要输入数据，程序支持由本程序产生的已完成转换的 XML 文件。也可以导入由其他数据库导入的专门的数据题录格式文件，然后转化为程序支持的 XML 文件。目前，SATI 支持五种格式题录数据：EndNote 格式、NoteExpress 格式、NoteFirst 格式、WOS 格式和 CSSCI 格式，每种格式数据与一定的数据库相对应。SATI 提供开源软件，可从网上免费下载，应注意的是，应用时需先安装 dotNetFx40_ Client 软件。

（2）字段信息抽取。可以从 WOS 导出的 HTML 格式、EndNote 格式和 NoteExpress 格式三种格式的题录数据中抽取指定的字段信息，并存储为文本文档。字段信息包括自定义字段、关键词、作者、引文、机构、发表年、标题、期刊名、文献类型、摘要、URL 等[3]。相比 Bicomb 软件，SATI 提取的速度要快得多，而且还能进行中文切词、去停用词等操作。

（3）条目频次统计。在 SATI 中可根据抽取到的字段信息对条目内元素的频次进行统计和降序排列。

（4）共现矩阵构建。根据设定的共现矩阵行数、列数，将频次降序排列表中的相应数量条目元素作为矩阵知识单元进行运算，以构建知识单元共现矩阵，如关键词共现矩阵、主题词共现矩阵、作者共现矩阵、引文共现矩阵、机构共现矩阵等，并生成 Excel 格式文档。

目前，SATI 支持五种格式题录数据：EndNote 格式、NoteExpress 格式、NoteFirst 格式、WOS 格式和 CSSCI 格式，每种格式数据与一定的数据库相对应。SATI 提供开源软件，可从网上免费下载，需要注意的是，应用时需先安装 dotNetFx40_ Client 软件。

三、可视化分析工具

1. Ucinet

Ucinet（University of California at Irvine NET Work）是一种常用的社会网络分析

软件，最初由加州大学欧文分校的一群网络分析者编写，后由波士顿大学的 Steve Borgatti 和威斯敏斯特大学的 Martin Everett 进行维护更新[4]。Ucinet 内嵌多个软件，如 NetDraw、Mage、Pajek 等。它包含大量的网络分析指标，如中心度、二方关系凝聚力测度、派分关系等多种分析指标和分析工具，既可以使用内置的 Netdraw、Pajek、Mage 等生成可视化的网络图，也可以计算网络的各项参数，还可以进行聚类分析、凝聚子群分析、结构洞分析、因子分析等。

利用 Ucinet 软件可以读取 . dl、. prn、. txt、. xls、. kp、. dat、. nam、xlw 等格式的文件，可输出 . ##h、. xls、. dl、. vec、. clu、. dat、. txt、. net 格式的文件。

Ucinet 中的常用分析路径如下：

（1）数据输入路径：数据（Data）→输入（Import via Spreadsheet）→数据格式（DL-type Formats）。

（2）多值数据转换二值数据：变换（Transform）→对分（Dichotomize）。

（3）网络密度分析：网络（Network）→凝聚力（Cohesion）→密度（Density）。

（4）网络聚类系数分析：网络（Network）→凝聚力（Cohesion）→聚类系数（Clustering Coefficient）。

（5）生成可视化网络图：网络（NetDraw）→打开（Open）→Ucinet 数据文件（Ucinet Dataset）→生成网络（Network）。

（6）中心性分析：分析（Analysis）→中心性测量（Centrality Measures）。

（7）节点中心度分析：网络（Network）→中心度（Centrality）→度（Degree）。

（8）节点接近中心度分析：网络（Network）→中心度（Centrality）→接近性（Closeness）。

（9）节点中间中心度分析：网络（Network）→中心度（Centrality）→Freeman 中间度→节点中间度（Node Betweenness）。

（10）凝聚子群分析：网络（Network）→角色 & 位置（Roles & Positions）→结构（Structure）→CONCOR。

（11）K-核计算：网络（Network）→宗派（Faction）→K-核（K-core），选

择待分析的数据，就可以计算其 K-核。

（12）结构洞分析：网络（Network）→个体中心网络（Individual Center Network）→结构洞（Structural Hole）。

（13）因子分析：工具（Tools）→二模缩放比例（2-mode Scaling Ratio）→因子分析（Factor Analysis）。

（14）1-模、2-模分析：沿着网络（Networks）→子群（Subgroups）→派系（Factions）程序可进行 1-模数据分析；利用网络（Networks）→二模（2-Mode）→二模派系（2-Mode Factions）路径可进行 2-模数据分析。

2. Pajek

Pajek 是一款用于复杂社会网络分析的可视化软件，1996 年由 Mrvar 和 Batagelj 开发[5]。在 Pajek 内可实现数据分析和可视化，能够实现对拥有上千乃至数百万个结点的大型网络进行量化和可视化操作，主要用于合著网、交互网、因特网、引文网、传播网的构建与分析等。Pajek 主窗口上方是其操作菜单条，包括网络、分区、矢量、排序、云集团、层级和绘图。

Pajek 除了支持蜘蛛网络格式和蜘蛛矩阵格式之外，还支持很多其他软件数据格式的输入。Pajek 生成的网络图可导出为六种格式：EPS/PS、SVG、VRML、MDL MOL file、Kinemages 和 Bitmap。其中，EPS/PS、SVG 和 Bitmap 可将网络图导出为二维图像，VRML、Kinemages 和 MDL MOL file 可将网络图导出为三维图像。

3. Gephi

Gephi 是一款基于 JVM 的复杂网络分析软件，侧重于对网络图的编辑和处理，对数据的分析大多是通过网络图来展示，是一款信息数据可视化利器[6]。Gephi 可用于探索性数据分析、链接分析、社交网络分析等。Gephi 中导入数据的方式有八种：①在 OverView 界面，用鼠标点击按钮添加节点和连线；②在 Data Laboratory 界面，用键盘输入节点和边的信息；③在 Data Laboratory 视图中通过"输入电子表格"功能导入 CSV 文件；④通过 File 功能可打开其他格式文件，如 gml 或者 gexf 文件等；⑤通过 File→生成，可生成动态图、Multi-Graph、随机图等；⑥从数据库中导入数据；⑦从浏览器网站中导入数据；⑧从邮件账户中导入数据。

利用 Gephi 进行数据可视化分析，一般包括如下几个过程：统计→分割→排序→流程→滤波[6]。统计分析是根据内置的算法对网络属性包括网络直径、模块性、网络密度、平均聚类系数等进行统计；分割把不同小簇的节点加以区分，并以不同的颜色标记；排序可根据节点的颜色、节点的大小、节点的标签颜色、节点的标签大小、边的颜色、边标签的颜色、边标签大小这七个属性进行节点和边的排序；Gephi 中自带 12 个流程布局，选择其中一个流程就可得到理想的网络图；滤波分析的目的是把一些自己不想要或者不想在网络中显示的节点和边剔除掉，通过滤波分析可以实现动态的显示网络的分割，还可通过滤波选择一个自己想要的属性参数值，进行滤波分析。

Gephi 是一种免费开源软件，可以获取其源码，并允许开发者扩展和重复使用。

4. Vosviewer

Vosviewer（Visualization of Similarities，VOS）是由荷兰莱顿大学 van Eck 教授等在 CWTS 资助下开发完成的非商业性科学图谱工具，该软件基于 VOS 可视化技术，用 Java 语言编写，是针对文献知识单元的文献计量软件，可在大多数硬件和操作系统平台运行。与其他可视化软件相比，VOS 的主要特点是支持大规模数据处理，图形化展现的方式较为丰富，显示清晰，分析结果易于解释[7]。

VOS 支持三种数据文件：第一种是网络文件，包括 VOS 网络文件、Pajek 网络文件和 GML 网络文件；第二种是书目数据，可以构建合著网络、关键词共现网络、互引网络、文献耦合网络与共被引网络，支持 WOS、Scopus、PubMed 和 RIS 等数据库/系统中的数据文件；第三种是文本数据，生成术语的共现网络，支持的文件有 VOS 语料文件、WOS、Scopus、PubMed 和 RIS 等数据库/系统中的数据文件。VOS 主要包括四类浏览形式：密度视图、聚类视图、标签视图、分散视图。

5. CiteSpace

CiteSpace 软件是美国费城德雷塞尔大学陈超美教授负责开发的非商业性文献计量可视化软件，该软件基于 Java 平台，是全美信息分析中最具特色和影响力的软件之一。该软件适合进行动态性、复杂性、阶段性等分析，最大特点是以"聚类视图、时间线和时间区域"三种模式呈现可视化结果[8]。

CiteSpace 数据格式以 WOS 为标准，所以从 WOS 下载的数据可以直接导入 CiteSpace 中进行数据分析，但对于 CNKI、CSSCI 以及 Scopus 等数据库的数据，需要通过 CiteSpace 转化为其可识别的格式。转化方式如下：建立一个 input 文件夹用于放置原始数据，建立一个 output 文件夹用于放置转化后的数据，进入 CiteSpace 数据转化界面，选择相应数据库进行数据转换即可[9]。

CiteSpace 可以对多种网络图进行可视化分析，如作者、机构或国家的合作网络分析、主题、关键词或 WOS 分类的共现分析，文献、作者及期刊的共被引分析，文献的耦合分析等。

CiteSpace 能够实现多种功能，如测度网络中节点的中心性、使用 Burst 检测突发主题、创建文献的引文年环、对网络进行聚类分析等[10]。

四、常用统计分析工具

1. SPSS

SPSS（Statistical Product and Service Solutions，社会科学统计软件），是 1968 年美国斯坦福大学 Nie 等三位大学生开发的统计分析软件[11]，也是世界上最早的统计分析软件。SPSS 最突出的特点就是界面友好、操作简单，集数据录入、编辑、管理、统计分析、报表制作、图形绘制于一体，能够完成包括描述统计分析、列联分析、总体均值比较、相关分析、回归分析、聚类分析、主成分分析、时间序列分析等功能，而且输出结果容易理解[12]。

自 1984 年 SPSS 公司推出世界上第一个 SPSS/PC+版（可以在 DOS 上运行）的统计分析软件以来，由最初的 SPSS1 到现在的 IBM SPSS Statistics 24.0，该软件一直在追求进步，不断更新升级。SPSS 公司于 2000 年正式将英文全称更改为 Statistical Product and Service Solutions，意为"统计产品与服务解决方案"。作为最常用、功能最强大、最灵活和最适用的统计分析工具，SPSS 的服务领域不断扩大，服务深度不断增加，已成为广大科研人员挖掘大数据的得力助手。

2. Origin

Origin 是由 Origin Lab 公司开发的一个科学绘图、数据分析软件，具有绘图、数据管理与数据分析、函数拟合等多种功能。①Origin 的绘图功能。在 Polt 绘图功能操作中主要提供以下功能：可以进行折线图、条形图和饼图等简单的二维图形的绘制，三维图形的绘制，气泡/彩色映射图、统计图的绘制，在一个图形窗口中实现多层图的绘制，并且可以进行图形的定制，Layout 布局窗口起显示作用。②Origin 的数据处理与分析功能。在 Origin 中可以进行简单的数学运算、统计、基线和峰值分析等。Origin 同时拥有工作表窗口、图形窗口、矩阵窗口、函数窗口和版面设计窗口等多个窗口[13]。③Origin 提供了用于曲线拟合的指数函数、对数正态函数、二次函数线等 200 多个数学表达式，可以实现上述函数曲线的批量拟合，满足一个自变量 X 对应多个因变量 Y 的需要。另外，Origin 可以与 Execl、MatLab、Mathmatica 和 Maple 等工具方便地实现数据传递和交换；也可以方便地导入其他应用程序生成便于科学仪器记录的数据，进而利用内置的二维、三维等图形模板对其进行可视化作图；还可以利用内置的插值、拟合函数以及 Label Talk、Origin C 等编程语言对其进行数学运算、分析处理等。Orign 软件不需要科研人员具备较高的计算机语言编程能力，就可以轻松进行多种函数的批量拟合，具有速度快、使用简单、观察直观的特点。

参考文献

［1］中文社会科学研究评价中心［EB/OL］.［2019 - 03 - 06］. http：//cssci. nju. edu. cn.

［2］BICOMB 使用说明书 2014［EB/OL］.［2018 - 10 - 13］. https：//wenku. baidu. com/view/f07835e855270722182ef778. html.

［3］Sati 及其应用［EB/OL］．［2018-10-14］．https：//wenku. baidu. com/view/27ddaf5fa9114431b90d6c85ec3a87c241288a47. html.

［4］刘则渊、陈悦、侯海燕．科学知识图谱：方法与应用［M］．北京：人民出版社，2008.

［5］Batagelj V，Mrvar A. Pajek - program for Large Network Analysis［EB/OL］．［2022 - 6 - 23］．https：//www. researchgate. net/publication/301345304 _ Pajek - program_ for_ large_ Network_ analysis.

［6］邓君，马晓君，毕强．社会网络分析工具 Ucinet 和 Gephi 的比较研究［J］．情报理论与实践，2014（8）：133-138.

［7］张洋，赵镇宁．共现科学知识图谱构建技术与工具研究［J］．图书情报知识，2019，1：119-127.

［8］周超峰．文献计量常用软件比较研究［D］．武汉：华中师范大学，2017.

［9］CiteSpace 介绍及使用［EB/OL］．［2018 - 10 - 15］．https：//wenku. baidu. com/view/1e08768f312b3169a551a4aa. html.

［10］胡静，李璐．基于词频突变的我国阅读推广研究前沿挖掘［J］．情报科学，2017，35（10）：75-78.

［11］邱均平，王曰芬．文献计量内容分析法［M］．北京：国家图书馆出版社，2008.

［12］维基百科．SPSS［EB/OL］．［2018-09-11］．https：//zh. wikipedia. org/wiki.

［13］Origin 简单介绍及应用实例［EB/OL］．［2018 - 09 - 21］．https：//wenku. baidu. com/view/aaede261bfd5b9f3f90f76c66137ee06eef94e09. html.

第三篇

应用篇

PART THREE

引文分析与内容分析的融合在文献知识发现中具有较广泛的应用，本篇通过内容共现分析、文献的聚类与分类、知识交流与融合、多源信息融合、知识演化路径识别、研究主题优先级识别六个部分的研究成果展现引文分析与内容分析的融合在文献知识发现中的应用价值。

第五章　基于主题挖掘的共现分析

学术文献共现分析是将学术文献中的共现信息进行定量化的分析方法。这里的共现是指相同或不同类型的特征项共同出现的现象，如学术文献之间共同出现的主题词、关键词、作者、机构、期刊等。通过共现分析，可发现研究对象之间的关联关系，揭示研究对象所代表的学科领域的知识结构特征。本部分在已有共现分析的基础上，通过挖掘文献主题，并将主题分解为内容主题、方法主题，构建"内容-方法"和"作者-内容-方法"的异质共现关系，并通过二部、多部共现网络，分析学科领域内研究内容与研究方法、作者与研究内容、研究方法之间密切的关联。

一、基于主题挖掘的"内容-方法"共现

学术文献一般通过一定的研究方法、用系统且专业化的知识来讨论或研究某个问题，即研究内容，而且研究内容一般都对应着一种或几种特定的研究方法。探析一个学科领域中学术文献的研究内容与研究方法之间的潜在关系，对科学研究和科研管理均具有一定的指导意义。为此，给出一种基于主题挖掘的"内容-方法"共现分析方法。选取 Web of Science 数据库中国著名的 17 种情报学期刊文献共 12082 篇，利用 LDA 模型提取文献主题；由人工识别对提取的主题分别标注为研究内容和研究方法；通过自编程序，建立学术文献研究内容与研究方法的共现关系；最后

通过 2-模网络实现共现关系的可视化。研究结果表明，"内容-方法"共现分析不仅能够从内容和方法两个视角了解学科领域的研究态势，而且能够发现学科领域研究内容与研究方法之间的潜在关系。

（一）共现分析概述

共现分析是将各种信息载体中的共现信息定量化的分析方法，具有揭示信息的内容关联、发现知识关联、挖掘潜在知识、揭示研究对象所代表的学科或主体的结构特征等功能，已成为支撑知识挖掘和知识服务的重要手段和工具[1]。在情报学中，共现分析主要是以学术论文的某一知识单元（如作者、作者机构、关键词、期刊等）为基础，通过其共现关系揭示科学发展的深层次内容。根据知识单元被引和施引关系的不同，共现分析分为共被引分析和耦合分析两种，共被引是指知识单元 C 同时引用 A、B 两个知识单元，即 A、B 两个知识单元在 C 中同时共现；耦合是指 A、B 两个知识单元共同引用同一个知识单元 C，即知识单元 C 在 A、B 两个知识单元中共现，本书的"共现分析"特指前者。根据知识单元类型的异同，共现分析又分为同质共现和异质共现，同质共现指被引和施引的知识单元属于同一类，异质共现指被引和施引的知识单元属于两种或两种以上[2]。目前，已有的同质共现分析有作者共现分析[3]、关键词共现分析[4]、期刊共现分析[5][6]、文献共现分析[7]等；随着文献计量学研究的深入，利用文献不同知识单元的多种关联进行研究已成为一种趋势，异质共现逐渐引起学者们的关注，如作者-关键词共现、作者-期刊共现、文献-关键词共现、文献-期刊共现、作者-机构共现、机构-关键词共现等[8][9][10]，这类共现分析能够同时发现两种知识单元的核心点和两种知识单元间的关系，揭示更多潜在的知识，发现的知识及知识关联更细致、更全面。尽管如此，从研究过程来看，由于异质共现分析比同质共现分析相对复杂，目前异质共现分析的相关研究相对较少。

任何一个学科领域都有自己的研究对象、相应的研究内容和特定的研究方法。已有研究多重视学科领域研究内容的发现与分析，共词分析和主题建模分析[11][12]

就是基于内容的文献分析方法，但很少有人关注文献研究内容与研究方法之间的关系。从学科领域的角度来讲，一项研究内容往往会对应一种或几种特定的研究方法，一种研究方法也可能适用于不同的研究内容。也就是说，一个学科领域的研究内容与研究方法之间一定存在某种潜在的关联性。因此，本书提出一种文献研究内容与研究方法同时在一篇或几篇文献中共现的方法，简称"内容-方法"共现。本研究理论上是对异质共现分析方法的丰富与拓展，实践上可为发现某学科领域研究内容与研究方法的潜在关系提供一种新思路，同时对学科研究、科研管理也具有一定的指导意义。

（二）研究方法与研究思路

1. 研究方法

本研究主要采用主题提取和 2-模网络分析两种研究方法。

为抽取文献的研究内容和研究方法，采用主题建模先从文献集中提取研究主题。在各种主题模型中，笔者选取潜在 Dirichlet 分配模型[11]，即 LDA 模型。LDA 模型是一种非监督机器学习技术，它采用词袋的方法，将每一篇文献视为一个词频向量，LDA 模型将一个词分配给某个主题的概率作为离散概率分布的项，通过向模型输入文献来推断这种概率分布，当推理过程完成时，每个词被分配给一个或多个主题，同时给出每个词对应于一个或多个主题的分布概率。

将抽取的研究内容和研究方法在 Ucinet 中形成 2-模网络。2-模网络是描述两种异质数据之间关系的网络。在 2-模网络中，节点被分为研究内容和研究方法两个不同的组，一个组中的节点仅与另一组中的节点连通。通过分析 2-模网络中每个组的节点中心性、同组中的节点关系、不同组中的节点之间的链路，就能够发现研究内容与研究方法之间潜在的关系，进而探析学科领域中隐含的知识。

2. 研究思路

具体研究思路如下：首先，限定国际 17 种情报学核心期刊，从 Web of Science 数据库中获取文献的摘要信息，通过分词、去停用词及词干化等预处理操作将数据转换为可分析的格式；再通过删除、去重等数据清晰过程构建文本语料库。其次，利用 LDA 主题建模对预处理的数据进行聚类，通过主题建模将元数据抽象为主题集群 Topic-q，q 为主题数目；然后，通过分析主题中的词意用代表性术语对每个主题进行标记，将主题分为内容 Subject-m 和方法 Method-p，分别表示第 m 项研究内容和第 P 种研究方法；之后，根据研究内容和研究方法在一篇文献中的共现关系建立"内容-方法"邻接矩阵。最后，在 Ucinet 中形成"内容-方法"2-模网络，根据 2-模网络结构实现对"内容-方法"2-模网络的多视角分析。基于主题提取的"内容-方法"共现分析路线图如图 5-1 所示。

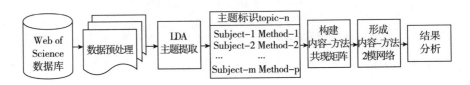

图 5-1 "内容-方法"共现分析研究思路

（三）"内容-方法"共现关系构建

1. 数据采集与预处理

本部分数据来源于 Web of Science 的科学引文数据库，检索方式采用高级检索，学科类别设为"Information Science & Library Science"，文献类型为"Article"，时间跨度为 2007—2016 年，检索时间为 2017 年 3 月 30 日，共检索到 32787 篇文献。根据 Web of Science 提供的"来源出版物名称"对来源期刊进行筛选，从国际图书情报学核心期刊中选择情报学领域的 17 种期刊作为研究对象，17 种期刊共包含 12159 篇文献，如表 5-1 所示。

表 5-1 实验数据来源期刊汇总

序号	期刊	文献数
1	Scientometrics	2405

续表

序号	期刊	文献数
2	Journal of the American Medical Informatics Association	1432
3	Journal of the American Society for Information Science and Technology	1269
4	Information Processing & Management	744
5	International Journal of Information Management	636
6	Journal of Informetrics	622
7	Information Research an International Electronic Journal	604
8	Information Management	586
9	Journal of the Association for Information Science and Technology	583
10	Journal of Information Science	516
11	Journal of Knowledge Management	487
12	Journal of Documentation	454
13	Information Systems Research	442
14	MIS Quarterly	407
15	Information Development	339
16	Telematics and Informatics	323
17	Knowledge Organization	310

本部分文本语料库来自文献摘要，笔者利用文献题录统计分析工具 SATI 抽取12159 篇文献的摘要。通过对文献题录信息进行去重，同时删除摘要字段缺失的文献记录，最后得到 12082 篇文献的摘要数据。然后对摘要数据进行预处理，利用英文单词之间的空格进行分词，使用自然语言处理工具 EnStemmer 完成去除停用词、词干化等过程，最后将数据导入 Excel 中，对每篇文献进行单词去重，同时删除高频出现但对本书没有研究意义的词语，最终获得用于后续实验的文本语料库。

2. 主题提取

基于开源包 JGibbLDA[13] 实现对 LDA 主题模型的参数训练，在进行 LDA 主题模型参数设置时，使用 Gibbs Sampling 进行参数后验估计，依据学科特征和实践经验将抽取的主题数 K 设为 30，迭代次数设置为 500，超参数 $\alpha = 1.67\left(\dfrac{50}{K}\right)$、$\beta = 0.1$，与每个主题最相关的词均截取前 40 个。

LDA 主题抽取过程中共获得三个重要的文件：①<model_ name>. twords。该文件包含了与每个主题最相关的词（见表 5-2），表中每一类 Topic 与其对应的词为一列，共 30 列，同一个词可能对应多个主题，所以同一个词可能出现在不同列中。②wordmap. txt。该文件给出了语料库中每个词的编号（见表 5-3），表中的每一个词编号都与一个词对应，如编号"54"对应词"system"。③<model_ name>. tassign。该文件包含了从训练数据中抽取的每篇文献的词，以及每个词对应的主题号（见表 5-4）。表 5-4 中每一行代表一篇文献，表内的每组数据由"："号分开，如数据"59：10"，冒号前的数字"59："为词编号，代表词，与表 5-3 中的词"examine"相对应；冒号后面的数字为"：10"主题编号，代表抽取的主题，与表 5-2 中的"Topic-10"相对应。"59：10"表明：词"examine"属于"Topic-10"这一研究主题。

表 5-2　国际情报学主题列表（部分）

Topic-0	Topic-1	Topic-2	Topic-3	Topic-4	Topic-5	Topic-6	Topic-7	Topic-8	Topic-9	Topic-10
network	measure	medication	document	citation	firm	country	website	challenge	security	information
structure	performance	decision	web	article	inovation	collaboration	online	gap	privacy	activity
analysis	evaluation	rate	term	science	business	international	market	ict	protection	literacy
link	result	order	query	publication	performance	increase	consumer	issue	organization	behaviour
relationship	assessment	improve	retrieval	index	strategy	national	customer	concern	software	examine
centrality	value	control	result	number	capability	growth	purchase	future	private	context
degree	objective	system	language	cite	industry	world	cost	discuss	management	system
strength	comparison	drug	engine	publish	competitive	output	price	area	public	question

表 5-3　词与词标号对应表（部分）

50	51	52	53	54	55	56	57	58	59	60
subject	packet	transfer	place	system	ort-govern	recognize	interaction	determine	examine	status

表5-4　文献-词编号：主题编号对应关系（部分）

文献1	0：09	1：09	2：09	3：09	4：07	5：08	6：18	7：28	8：28	9：23	10：28	11：09
文献2	59：10	12：00	13：26	14：12	15：25	16：11	17：00	18：17	19：00	20：25	21：00	22：25
文献3	97：18	8：26	9：21	10：21	4：21	11：26	12：26	13：26	14：21	15：21	16：21	17：16
文献4	172：1	7：26	13：26	5：21	6：21	7：19	8：21	9：21	8：26	10：00	22：26	2：24
文献5	207：21	16：08	17：01	16：10	6：09	18：23	19：09	19：09	20：21	20：11	21：10	22：14
文献6	106：23	8：21	9：07	10：13	11：06	12：11	13：23	8：25	6：22	14：12	15：25	16：08
文献7	246：22	7：17	17：18	19：18	8：16	8：28	13：18	9：04	10：17	11：05	12：23	8：28
文献8	305：14	18：29	0：24	19：24	20：07	0：04	19：24	18：01	21：27		22：27	23：04
文献9	253：6	21：07	14：12	22：17	23：12	0：05	0：07	1：08	2：21	3：23	4：12	5：01
文献10	380：23	21：29	18：06	8：26	8：06	17：01	22：27	7：06	23：06	0：00	15：00	18：06

3. 内容-方法标注

通过百度和 Google 搜索引擎查询、专家咨询、参考与"国际情报领域近年热点主题"相关的文献和相关专家报告等途径对各主题进行内容、方法分类和命名。比如，Topic-9 中的词有 security、privacy、protection、organization、software、public、risk、stakeholders 等，以这些词来匹配检索，根据查询内容、结合专家意见，发现该主题主要是关于"个人、组织、机构"的信息安全、隐私保护等内容的研究。由此确定 Topic-9 属于内容研究，按序定为 Subject-8，将标签名标注为"信息安全与隐私保护"。类似地，对其他主题一一进行标注，共分为 22 项研究内容、8 种研究方法，研究内容和研究方法的主题比率为 11∶4（见表 5-5）。

表 5-5　主题分类（Subject 与 Method）与名称标注

主题序号	主题名称	主题类别
Topic-0	链接分析	Method-1
Topic-1	情报评价	Method-2
Topic-2	医学信息管理	Subject-1
Topic-3	信息检索	Subject-2
Topic-4	引文分析	Subject-3
Topic-5	企业创新与竞争情报	Subject-4
Topic-6	学术交流合作	Subject-5
Topic-7	电子商务与决策支持	Subject-6
Topic-8	ICT 与数字鸿沟	Subject-7
Topic-9	信息安全与隐私保护	Subject-8
Topic-10	信息行为与信息素养	Subject-9
Topic-11	情报技术	Subject-10
Topic-12	文献计量	Subject-11
Topic-13	实证研究	Method-3

续表

主题序号	主题名称	主题类别
Topic-14	回归分析	Method-4
Topic-15	企业动态机制研究	Subject-12
Topic-16	医学信息分析	Subject-13
Topic-17	开放数据与政策研究	Subject-14
Topic-18	聚类分析	Method-5
Topic-19	文本挖掘与文本分类	Subject-15
Topic-20	信息系统设计	Subject-16
Topic-21	技术接受模型与用户满意度	Subject-17
Topic-22	语义网与本体技术	Subject-18
Topic-23	知识管理实践	Subject-19
Topic-24	评价研究	Method-6
Topic-25	数字图书馆与数字化存储	Subject-20
Topic-26	新媒体研究	Subject-21
Topic-27	关联分析	Method-7
Topic-28	知识管理与共享	Subject-22
Topic-29	新算法分析	Method-8

4.2- 模网络构建

与 2-模网络对应的数据称为 2-模数据[14]。2-模数据是描述一类数据集合与另一类数据集合之间关系的数据。这里的 2-模数据为"研究内容"数据集和"研究方法"数据集，用 $S = (s_1, s_2, \cdots, s_m)$ 表示情报学领域的研究内容数据集，$m = 22$，表示共 22 项研究内容；用 $M = (m_1, m_2, \cdots, m_p)$ 表示情报学领域的研究方法数据集，$p = 8$，表示共 8 种研究方法；设 $I = (i_1, i_2, \cdots, i_n)$，其中 $i_n = (i_{1n}, i_{2n}, \cdots, i_{nn})$ 表示各研究内容和研究方法共现的文献集合，$n = 12082$ 篇文献。为得到反映研究内容、研究方法两种异质数据关系的 2-模网络，根据表 5-4 中文献—主题编号的对应关系，通过 C++编程，将提取的每一篇文献的词归并到相应的主题中，形成文献-主题隶属关系矩阵，实际是"文献-内容+方法"矩阵，共 12082 篇文献、30 个主题（22 项 Subject，8 种 Method），为 12082×30 的矩阵（见表 5-6）。表 5-6 给出了研究内容与研究方法的共现关系，比如文献 8 中有 7 个词属于 Method-2，有 5 个词属于 Subject-1，Method-2 与 Subject-1 就是共现关系，而且二者具有较强的共现关系。

表 5-6   "文献-内容+方法"矩阵（部分）

	Method-1	Method-2	Subject-1	Subject-2	Subject-3	Subject-4	Subject-5	Subject-6	Subject-7	Subject-8
文献 1	0	1	0	0	3	5	0	4	9	14
文献 2	8	0	1	1	0	2	0	0	0	8
文献 3	0	1	0	1	1	0	1	0	6	3
文献 4	4	1	0	0	1	1	0	0	0	2
文献 5	0	1	0	0	0	0	0	0	7	7
文献 6	0	1	0	0	0	0	1	1	2	0
文献 7	0	0	0	0	2	8	0	2	4	4
文献 8	0	7	5	0	12	0	0	1	1	0
文献 9	1	10	1	0	0	4	3	4	9	0
文献 10	3	4	1	0	9	1	36	1	0	1

表 5-7   "内容-方法" 2-模矩阵（部分）

	Method-1	Method-2	Method-3	Method-4	Method-5	Method-6	Method-7	Method-8
Subject-1	-0.049	0.042	-0.002	-0.003	-0.055	0.018	0.016	-0.017
Subject-2	-0.015	0.045	-0.059	0.039	0.01	-0.059	0.005	0.225
Subject-3	-0.01	0.085	-0.112	0.009	0.089	0.087	0.173	-0.037

续表

	Method-1	Method-2	Method-3	Method-4	Method-5	Method-6	Method-7	Method-8
Subject-4	0.027	-0.021	-0.029	-0.018	-0.028	0.043	-0.039	-0.07
Subject-5	0.065	-0.043	-0.054	-0.05	0.109	0.02	0.096	-0.1
Subject-6	-0.017	-0.036	-0.04	0.017	-0.071	0.093	-0.026	-0.049
Subject-7	-0.008	0.016	0.073	-0.031	0.005	0.006	0.005	-0.024
Subject-8	-0.028	-0.051	0.081	-0.04	-0.054	0.009	-0.056	-0.071
Subject-9	-0.049	-0.043	0.303	-0.043	-0.045	-0.03	-0.013	-0.036
Subject-10	-0.007	-0.063	0.073	-0.035	-0.046	0.015	-0.056	-0.088

对表 5-6 进行相关分析，得到 22 项 Subject 与 8 种 Method 的相关矩阵，然后简单处理为 Ucinet 能够识别的 Subject-m 与 Method-p 的 2-模矩阵[10]（见表 5-7）。

将 Subject-m 与 Method-p 的 2-模矩阵导入 Ucinet，形成"内容-方法"2-模网络（见图 5-2）。

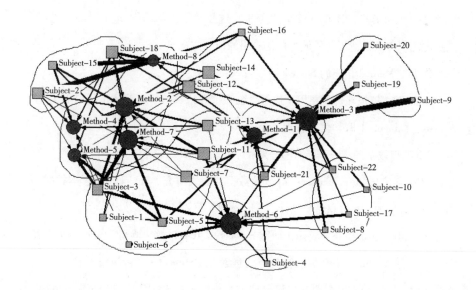

图 5-2　"内容-方法" 2-模网络

图 5-2 中，方形节点代表 Subject，圆形节点代表 Method，如果 Subject 与 Method 在同一文献中出现，则二者之间就有边相连；连线的粗细反映了两者共现的次数，连线越粗，二者共现次数越多，二者的关联性就越强；节点的位置反映了各 Subject 之间、各 Method 之间、Subject 与 Method 之间的密切程度，越是接近的节点，联系越密切。节点的大小反映了研究主题（Subject、Method）被关注的程度，节点越大，对应的研究主题被关注的程度越高，或是被关注的研究热点，或是被频繁利用的研究方法。

（四）"内容-方法"共现关系分析

图 5-2 不仅展示了情报学研究领域的各项研究内容之间、各种研究方法之间、研究内容与研究方法之间的关系，而且给出了情报学研究领域的研究热点以及被广泛利用和独立应用的研究方法等。

1. 一种研究方法对应多项研究内容

图 5-2 中较大的 Method 节点有 Method-2 情报评价、Method-3 实证研究、Method-6 评价分析、Method-7 关联分析，这几个节点与外围 Subject 的连线较多。说明这几种方法是情报学领域被广泛应用的研究方法。

分析与 Method 相连的 Subject 可以发现：

Method-2 情报评价主要用于信息系统评价和情报分析，具体包括以下 11 项研究内容：Subject-1 医学信息管理、Subject-2 信息检索、Subject-3 引文分析、Subject-7 ICT 与数字鸿沟、Subject-11 文献计量、Subject-12 企业动态机制研究、Subject-13 医学信息分析、Subject-14 开放数据与政策研究、Subject-15 文本挖掘与文本分类、Subject-16 信息系统设计、Subject-18 语义网与文本技术。

Method-3 实证研究主要用于研究 Subject-7 ICT 与数字鸿沟、Subject-8 信息安全与用户隐私、Subject-9 信息行为与信息素养、Subject-10 情报技术、Subject-11 文献计量、Subject-12 企业动态机制研究、Subject-13 医学信息分析、Subject-14 开放数据与政策研究、Subject-16 信息系统设计、Subject-17 技术接受模型与用户满意度、Subject-19 知识管理实践、Subject-20 数字图书馆与数字化存储、Subject-21 新媒体研究、Subject-22 知识管理与共享 14 项内容。实证研究涉及的研究内容最多，说明这种研究方法是情报学领域最受用的一种研究方法，这与情报学是一门实用性较强的学科有关。

Method-6 评价分析主要用于 Subject-1 医学信息管理、Subject-3 引文分析、Subject-4 企业创新与竞争情报、Subject-5 学术交流合作、Subject-6 电子商务与决策支持、Subject-7 ICT 与数字鸿沟、Subject-8 信息安全与用户隐私、Subject-11 文献计量、Subject-13 医学信息分析、Subject-17 技术接受模型与用户满意度、Subject-21 新媒体研究、Subject-22 知识管理与共享等 13 项研究内容的分析。可见，评价分析涉及情报信息的产生、管理、传播及用户感受等各个环节，是情报学领域广泛应用的一种研究方法。

Method-7 关联分析主要是在关系数据、交易数据及其他信息载体中挖掘数据背后隐藏的知识关联，涉及 Subject-1 医学信息管理、Subject-2 信息检索、Subject-3 引文分析、Subject-4 企业创新与竞争情报、Subject-5 学术交流合作、Subject-6 电子商务与决策支持、Subject-7 ICT 与数字鸿沟、Subject-8 信息安全与用户隐私、Subject-11 文献计量、Subject-14 开放数据与政策研究、Subject-17 技术接受模型与用户满意度、Subject-21 新媒体研究、Subject-22 知识管理与共享 13 项研究内容，说明实证研究是情报学领域被研究者惯用的又一研究方法。

2. 一项研究内容对应多种研究方法

图 5-2 中较大的 Subject 节点有 Subject-11 文献计量、Subject-12 企业动态机制研究、Subject-13 医学信息分析、Subject-14 开放数据与政策研究、Subject-18 语义网与本体技术，这几个节点与周围 Method 的连线最多。它表明这几项研究内容属于情报学领域的研究热点。

其中，用于 Subject-11 文献计量的研究方法有 Method-1 链接分析、Method-2 情报评价、Method-3 实证研究、Method-5 聚类分析、Method-6 评价分析、Method-7 关联分析等；用于 Subject-12 企业动态机制研究的研究方法有 Method-1 链接分析、Method-2 情报评价、Method-3 实证研究、Method-4 回归分析、Method-5 聚类分析、Method-8 新型算法等；与 Subject-13 医学信息分析相关的研究方法有 Method-2 情报评价、Method-3 实证研究、Method-4 回归分析、Method-7 关联分析；用于 Subject-14 开放数据与政策研究的方法有 Method-1 链接分析、Method-2 情报评价、Method-3 实证研究、Method-4 回归分析、Method-6 评价分析、Method-7 关联分析等；与 Subject-18 语义网与本体技术对应的研究方法是 Method-1 链接分析、Method-2 情报评价、Method-4 回归分析、Method-5 聚类分析、Method-7 关联分析、Method-8 新型算法等。

3. 有些研究内容对应的研究方法较少

Subject-9 信息行为与信息素养、Subject-20 数字图书馆与数字化存储仅与 Method-4 实证研究有关联，说明在情报学领域，这两大内容的研究方法比较单一。同时，Subject-4 企业创新与竞争情报、Subject-6 电子商务与决策支持、Subject-8 信息安全与用户隐私、Subject-10、Subject-17 技术接受模型与用户满意度、Subject-19 知识管理实践这几项研究内容也仅对应两种研究方法。这说明对上述研究内容，人们采用的研究方法尚有一定的局限性。研究者可以思考采用更多的研究方法，对上述内容进行多视角的研究与分析，以发现更多、更深层次的知识。

4. 研究内容模块分析

除此之外，从图 5-2 中还可以发现相近的研究内容，根据距离的远近将研究内容分为 7 个模块。

模块 1 由 Subject-1 医学信息管理、Subject-3 引文分析、Subject-5 学术交流合作、Subject-6 电子商务与决策支持、Subject-7 ICT 与数字鸿沟、Subject-11 文献计量、Subject-13 医学信息分析等组成，研究内容主要是文本信息挖掘与管理，这是情报学研究中涵盖内容最多的模块，是情报学研究的热点。

模块 2 包括 Subject-8 信息安全与用户隐私、Subject-10 情报技术、Subject-17 技术接受模型与用户满意度、Subject-22 知识管理与共享等 4 项研究内容，这是主要研究情报分析的技术模块，在情报学研究中占有相当大的比重。

模块 3 包括 Subject-2 信息检索、Subject-15 文本挖掘与文本分类、Subject-18 语义网与本体技术，是研究语义关联的模块，也是情报学研究的重点内容之一。

模块 4 重点研究信息系统与信息开放，由 Subject-12 企业动态机制分析、Subject-14 开放数据与政策研究和 Subject-16 信息系统设计组成。

模块 5 由 Subject-9 信息行为与信息素养和研究知识管理的 Subject-19 知识管理实践、Subject-20 数字图书馆与数字化存储组成。由图 5-2 可以发现，与这三项研究内容相关联的研究方法较少，且是应用宽泛的研究方法（Method-3 实证研究），反映了这一模块在内容上的关联相对较弱。

模块 6 和模块 7 各含有一项研究内容，分别是 Subject-21 新媒体研究、Subject-4 企业创新与竞争情报，是两项相对独立的研究内容，而且对应的节点较小。这说明在情报学领域对这两个模块的研究还相对薄弱。在媒介融合背景和新技术环境下，新媒体研究、企业竞争情报研究具有很大的拓展空间，研究者应思考采用多种方法挖掘其潜在的情报学知识。

5. 研究方法模块分析

同样，根据距离的远近将图 5-2 中的研究方法划分为 3 个模块。

模块 1 包含 Method-2 情报评价、Method-4 回归分析、Method-5 聚类分析、Method-7 关联分析、Method-8 新型算法分析五种研究方法。由图 5-2 可见，这几种研究方法与周围研究内容的连线相对较粗，与外围研究内容的距离也较近，说明这六种研究方法是情报学领域常用的方法，有时是利用一种方法，有时是多种方法的综合应用，主要用于文本挖掘、知识发现、信息处理和情报分析等。

模块 2 包括 Method-1 链接分析、Method-3 实证研究两种研究方法。同时利用这两种方法的研究内容有 Subject-22 知识管理与共享、Subject-21 新媒体研究、Subject-12 企业动态机制研究。由这三项研究内容到这两种研究方法间连线的相对较细，说明同时利用这两种研究方法开展的研究并不多。

模块 3 只含有一种研究方法 Method-6 评价分析，该方法虽然应用广泛，但在图 5-2 中却相对孤立。因为评价分析是一种系统性的研究方法，往往涉及问卷调查、评价体系设置、数据处理与分析等，过程复杂、工作量大。基于期刊论文字数的限制，评价分析法一般较少与其他方法同时利用。

（五）小结

本部分基于 LDA 主题模型，从情报学领域 17 种期刊 2007—2016 年的 12082 篇文献中提取出 30 个主题；将文献主题分为研究内容、研究方法两类，并通过百度和 Google 搜索引擎查询、专家咨询等途径对研究内容、研究方法进行命名，通过自编程序建立研究内容与研究方法的共现关系；根据 2-模网路理论构建了"内容-方法" 2-模网络，进而对情报学领域十年的研究内容、研究方法及其二者之间的关系进行了分析。

其主要贡献在于：①提出基于 LDA 主题模型的"内容-方法"共现分析法，这种共现分析法能够帮助分析学科领域的研究内容与研究方法之间的密切关系。②构建了"内容-方法" 2-模网络，通过该 2-模网络可以方便地发现学科领域研究内容之间、研究方法之间、研究内容与研究方法之间的关联性。③建立了情报学领域近 10 年核心期刊文献的"内容-方法" 2-模网络，分析其网络结构，发现了情报学领域研究相对充分的内容有文献计量、开放数据与政策、语义网与本体技术等，应用最多的两种研究方法是实证研究和评价研究；发现了 7 个研究内容模块和 3 个研究方法模块，其中联系最为密切的模块是用于文本挖掘、知识发现、信息处理和情报分析的模块，关联度较大的研究内容模块是文本信息挖掘与管理模块，相对独立的研究内容模块是信息行为和信息素养。由该 2-模网络还可以发现哪些研究内容对应相同或相似的研究方法、哪些研究方法用于相同或相近的研究内容等。"内容-方法"共现关系蕴含着丰富的知识，"内容-方法" 2-模网络能够给出研究领域更易理解的知识结构，可以说"内容-方法"共现分析是情报学知识发现的一种良好途径。

局限性在于：①重点介绍了"内容-方法"共现分析方法及其应用过程，对实证得出的结果并未进行充分的分析；②对提取主题的内容、方法分类和名称标注是通过搜索引擎查询、专家咨询等途径实现的，带有一定的主观性。

二、基于主题挖掘的"作者-内容-方法"共现

学术文献的作者一般都有稳定的研究内容，所用的研究方法也比较稳定，探究一个学科领域权威作者与其研究内容、研究方法之间的共现关系，对后来研究者确定研究内容、选择研究方法将起到一定的指导作用。本书提出一种"作者-内容-方法"多重共现网络分析方法，该方法不仅可以发现该领域的权威作者、热点研究内容，还可获得作者、研究内容与研究方法之间的关联。

（一）研究方法与研究思路

1. 学科领域主题提取

通过主题模型从语料库中提取研究主题。采用 LDA 主题模型[15] 提取文献的主题词，LDA 模型是一种对离散数据集（如文档集）建模的概率增长模型，它具有三层生成式贝叶斯网络结构，主题结构由一系列词语组成，并通过量化的方式度量主题的强度以及主题之间的关系，进而发现文档集中研究内容与研究方法之间的关系。

2. 构建"作者-内容-方法"多重共现网络

在 Ucinet6 中将作者、研究内容与研究方法之间的共现关系形成三模矩阵，进而生成可视化图谱。

将网络定义为 $Gasm = \{A, S, M, E\}$，其中 A 为具有引文关系的作者节点，S 为研究内容主题节点，M 为研究方法主题节点，E 为上述三者之间的边，如图 5-3 所示。内容主题和方法主题通过主题模型从文献中提取。在边集合中，作者和研究主题之间建立连边，作者之间、内容之间、方法之间没有建立连边。同一作者研究内容不同对应的研究方法也有差异，多个作者研究同一主题采用的研究方法也有所不同。

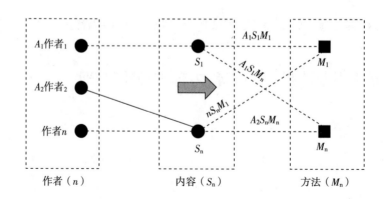

图 5-3 "作者-内容-方法"多重共现网络分析方法的研究思路

（二）数据来源与处理

按照《2015 年第七版北大核心期刊目录》，以图书情报学学科领域 16 种核心期刊作为数据源。以 CNKI 为检索数据库，检索方式采用"期刊"+"专业检索"，输入期刊名称；时间跨度为 2008—2017 年共 10 年。检索时间为 2018 年 11 月 16 日。去除《征稿启事》等非学术文献，共检索到图书情报学领域 63307 篇文献。

本部分文本语料库来自文献的第一、二作者及所著文章的摘要，使用文献题录统计分析软件 SATI-3.2 抽取文章摘要。通过对文献题录信息进行去重，删除没有摘要只有作者或者只有作者没有摘要的文献，使作者和所著摘要一一对应。

根据普赖斯[16]公式 $N = 0.749 \sqrt{\max}$（max 是发文数量最多的作者发文数，N 为最低发文量）并通过 Excel 统计得到所有作者中最高发文量为 183 篇，计算得 $N = 10.1$，即发表 10 篇或 10 篇以上论文的作者为初步候选作者，共计 993 位。由于候选核心作者数量较多，为了使结果更具代表性，选择发文量≥30 篇的作者，并且进行重名及工作机构的筛查，确定前 113 位作为最终候选作者，发表文献共计 6201 篇（见表 5-8）。然后使用 Jieba 中文分词工具对摘要数据进行中文分词，通过数据清洗或停用词过滤等操作，使最后保留的文本尽可能地反映语料库的主题，将处理过的文本库作为本实验的语料库。

表 5-8　2008—2017 年所选作者及其发文量排名（部分）

第一作者	发文量	单位
邱均平	183	武汉大学信息管理学院
肖希明	111	武汉大学信息管理学院
马海群	109	黑龙江大学信息资源管理研究中心
柯平	100	南开大学商学院信息资源管理系
赵蓉英	98	武汉大学信息管理学院
王知津	96	南开大学信息资源管理系
毕强	94	吉林大学管理学院
李纲	94	武汉大学信息资源研究中心
朱庆华	82	南京大学信息管理学院
盛小平	82	华南师范大学经济与管理学院

（三）LDA 主题模型训练

将上述语料库作为 LDA 主题抽取的输入数据，基于开源包 JGibbLDA[13] 中 LDA 主题模型的参数训练。使用 Gibbs Sampling 进行参数后验估计，设置迭代次数为 500，超参数设置 alpha = 1.25、beta = 0.1，主题数 K = 40，抽取每个主题下概率最高的前 30 个词语。经过 LDA 训练得出两个重要文档，一个是词 - 主题分布文档 <model_ name>. tassign，另一个是 <model_ name>. twords，用来表示主题及其内容[1]。

（四）潜在主题标签标注

通过专家咨询、Google 学术检索、查找图书情报学学科领域近几年的高被引文献等途径对各个主题进行类别属性的划分。例如 Topic 24 中有开放数据、政策、国家、开放共享、英国、政府数据、政府数据开放、加拿大、隐私保护等。我们以这些词作为检索词在数据库中查询，结合专家建议，确定将主题划归为"研究内容"，并确定主题标签为"开放政府数据"。通过对其他主题一一进行主题属性划分，共得到 26 项"研究内容类"主题和 14 项"研究方法类"主题（见表 5-9）。

表 5-9　主题属性分类（Subject 与 Method）与主题名称

主题序号	主题名称	主题类别
Topic 0	聚类分析	Method-1
Topic 1	信息资源	Subject-1
Topic 2	图书馆学教育	Subject-2
Topic 3	引文分析	Method-2
Topic 4	云计算	Subject-3
Topic 5	信息服务	Subject-4
Topic 6	知识管理	Subject-5
Topic 7	图书馆联盟	Subject-6
Topic 8	信息生态	Subject-7
Topic 9	链接分析	Method-3
Topic 10	知识产权	Subject-8
Topic 11	知识服务	Subject-9
Topic 12	著作权	Subject-10
Topic 13	竞争情报	Subject-11
Topic 14	公共图书馆与公共文化服务	Subject-12
Topic 15	案例分析	Method-4
Topic 16	数字图书馆	Subject-13
Topic 17	图书馆服务	Subject-14
Topic 18	综述	Method-5
Topic 19	理论研究	Method-6
Topic 20	数字参考咨询与知识转移	Subject-15
Topic 21	文献计量	Method-7
Topic 22	高校图书馆与科学数据管理	Subject-16
Topic 23	网络舆情	Subject-17
Topic 24	开放政府数据	Subject-18
Topic 25	期刊评价	Subject-19
Topic 26	社会网络分析	Method-8
Topic 27	实证与调查研究	Method-9
Topic 28	电子政务	Subject-20
Topic 29	资源共享、开放存取	Subject-21

续表

主题序号	主题名称	主题类别
Topic 30	大数据	Subject-22
Topic 31	创建模型（框架）	Method-10
Topic 32	关联数据	Subject-23
Topic 33	可视化分析	Method-11
Topic 34	综合评价	Method-12
Topic 35	个性化服务	Subject-24
Topic 36	语义网与本体技术	Subject-25
Topic 37	层次分析法	Method-13
Topic 38	知识图谱	Method-14
Topic 39	高校信息公开	Subject-26

（五）"作者-内容-方法"多重共现网络构建

根据 LDA 训练得出的词–主题分布文档<model_name>.tassign，通过 C++编程，把提取出的文献的词语归并到相应的主题中，因为语料库中作者和摘要一一对应，因此可以得到"作者–内容–方法"隶属关系矩阵，113 名作者的研究主题有 40 项（26 项 Subject、14 项 Method），形成 6201×40 的矩阵（见表 5-10）。

表 5-10　"作者-内容-方法"矩阵（部分）

	Subject-1	Subject-2	Subject-3	…	Subject-26	Method-1	…	Method-14
邱均平	0	6	0	…	1	9	…	8
…	…	…	…	…	…	…	…	…
邱均平	1	2	2	…	3	5	…	0
…	…	…	…	…	…	…	…	…
马海群	23	1	12	…	0	0	…	3
马海群	15	0	1	…	8	4	…	1
柯平	0	0	0	…	0	1	…	0
柯平	6	3	1	…	0	0	…	0

续表

	Subject-1	Subject-2	Subject-3	...	Subject-26	Method-1	...	Method-14
柯平	0	1	1	...	0	0	...	8

经过统计，113 名作者对 26 个 Subject 的研究兴趣不同，在研究中采用的 Method 的偏好也不同，这里只对作者感兴趣的热点 Subject、研究 Subject 时使用程度高的 Method 进行分析，将出现频次大于 250 的主题作为热点 Subject，Subject 与 Method 共现频次大于 60 的 Method 作为热门 Method，Subject 与 Method 共现频次小于 60 时，设置为 0（见表 5-11）。

表 5-11   "作者-内容-方法"矩阵（部分）

	Subject-1	Subject-2	...	Subject-26	Method-1	...	Method-13	Method-14
邱均平 A	328	0	...	0	0	...	0	100
罗贤春 A	285	0	...	0	0	...	0	0
肖希明 A	0	0	...	0	0	...	0	0
...	...	...	...	...	...	...	...	...
夏立新 B	0	0	...	0	0	...	0	0
胡昌平 B	0	0	...	0	69	...	0	78
唐晓波	0	0	...	0	0	...	0	0
李纲 B	0	0	...	0	0	...	80	68
马海群 B	0	0	...	295	0	...	0	0

注：表中 A 表示被引作者，B 表示施引作者。

将表 5-11 简单处理为 Ucinet6 能够识别的作者、Subject-n 与 Method-n 矩阵的 3-模矩阵，并生成可视化图谱（见图 5-4）。图中作者前的字母 A、B 分别表示被引作者、施引作者。

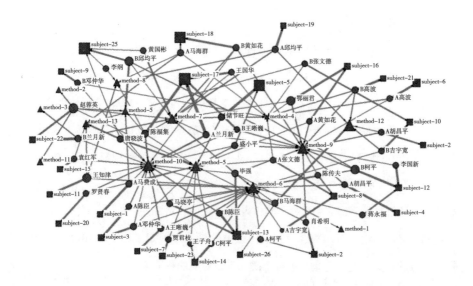

图 5-4　"作者-内容-方法"多重共现网络

图 5-4 中，方形节点表示 Subject，三角形节点表示 Method，圆形节点代表作者，连线的粗细反映了两者共现的次数，连线越粗表示两者之间关联性越强；节点大小反映了研究内容与研究方法被关注的程度，节点越大表示被关注的程度越高。

（六）"作者-内容-方法"多重共现网络分析

图 5-4 不仅展示了图书情报学领域的热点研究内容、核心作者、研究方法，同时呈现了核心作者、研究内容、研究方法之间的关联。

1. 一位作者关注多项研究内容

例如：与作者邱均平对应的研究内容有 Subject-19 期刊评价、Subject-25 语义网和本体技术；与作者黄如花对应的研究内容有 Subject-16 高校图书馆与科学数据管理、Subject-18 开放政府数据；与作者柯平对应的研究内容有 Subject-2 图书馆学教育、Subject-12 公共图书馆与公共文化服务、Subject-14 图书馆服务等。可见，作为学科领域的权威人士，上述三位作者的研究方向较多，为本领域的学科发展做出了突出贡献，上述结果可为相关研究人员提供专家咨询服务。

2. 一项研究内容对应多位作者

主题 Subject-3 对应的核心作者有陈臣、邓仲华；Subject-5 对应的核心作者有盛小平、储节旺；Subject-8 对应的作者主要有陈传夫、张文德、吉宇宽；Subject-12 对应的作者有肖希明、柯平、蒋永福、李国新；Subject-12 对应的作者有李国新、柯平、蒋永福；Subject-13 对应的研究作者有毕强、陈臣、马晓亭；Subject-14 对应的核心作者有柯平、王子舟；Subject-16 对应的作者有鄂丽君、黄如花；Subject-17 对应的作者有兰月新、陈福集、王国华；Subject-22 的研究作者主要有赵蓉英、兰月新；Subject-18 对应的作者有马海群、黄如花；Subject-25 对应的作者有邱均平、李纲、黄国彬、唐晓波。以上结果不仅展示了 2008—2017 年图书情报学领域的热点主题，还呈现了每个研究主题对应的核心专家。

3. 一项研究内容对应多种研究方法

图 5-4 中较大的 Subject 节点有 Subject-5 知识管理、Subject-13 数字图书馆、Subject-17 网络舆情、Subject-18 开放政府数据、Subject-22 大数据、Subject-25 语义网与本体技术等。这几个节点与 Method 的连线最多，表明对这几项研究内容采用的研究方法丰富多样，同时也说明这几项研究内容是作者研究的热点主题。

其中，用于 Subject-5 知识管理的研究方法有 Method-4 案例分析、Method-5 综述、Method-7 文献计量、Method-9 实证与调查研究、Method-10 创建模型（框架）；与 Subject-13 数字图书馆相关的研究方法有 Method-1 聚类分析、Method-6 理论研究、Method-7 文献计量、Method-9 实证与调查研究、Method-10 创建模型（框架）；用于 Subject-17 网络舆情的研究方法有 Method-4 案例分析、Method-5 综述、Method-7 文献计量、Method-8 社会网络分析、Method-9 实证与调查研究、Method-10 创建模型（框架）、Method-14 知识图谱；与 Subject-18 开放政府数据相关的研究方法有 Method-7 文献计量、Method-9 实证与调查研究、Method-13 层次分析法；用于 Subject-22 大数据的研究方法有 Method-2 引文分析、Method-3 链接分析、Method-5 综述、Method-7 文献计量、Method-11 可视化分析、Method-14 知识图谱；Subject-25 语义网与本体技术采取的研究方法有 Method-5 综述、Method-

7 文献计量、Method-8 社会网络分析、Method-9 实证与调查研究、Method-10 创建模型（框架）、Method-13 层次分析法、Method-14 知识图谱等。以上对应关系可为图书情报学学科主题研究提供宝贵的方法引导。

4. 一项研究方法对应多项研究内容

图 5-4 中较大的 Method 节点有 Method-5 综述、Method-6 理论研究、Method-7 文献计量、Method-9 实证与调查研究、Method-10 创建模型（框架）、Method-12 综合评价。这表明这几种研究方法在图书情报学领域应用广泛，值得学者们关注。

与"Method-5 综述"关联的研究主题主要有 Subject-1 信息资源、Subject-2 图书馆学教育、Subject-3 云计算、Subject-5 知识管理、Subject-8 知识产权、Subject-14 图书馆服务、Subject-16 高校图书馆与科学数据管理、Subject-17 网络舆情、Subject-22 大数据、Subject-23 关联数据 10 项，说明综述性研究是图书情报学学科领域常用的研究方法，通过综述分析梳理该学科国内外的研究概貌，形成系统的方法理论体系。

"Method-6 理论研究"主要用于研究 Subject-2 图书馆学教育、Subject-3 云计算、Subject-4 信息服务、Subject-7 信息生态、Subject-8 知识产权、Subject-10 著作权、Subject-11 竞争情报、Subject-12 公共图书馆与公共文化服务、Subject-13 数字图书馆、Subject-14 图书馆服务、Subject-23 关联数据、Subject-26 高校信息公开等，多样的理论研究对图书情报学的学科发展起到积极的推动作用。"Method-9 实证与调查研究"主要用于研究 Subject-4 信息资源，Subject-5 知识管理，Subject-6 图书馆联盟，Subject-12 公共图书馆与公共文化服务，Subject-13 数字图书馆，Subject-16 高校图书馆与科学数据管理，Subject-17 网络舆情，Subject-18 开放政府数据，Subject-21 资源共享、开放存取，Subject-24 个性化服务，Subject-25 语义网与本体技术 11 项研究内容。可见，"实证与调查研究"是图书情报学领域颇受欢迎的一种研究方法，同时也说明图书情报学是一门实践性非常强的学科[17]。通过"Method-6 理论研究"和"Method-9 实证与调查研究"两种研究方法的多内容关联性说明图书情报学学科既重视理论研究又重视实践研究。

"Method-7 文献计量"涉及 Subject-5 知识管理、Subject-13 数字图书馆、Subject-16 高校图书馆与科学数据管理、Subject-17 网络舆情、Subject-18 开放政府数据、Subject-19 期刊评价、Subject-22 大数据、Subject-25 语义网与本体技术等 8 项研究内容。文献计量是以文献体系和文献计量特征为研究对象，以定量的方法研究文献情报的分布结构、数量关系、变化规律和定量管理，进而探讨科学技术的某些结构、特征和规律[18]，该方法在图书情报学中的广泛应用，恰好体现了图书情报工作的核心内容即资源组织与管理、情报分析与服务。

"Method-10 创建模型（框架）"与 Subject-1 信息资源、Subject-3 云计算、Subject-5 知识管理、Subject-7 信息生态、Subject-9 知识服务、Subject-11 竞争情报、Subject-13 数字图书馆、Subject-15 数字参考咨询与知识转移、Subject-17 网络舆情、Subject-18 开放政府数据、Subject-20 电子政务、Subject-22 大数据、Subject-23 关联数据、Subject-25 语义网与本体技术、Subject-26 高校信息公开 15 种研究内容相关联。这说明"创建模型"或"创建研究框架"能够将各种服务类型、网络信息资源之间复杂的关系清晰地描述出来，已成为研究者常用的一种研究方法。

"Method-12 综合评价"主要用于 Subject-10 著作权，Subject-19 期刊评价，Subject-21 资源共享、开放存取，Subject-24 个性化服务。可知，综合评价涉及图书情报学领域图书馆的服务水平，资源的开放共享程度等方面，是该领域广泛应用的一种研究方法。由此可间接说明，图书情报学学科的研究工作已具备系统性、科学性、规范性的特征。

5. 重点"作者- 内容- 方法"关联组

从图 5-4 节点之间的连线粗细程度来看，热门的"作者-内容-方法"关联组主要有"Subject-1 信息资源—马费成—Method-6 理论研究""Subject-3 云计算—陈臣—Method-10 创建模型（框架）""Subject-5 知识管理—储节旺—Method-4 案例分析""Subject-11 竞争情报—王知津—Method-6 理论研究""Subject-12 公共图书馆与公共文化服务—柯平—Method-6 理论研究""Subject-14 图书馆服务—柯平—Method-6 理论研究""Subject-16 高校图书馆与科学数据管理—鄂丽君—Method-9 实证与调查研究""Subject-17 网络舆情—兰月新—Method-10 创建模型（框架）""Subject-17 网络舆情—陈福集—Method-10 创建模型（框架）""Subject-18 开放政府数据—黄如花—Method-7 文献计量""Subject-19 期刊评价—邱均平—Method-7 文献计量"　"Subject-22 大数据—兰月新—Method-10 创建模型（框架）"等。

通过关联组"Subject-1 信息资源—马费成—Method-6 理论研究"能够发现，马费成[19] 采用理论研究探讨信息资源的内涵、信息资源的三要素及信息系统建设；由"Subject-11 竞争情报—王知津—Method-6 理论研究"可知，王知津[20] 利用理论研究的方法分析了网络竞争情报的特性、原理和技术，从而得出未来传统竞争情报将趋向网络竞争情报。由"Subject-17 网络舆情—兰月新—Method-10 创建模型（框架）"可知，兰月新[21] 通过创建突发事件网络舆情的微分方程模型，研究了突发事件网络舆情的演进规律；由"Subject-19 期刊评价—邱均平—Method-7 文献计量"可得邱均平[22] 采用文献计量的方法，以高等教育核心期刊为研究对象得出 21 世纪以来我国高等教育研究热点。

研究结果表明，通过热门"作者-内容-方法"组不仅可以发现作者与研究内容之间的关系，还可以发现作者在研究中选择的研究方法。热门"作者-内容-方法"组对该领域研究人员研究相关内容时选择合适的研究方法具有一定的指导意义。

（七）小结

根据主题属性与学科领域内核心作者的重要性，提出一种"作者-内容-方法"多重共现网络分析方法，该方法不仅能够直观地展示学科领域的核心作者、热点研究内容、研究方法，而且可以得到核心作者在研究某一内容时相应的研究方法，这对后来人员开展相关研究、选择合适的研究方法具有一定的指导和借鉴意义，对学科领域的快速发展起到正向的引领作用。

以图书情报学领域 16 种期刊 2008—2017 年的文献为数据样本，确定候选核心作者 113 位，相关文献 6201 篇。采用 LDA 主题模型从 6201 篇文献中提取 40 个主题，将主题分为研究内容、研究方法两类，并通过专家咨询、查找图书情报学学科领域近年来的高被引文章等途径对研究内容和研究方法进行命名。通过自编程序建立作者、研究内容、研究方法之间的关系，进而构建"作者-内容-方法"多重共现网络，最终得到图书情报学学科领域核心作者有邱均平、柯平、肖希明等，热门研究内容有知识管理、数字图书馆、网络舆情、大数据、语义网与本体技术、开放政府数据、著作权、公共图书馆与公共文化服务等，应用最多的研究方法有综述、理论研究、文献计量、实证与调查研究、创建模型（框架）、综合评价等。同时发现了图书情报学领域的"作者-内容-方法"关联组，如"Subject-1 信息资源—马费成—Method-6 理论研究""Subject-3 云计算—陈臣—Method-10 创建模型（框架）"等。

参考文献

[1] 王曰芬，宋爽，卢宁等. 共现分析在文本知识挖掘中的应用研究［J］. 中国图书馆学报，2007，33（168）：59-64.

[2] 邱均平，刘国徽. 基于共现关系的学科知识深度聚合研究［J］. 图书馆杂志，2014，（6）：14-23.

[3] 邱均平，董克. 作者共现网络的科学研究结构揭示能力比较研究［J］. 中国图书馆学报，2014，40（1）：15-24.

[4] Peng T Q, Zhang L & Zhong Z J. Mapping the Landscape of Internet Studies: Text Mining of Social Science Journal Articles 2000-2009［J］. New Media & Society. 2013, 15（5）：644-664.

[5] 江洁. 基于期刊与作者共被引分析法的二语习得领域研究——学科知识图谱绘制实例［J］. 中国科技期刊研究，2011，22（3）：423-427.

［6］高霞，官建成．非专利引文衍生的科学期刊共被引网络分析［J］．科学学研究，2010，28（5）：675-680，696.

［7］刘桂锋，宋新平．文献共被引和关键词共现视角的情报学可视化分析［J］．图书馆学研究，2012，23：9-16.

［8］邱均平，刘国徽．基于共现关系的学科知识深度聚合研究［J］．图书馆杂志，2014（6）：14-23.

［9］丁洁，王曰芬．基于特征项的文献共现网络在学术信息检索中的应用［J］．图书情报工作，2014，58（15）：135-141.

［10］张自力，张柴琼，李向阳．基于2-模网络的科研单位和关键词共现分析方法［J］．情报学报，2011，30（12）：1249-1260.

［11］Blei D M，Ng A Y & Jordan M I. Latent Dirichlet Allocation［J］. Journal of Machine Learning Research，2003（3）：993 - 1022.

［12］Chung C J，Barnett G A & Kim K. An Analysis on Communication Theory and Discipline［J］. Scientometrics，2013，95（3）：985 - 1002.

［13］JGibbLDA-v.1.0［EB/OL］.［2015-12-11］. http：//sourceforge. net/projects/jgibblda/.

［14］Borgatti S P，Everett M G，Freeman L C. Ucinet Forwindows：Software for Social Network Analysis［M］. Harvard. MA：Analytic Technologies，2002.

［15］周娜，李秀霞，高丹，焦红．基于潜在主题的知识组合分析研究——以传播学为例［J］．农业图书情报学刊，2018，30（9）：85-90.

［16］罗式胜．文献计量学概论［M］．广州：中山大学出版社，1994：309-310.

［17］马秀峰，郭顺利，宋凯．基于LDA主题模型的"内容-方法"共现分析研究——以情报学领域为例［J］．情报科学，2018，36（4）：69-74.

［18］孔德意．我国科普政策研究［D］．东北大学，2016.

［19］马费成，杨列勋．信息资源——它的定义、内容、划分、特征及开发利用［J］．情报理论与实践，1993（2）：1-3，32.

［20］王知津，屈宝强．网络竞争情报：特性、原理及技术［J］．图书情报知识，2006（6）：48-51.

［21］兰月新，邓新元．突发事件网络舆情演进规律模型研究［J］．情报杂志，2011，30（8）：47-50.

［22］邱均平，董西露，魏绪秋．21世纪以来我国高等教育研究的计量分析与评价［J］．中国高教研究，2016（9）：63-68.

第六章　学术文献的聚类与分类

学术文献的聚类和分类是自然语言处理中十分重要的研究课题。通过学术文献的聚类和分类技术，可以有效提升用户查询和检索信息的速度，为人们的学习、科研和工作提供便利。鉴于目前学术文献聚类和分类中缺乏内容信息这一不足，本章在文献主题提取的基础上，与 K-means 算法结合实现学术文献的聚类、与 KNN 算法结合实现学术文献的分类。

一、主题模型与 K-means 算法融合的文本聚类

文本聚类是知识发现中的一项重要研究内容。文本聚类主要是依据如下的聚类假设：同类文献相似度较大，不同类文献相似度较小。作为一种无监督的机器学习方法，文本聚类具有一定的灵活性和较高的自动化处理能力，现已成为对文本信息进行有效获取、组织和导航的重要手段，被越来越多的研究人员所关注。根据现有的文本聚类方法如主题模型 LDA、CTM 与 K-means 算法存在的不足，将主题模型与 K-means 算法结合，构建新的 LKM 和 CKM 文本聚类算法，以期获得更好的文本聚类效果。

（一）相关研究概述

基于划分方法的 K-means 算法作为数据挖掘的十大经典算法之一，由 Mac

Queen 于 1967 年提出，该方法因具有聚类速度快、处理复杂度较低以及结果容易解释等优势而被广泛应用。但在文本聚类中，由于文本向量维度高，具有稀疏性，不同簇之间的差异性较大，可能导致聚成一簇的文本之间的非相似性，应用 K-means 算法往往容易陷入局部最优，导致较差的聚类结果。近年来，以 LDA 为代表的主题模型作为一种新的文本表示方法，因采用高效的概率推断算法处理大规模数据，对文本数据的主题信息进行建模，为文本聚类的研究开辟了新的思路。但应用 LDA 模型进行文本建模，聚类结果需要人工判读，得出的结果往往具有一定的主观性，最为重要的是，LDA 模型假设主题之间是相互独立的，这种假设与真实数据集中的实际很不符合。可见，无论是 K-means 聚类，还是 LDA 模型在文本聚类中都存在其固有的问题。

针对 K-means 算法与主题模型在应用中的问题，国内外学者从多个角度进行了一定的改进研究。如 Recupero[1] 使用 ANNIE 和 WordNet 提取文档中重要的单词术语，并保留术语之间的关系，以实现词向量空间的降维，然后通过 K-means 算法进行文本聚类，实验证明其聚类精度和速度都有所提高。Sumayia 等[2] 结合余弦相似性、Jaccard 相似性和相关系数，对 K-means、K-means fast 和 K-medoids 三种算法的聚类效果进行比较，结果表明：使用 K-means 和 K-medoids 算法结合的聚类效果最优。Basu 等[3] 结合层次聚类和传统的 K 均值聚类，提出一种新的混合文本聚类方法，该方法不需要预先定义聚类数量，实验表明，该方法明显优于传统的文本聚类方法。Saif 等[4] 认为，显式语义分析（ESA）构建的数据具有高维及包含冗余概念等问题，由此提出一种简化的语义表示方法，并利用 LDA 模型进行主题提取和文本聚类，结果表明简化后的方法使文本聚类后的语义相关性更高。Lee 等[5] 针对大规模数据分析过程中存在噪音和异常值等问题，提出一种基于 LDA 模型的交互式可视化分析系统——iVisClustering，以用于文本聚类，该系统通过过滤噪音数据等多种方式有效改善了聚类结果。Lu 等[6] 对 PLSA 和 LDA 模型进行了比较，并对两个模型的文本聚类效果进行了评价。

国内学者如赵辉等[7] 以文本间语义关系为基础构建文本集加权复杂网络，利用节点综合特性来选取初始聚类中心，并结合 K-means 算法对网络节点进行社团划分，达到了短文本聚类的目的。王娟等[8] 利用叙词表的概念分类体系，将文本的特征词进行归类，形成 k 个聚类簇，并以此确定 k 个初始聚类中心，然后进行 K-means 聚类，达到较好的聚类效果。杜坤等[9] 提出一种改进的语义文本相似度计算方法，利用维基百科知识库计算语义相关度，结合特征项表示权重，构造文本相似度语义加权因子，并进行 K-means 文本聚类实验，有效提高了聚类的准确度。邢长征等[10] 提出一种基于优化密度的耦合空间 LDA 文本聚类算法，利用提出的耦合空间模型和 LDA 主题模型线性融合计算文本相似度，实验表明，该算法的文本聚类精度更高、聚类效果更优。王鹏等[11] 基于 LDA 模型的 Gibbs 算法估计文本的主题概率分布，利用 JS 距离作为文本的相似性度量，然后采用层次聚类法进行聚类，实验得到较高的聚类纯度和 F 值。唐晓波等[12] 提出了一种基于频繁词集的文本聚类和基于类簇的 LDA 主题挖掘相融合的微博检索方法，给出针对微博文体的一种新的主题检索模型，该方法能清晰地挖掘类簇中的潜在主题。

已有研究为人们提供了对 K-means 算法与主题模型改进的思路。分析研究发现，K-means 算法在文本聚类研究中，存在聚类数目需要人为确定和初始聚类中心不稳定的问题；LDA 模型、CTM 模型能够实现主题划分。将 LDA 和 CTM 主题模型分别与 K-means 算法结合，能够实现优势互补，会获得更好的聚类效果。因此，将两个主题模型 LDA、CTM 分别和 K-means 算法结合，构建 LKM 和 CKM 算法，以寻求更好的聚类方法。

（二）　LKM 与 CKM 算法构建

LKM 和 CKM 算法构建按照图 6-1 的研究路线展开。首先，从五个学科领域检索六个不同主题的文献，提取文献的标题和摘要作为实验语料；其次，将不同主题的文献合并，构建一个多学科文献集，并对文本数据进行处理；最后，分别利用五种聚类算法进行文本聚类，并通过计算 F 值以比较不同聚类算法的聚类效果。

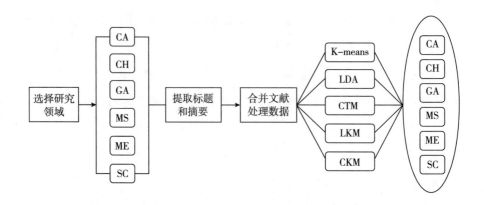

图 6-1   LKM 和 CKM 算法构建研究路线

1. K-means 算法与 LDA、 CTM 模型简介

（1）K-means 算法。

K-means 算法是一种基于距离远近的分裂聚类算法，具有简单、容易实施、时间复杂度接近线性的优点，并且对大规模数据挖掘具有高效性和可伸缩性，所以被广泛应用于不同的学科领域[13]。在文本聚类方面，文本向量维度高，具有稀疏性，不同簇之间的差异性较大，因此可能导致聚成一簇的文本之间的非相似性，而 K-means 算法往往容易陷入局部最优，导致较差的聚类结果，因此如何获得合适的初始聚类中心，并在保证算法结果稳定性的同时保持其准确性，对提升算法的聚类性能尤为重要[14]。

（2）LDA 和 CTM 模型。

2003 年，Blei 提出的 LDA 模型是一种能够提取文本隐含主题的无监督式全概率生成模型，该模型不仅具有清晰的内在结构，而且可以利用高效的概率推断算法进行计算，因此适合处理大规模的语料库，该模型一经提出便被广泛地应用在文本聚类、文本建模、图像处理及信息检索等领域[15]。LDA 模型从 Dirichlet 分布中提取主题，而 Dirichlet 分布有一个独立性假设，就是主题之间没有相关性，是相互独立的。为了解决 LDA 模型忽略主题之间相关性的问题，Blei 于 2005 年对 LDA 模型进行了改进，得到了 CTM（Correlated Topic Model）模型。该模型的关键在于引入对数正态分布取代了 LDA 模型中使用 Dirichlet 分布来刻画文档集合的隐含主题（见图 6-2），其中 μ 表示 K 维的均值向量，Σ 表示 $K * K$ 维的协方差矩阵，η 表示随机变量。CTM 文档的生成过程如下：首先从对数正态分布 $p(\eta/\mu, \Sigma)$ 中随机选择一个 K 维的向量 η_d；然后从 η_d 中抽取表示文档 d 中的主题混合比例变量 Z_n；最后根据特定的主题比例对文档 d 中的每个词反复抽样，得到 $p(W_n/Z_n, \beta)$ [16]。

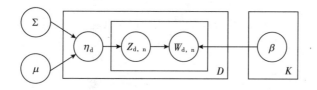

图 6-2　CTM 模型

2. LKM 与 CKM 算法构建

传统的向量空间模型表示文本的缺点是：向量维数高，一个文本就是一个大的稀疏矩阵，计算文本之间的距离或者相似度时算法的效率低，聚类效果不理想。同时，传统 K-means 算法存在初始聚类中心选择的随机性导致聚类结果不稳定的现象，而利用主题模型进行文本聚类往往需要人为划分类团。因此，本部分将主题模型与 K-means 算法融合，首先利用主题模型进行主题建模，将每篇文档表示成各主题下的概率分布，降低文档向量的维度，然后在 T 个主题所在的维度上确定初始聚类中心，理论上保证了选择的初始聚类中心是基于概率确定的，基本步骤如下：

（1）利用 LDA 和 CTM 模型确定聚类数与初始聚类中心。利用 LDA 和 CTM 对 D 篇文献进行主题建模，产生包含 T 个主题的文档-主题概率矩阵。对每一个主题：

1）计算该主题对 D 篇文献的平均支持度，记为 S。

2）统计支持度大于 S 的文献作为该主题的支持文献，记为 SD。

3）计算支持文献的平均支持度，记为 $\vec{C}$。

4）如果某一主题的文献支持数高于或等于 $SD_0 = \dfrac{D}{T}$，那么将该主题视为代表性主题。

5）重复④的过程，直到没有代表性主题产生。

之后，将代表性主题数作为 K-means 算法的聚类数 K，每个代表性主题的平均支持度 $\vec{C}$

作为对应类团的初始聚类中心，则初始聚类中心为 $(\vec{C}_1, \vec{C}_2, \cdots, \vec{C}_k)$。

（2）利用 K-means 算法进行文本聚类。

将 LDA 和 CTM 产生的文档-主题概率矩阵分别导入 SPSS，设置初始聚类中心为 $(\vec{C}_1, \vec{C}_2, \cdots, \vec{C}_k)$，聚类数为 K；设置迭代次数，并输出最终聚类中心与聚类成员划分。

（3）主题数目确定。

通过 LDA 和 CTM 主题模型可以确定 K-means 算法的聚类数与初始聚类中心，但 LDA 和 CTM 都需要人工指定主题数 K，而主题个数的选择会直接影响聚类的精准度，所以确定一个最优的主题数十分重要。本部分利用主题之间的平均相似度来度量主题结构的稳定性：当主题结构的平均相似度最小时，对应的模型最优[17]。计算过程如下：

$$Sim(T_i, T_j) = \frac{T_{AB}}{\sqrt{x}} = \frac{\sum_{i=1}^{n}(W_{Ai} * W_{Bi})}{\sum_{i=1}^{n}(\sqrt{(W_{Ai})^2} * \sqrt{(W_{Bi})^2})} \Rightarrow avg - Sim(structure)$$

$$= \frac{\sum_{i=1}^{K-1}\sum_{j=i+1}^{k}Sim(T_i, T_j)}{K * (K-1)/2}$$

其中，$Sim(T_i, T_j)$ 表示两个主题 T_i 和 T_j 之间的余弦相似度，主题集合 T 中的关键词用 k 表示，主题 T 可表示为 $T = (k_1, k_2, \cdots, k_n)$，$W_i$ 表示每个关键词 k 相对于主题 T 的权重，即 $T = (k_1, W_1; k_2, W_2; \cdots; k_n, W_n)$，简记为 $T = (W_1, W_2, \cdots, W_n)$；$avg\text{-}Sim(structure)$ 表示所有主题的平均相似度，K 表示选取的主题数目，平均余弦值在 1 和 0 之间，值越小表明主题结构最优。

（三）聚类效果评价方法

本部分使用 F 值来评价五种算法的聚类性能，F 值是信息检索中一种组合精准率(Presion)和召回率(Recall)的平衡指标，F 值越大，聚类效果越好，具体计算过程如下：

$$P = \frac{TP}{(TP+FP)}, \quad R = \frac{TP}{(TP+FN)} \Rightarrow F = \frac{2PR}{(P+R)}$$

其中，P 表示精准率，R 表示召回率，TP 表示划分到某一类团内的，与类团对应主题相关的文献数，FP 表示与类团对应主题无关的文献数，FN 表示没有划分到类团内的，与类团对应主题相关的文献数，$TP+FP$ 表示某一类团内的总文献数，$TP+FN$ 表示与类团对应主题相关的全部文献数。

（四）数据来源与处理

1. 数据来源

本部分数据来源于 Web of Science 的科学引文（SCI-EXPANDED）数据库，Web of Science 将学科类别划分成生命科学与生物医学、自然科学、应用科学、艺术人文和社会科学五大类，并在此基础上扩展为 151 个小类。本部分从五个大的学科类别下面分别选择一个学科小类，其中应用科学中选择了两个学科小类，共六个学科类别，分别为 Biochemistry 和 Molecular Biology（生物化学与分子生物学）、Physics（物理学）、Computer Science（计算机科学）、Information Science & Library Science（图书情报学）、Art（艺术学）、Economics（经济学）。在六个学科类别中选择一个研究主题进行检索，每个主题中选择被引频次最高的 100 篇文献作为实验数据集，具体检索的主题如表 6-1 所示，分别导出文献的题录数据。

表 6-1　实验数据汇总

学科类别	主题	文献数
生物化学与分子生物学	分子进化（Molecular Evolution）	100
物理学	太阳能电池（Solar Cell）	100
计算机科学	遗传算法（genetic Algorithm）	100
图书情报学	引文分析（Citation Analysis）	100

续表

学科类别	主题	文献数
艺术学	文化遗产（Cultural Heritage）	100
经济学	市场结构（Market Structure）	100

2. 数据处理

抽取每篇文献的标题与摘要，每篇文献建立一个文本文档，将600篇文献合并在一个文件夹中，作为实验语料库，并按主题对文献进行编号，分别标记为1～600，方便聚类后进行结果统计。首先利用R语言中的tm包对实验语料库进行去停用词、去数字、词干化等自然语言处理规范化过程，然后构建文档-主题词矩阵，以进行聚类分析。利用K-means函数对构建的文档-主题词矩阵进行K-means聚类；利用Topicmodels包实现LDA和CTM的主题建模，根据训练出的文档-主题概率矩阵进行文本聚类；LKM和CKM算法的实现，则依据主题模型训练出的文档-主题概率矩阵，确定聚类数和初始聚类中心，再利用K-means算法进行文本聚类。

（五）最优主题数目确定

选取不同的主题数目，利用LDA和CTM对混合文献集进行主题提取，并计算主题间的平均相似度，计算结果如图6-3所示。分析图6-3发现，主题数为6时，LDA和CTM模型的主题间平均相似度最小，主题结构最稳定。

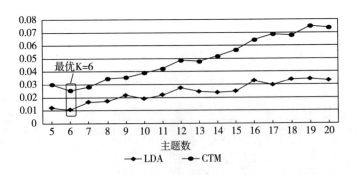

图6-3 主题间平均相似度统计

（六）聚类结果分析

1. K-means 算法的聚类结果分析

利用 K-means 算法对混合文献集进行文本聚类，由于混合文献集涵盖 6 个主题，因此预先设置聚类数为 6，分析 K-means 算法是否能将同一主题的文献划分到同一类团。分析聚类结果，根据类团内的主题词特征及多数文献所属的主题对类团进行划分，一个类团对应一个主题，类团内的文献就属于相应的主题，根据统计结果，计算 K-means 算法划分每个主题的精准率、召回率和 F 值（见表 6-2）。分析表 6-2 发现，"遗传算法"的 F 值最高，表明 K-means 算法能有效识别该主题的文献，并将该主题的多数文献划分到同一类团；但"文化遗产""分子进化"以及"太阳能电池"的 F 值均低于 0.7，表明 K-means 算法不能有效识别这些主题的文献，文本聚类效果较差。

表 6-2　K-means 算法聚类结果统计

主题	实际数	聚类数	精准率	召回率	F 值
引文分析	100	91	0.84	0.76	0.796
文化遗产	100	76	0.72	0.55	0.625
遗传算法	100	124	0.77	0.95	0.848
市场结构	100	132	0.69	0.91	0.784
分子进化	100	88	0.68	0.60	0.638
太阳能电池	100	89	0.73	0.65	0.688

2. LDA 模型的聚类结果分析

根据主题间平均相似度的计算，当主题数为 6 时，LDA 的主题结构最优。表 6-3 为抽取出的主题以及与每个主题最相关的五个词，分析发现，LDA 能有效识别出混合文献集中隐含的六个主题，主题识别能力较好。

根据 LDA 训练出的文档-主题概率矩阵对文献进行聚类，在概率矩阵中，每一

行表示六个主题在一篇文献中的概率分布，每一列表示某一个主题在 600 篇文献中
的概率分布，一个主题在一篇文献中出现的概率大小可认为是该主题对这篇文献的
支持度。为了将一篇文献划入某一特定主题，设定一个支持度的阈值：当某一个主
题对一篇文献的支持度大于 0.4 时，这篇文献就划入该主题表示的类团。对每个主
题下的文献进行统计，计算 F 值（见表 6-4）。分析表 6-4 发现，除"文化遗产"
外，多数主题的 F 值都高于 0.8，其中"遗传算法""分子进化"和"太阳能电池"
的 F 值高于 0.9，表明 LDA 能较为有效地识别一篇文献的主题分布，文本聚类效果
较好。与此同时，多数主题的精准率为 1，但召回率不高，这可能是某些文献作为
跨学科文献，LDA 不能有效识别主题分布，造成多个主题对同一文献的支持度较为
平均，从而低于设定的支持度阈值，而没有划入相应主题类团。

表 6-3   LDA 模型主题提取统计

主题 1 市场结构	主题 2 分子进化	主题 3 遗传算法	主题 4 太阳能电池	主题 5 文化遗产	主题 6 引文分析
market	evolution	Algorithm	cell	cultural	analysis
structure	molecular	genetic	solar	heritage	citation
model	gene	method	efficiency	study	research
effect	sequence	problem	increase	reserve	study
price	protein	propose	film	site	article

表 6-4   LDA 模型聚类结果统计

主题	实际数	聚类数	精准率	召回率	F 值
引文分析	100	69	1.00	0.69	0.817
文化遗产	100	63	1.00	0.63	0.773
遗传算法	100	84	0.99	0.83	0.902
市场结构	100	71	1.00	0.71	0.83
分子进化	100	85	1.00	0.85	0.919
太阳能电池	100	85	1.00	0.85	0.919

3. CTM 模型的聚类结果分析

当主题数为 6 时，CTM 的主题结构最优，表 6-5 为 CTM 抽取出的主题以及与每个主题最相关的五个词，分析发现，CTM 同样能够有效识别出混合文献集内隐含的六个主题，具有较好的主题识别能力。

根据 CTM 训练出的文档-主题概率矩阵进行文本聚类，支持度阈值同样设置为 0.4，计算结果如表 6-6 所示。分析发现，"遗传算法"和"太阳能电池"的 F 值高于 0.9，表明 CTM 能有效识别出这两个主题的文献；"市场结构""文化遗产"的 F 值低于 0.8，表明对这两个主题的文献识别能力较差，导致聚类的精准度下降。将六个主题类团内的文献数相加，总文献数达到 620 篇，超过实际文献数，这是因为 CTM 认为各个主题间存在相关性，比如"引文分析"和"遗传算法"都涉及计算机技术的应用，文献之间会有共同的词汇，如"technique""network""class"等，所以一篇以"引文分析"为主题的文献可能同时被划入"遗传算法"的主题类团，或者误判为是"遗传算法"的文献，从而造成了文献累计的情况，一定程度上降低了聚类的精准度。

表 6-5　CTM 模型主题提取统计

主题 1 引文分析	主题 2 太阳能电池	主题 3 市场结构	主题 4 遗传算法	主题 5 分子进化	主题 6 文化遗产
citation	solar	market	algorithm	evolution	cultural
analysis	cell	structure	genetic	molecular	heritage
research	cells	price	proposed	gene	study
journal	efficiency	competition	problem	genes	rights
science	conversion	model	method	species	approach

表 6-6　CTM 模型聚类结果统计

主题	实际数	聚类数	精准率	召回率	F 值
引文分析	100	112	0.77	0.86	0.811

续表

主题	实际数	聚类数	精准率	召回率	F 值
文化遗产	100	103	0.78	0.80	0.788
遗传算法	100	104	0.91	0.95	0.931
市场结构	100	97	0.73	0.71	0.721
分子进化	100	91	0.88	0.81	0.842
太阳能电池	100	113	0.87	0.98	0.920

4. LKM 算法的聚类结果分析

基于 LDA 最优模型结构,利用 LDA 训练出的文档-主题概率矩阵确定代表性主题数和初始聚类中心,通过计算得到代表性主题数为 6,初始聚类中心为 (0.3723,0.4973,0.4214,0.4443,0.3707,0.3771)。将文档-主题概率矩阵导入 SPSS,进行 K-means 聚类,聚类数设为 6,同时设置初始聚类中心,对聚类结果进行统计,每一个类团对应 LDA 训练出的一个主题,类团内的成员就属于该主题,统计结果如表 6-7 所示。分析发现,融合 LDA 和 K-means 算法后进行聚类,各个主题的 F 值均高于 0.95,表明 LKM 算法聚类效果较好,聚类精准度较高。

表 6-7 LKM 算法聚类结果统计

主题	实际数	聚类数	精准率	召回率	F 值
引文分析	100	102	0.96	0.98	0.970
文化遗产	100	98	0.96	0.94	0.949
遗传算法	100	100	0.96	0.96	0.960
市场结构	100	101	0.97	0.98	0.975
分子进化	100	98	0.99	0.97	0.980
太阳能电池	100	101	0.99	1.00	0.995

5. CKM 算法的聚类结果分析

最优主题数为 6 时,依据 CTM 训练出的文档-主题概率矩阵确定代表性主题数和初始聚类中心，根据 CKM 算法的计算过程，确定六个代表性主题及初始聚类中心。选择 SPSS 内置的 K-means 算法，将 CTM 训练出的文档-主题概率矩阵导入，聚类数设为 6，初始聚类中心设置为（0.6702，0.7925，0.6026，0.8237，0.6738，0.5458），对聚类结果进行统计，将 CTM 训练出的每个主题对应一个类团，类团内的文献就划分给该主题，统计结果如表 6-8 所示。分析发现，融合 CTM 和 K-means 算法后进行聚类，六个主题的 F 值均高于或接近 0.9，表明 CKM 算法能有效提高文本聚类的效果。

表 6-8　CKM 算法聚类结果统计

主题	实际数	聚类数	精准率	召回率	F 值
引文分析	100	108	0.91	0.98	0.942
文化遗产	100	94	0.93	0.87	0.897
遗传算法	100	105	0.91	0.96	0.937
市场结构	100	94	0.96	0.90	0.928
分子进化	100	99	0.90	0.89	0.894
太阳能电池	100	100	0.93	0.93	0.930

（七）五种算法的聚类效果比较

依据五种算法的聚类结果，计算每种算法的平均 F 值以及 F 值的标准差（见表 6-9）。分析表 6-9 发现，主题模型的平均 F 值明显高于 K-means 算法，这表明主题模型的聚类效果优于 K-means 算法，通过标准差的比较可以发现，利用主题模型进行文本聚类，稳定性更好。对比两个主题模型的平均 F 值，LDA 稍高于 CTM，表明 LDA 应用于文本聚类的效果优于 CTM，虽然 CTM 是对 LDA 的改进，但 CTM 认为各个主题间存在相关性，当某篇文献涉及多个相近的主题时，主题内包含较多相同的单词术语，在聚类过程中容易造成误判或者重复累计，从而降低了聚类的精准度。

在五种聚类算法中，平均 F 值最高的是 LKM 和 CKM 算法。利用主题模型来判断聚类数以及确定初始聚类中心，然后利用 K-means 算法进行聚类，能够获得最优的聚类效果，并在一定程度上弥补了使用 K-means 算法时，主题数及初始聚类中心随机确定的不足，以及利用主题模型进行文本聚类时需要人工判读的缺陷。比较标准差发现，融合主题模型和 K-means 算法的聚类稳定性较好，对各个类团的划分精准度较高。对比 LKM 和 CKM 算法，LKM 的平均 F 值高于 CKM，因此在五种聚类算法中，LKM 算法的聚类效果最好。

表 6-9   五种聚类算法的平均 F 值统计

算法	平均 F 值	标准差
K-means	0.73	0.09
LDA	0.86	0.06
CTM	0.836	0.08
LKM	0.972	0.02
CKM	0.921	0.02

（八）小结

本部分基于主题模型和 K-means 算法，将二者融合构建了 LKM 和 CKM 算法，从文本聚类的角度，利用五种不同的算法对一个多学科文献集进行聚类，以 F 值为判定标准，分析了 K-means 算法、LDA 模型、CTM 模型、LKM 算法和 CKM 算法的聚类效果，具体研究内容总结如下：

（1）对比主题模型与 K-means 算法的聚类效果，主题模型的平均 F 值高于 K-means 算法，同时标准差小于 K-means 算法，表明主题模型的聚类效果优于 K-means 算法。

（2）对比 LDA 和 CTM 模型，两个主题模型都能有效识别混合文献集中隐含的六个主题，但 LDA 的平均 F 值稍高于 CTM，其聚类效果要好于 CTM。

（3）LKM 和 CKM 算法的平均 F 值在五种算法中最高，且标准差最小，表明融合主题模型和 K-means 算法后进行文本聚类精准度高，稳定性好。在五种聚类算法中，LKM 算法的平均 F 值最高，因此 LKM 算法的聚类效果最好。

需要说明的是，本部分研究的数据样本较少，只选取了文献的标题和摘要构建语料库；同时在利用主题模型进行文本聚类时，是通过人工判读的方式实现的，使结果带有一定的主观性，这些问题会对结论产生一定影响，我们将在后续的研究中加以改进。

二、主题模型与 KNN 算法结合的文本分类

科学技术迅猛发展，学术文献数量呈指数爆发式增长。利用文本分类技术对海量学术文献进行自动分类，从而获取所需的学术内容，一直是研究者关注的重点，也是信息检索领域与数据挖掘领域研究的热点。针对传统 KNN 分类算法在计算文本相似度时未考虑语义信息导致分类效果较差的问题，提出一种 CTM 模型与 KNN 算法相结合的文本分类方法（简写为 C-KNN 算法）。该方法借助 CTM 模型实现对文本数据的降维，利用 KNN 算法进行文本分类。以 Web of Science 的学科分类为基础，选择八个学科的文献建立文本分类语料库。利用 C-KNN 算法对其进行分类，并与传统 KNN 分类算法、基于 LDA 的 KNN 分类算法进行比较。实验发现：相较于其他两种分类算法，C-KNN 分类算法的分类性能更好，对具有交叉性质的学科文本如图书情报学、纳米科学与技术、传播学等 C-KNN 分类算法的分类精度较好。

（一）相关研究概述

文本自动分类是一个带有监督的学习过程，通过训练已分配好类别的文档集，可以预测新文档的类别。常用的文本分类算法包括 K 最邻近算法（KNN）[18]、朴素贝叶斯（Naïve Bayes）[19]、支持向量机（SVM）[20]、神经网络（Neural Network）[21]、决策树（Decision Tree）[22] 等。其中，K 最邻近算法（KNN）是 1968 年 Cover 和 Hart 提出的，作为机器学习分类中最为简单、鲁棒性较高的算法之一，KNN 算法在文本分类领域得到广泛的应用。它用向量空间模型（Vector Space Model，VSM）表示文本，计算未知分类样本与训练样本的相似程度，找出 k 个与未知分类样本最相似的近邻样本，根据这 k 个近邻样本的类别确定未知分类样本的归属。然而，KNN 算法对于每个未知样本都要计算它与训练集文本的距离，计算量较大，且 VSM 模型不能有效地解释一词多义或者同义词的现象，影响文本分类的精度[23]。

近年来，以 LDA 模型（Latent Dirichlet Allocation）[24] 为代表的主题模型作为新的文本表示方法，将文本中的高维度词项特征映射到低维度的主题当中，能够深入挖掘出文本潜在语义信息且有效降低了样本的维度，提高了分类效率与精度，被广泛应用到文本分类算法中。相关的研究有：Quan 等[25] 通过 LDA 模型训练得到的主题分布对 VSM 特征向量加权，提高了对短文本的分类精度；杨萌萌等[26] 改进 LDA 模型主题–词分布矩阵的主题分布向量，与传统 VSM 分类方法相比，该方法降低了相似度计算维度，融合了一定语义特征；廖列法等[27] 利用 LDA 模型加入类别信息，结合 KNN 分类算法方对小类进行分类。然而，LDA 模型假设主题间相对独立，此假设与真实数据相矛盾，削弱了大样本数据的表示能力[28]。CTM（Correlated Topic model）模型针对 LDA 模型这一不足进行改进，将主题间相关性纳入模型，使文本表示语义信息更为全面。Thomas 等[29] 利用 CTM 模型从图像数据库中提取信息，表明 CTM 模型在文本表示方面良好的性能。王燕霞等[30] 利用 DBSCAN 聚类方法优化 CTM 模型，利用优化后的 CTM 模型对数据集建模，用 SVM 算法对简化后的文本数据进行分类，表明 CTM 模型与 SVM 算法结合可以提高文本分类效果。马长林等[31] 将训练集利用 CTM 模型进行文本表示，结合互信息与主成分分析方法对最优特征进行提取，取得较好的分类效果。

将尝试利用 CTM 模型结合传统文本特征选择方法，先对文本特征进行筛选，再利用 CTM 模型进行二次降维，与 KNN 分类算法相结合，形成 C-KNN 算法。算法在保留文本深层次语义信息的基础上，对学术论文进行自动分类。

（二）　C-KNN 文本分类算法实现

传统的 KNN 分类算法是用 VSM 表示文本，向量空间模型得到的特征向量的维数往往会达到数十万维，影响文本分析效果[32]。C-KNN 分类算法是利用 CTM 模型对语料库文本进行建模，CTM 模型具有良好的文本表示能力，能在尽量保证完好文本语义信息的基础上实现对语料库降维，提高分类的效率与精度[33]。

C-KNN 分类算法思想如下：首先利用 CTM 模型发现文本中所隐含的主题信息，对训练集和测试集分别进行主题建模，得到文档-主题概率矩阵。矩阵中每一行表示各个主题在一篇文档中的概率分布，同一类文档其主题分布相似。然后，利用 KNN 分类算法对训练集样本训练构造分类器，对测试集进行分类。具体流程如图 6-4 所示。

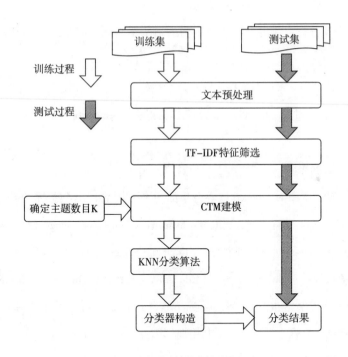

图 6-4　C-KNN 分类算法流程

（1）文本预处理。将语料库划分为训练集与测试集。利用 R 语言中 tm 包分别对训练集和测试集的文档进行文本化、依次去除标点、去除数字、去停用词、词干化，将预处理后的训练文本与测试文本用文档-特征词矩阵表示，每行代表特征词在一篇文档中出现的频次。

（2）特征筛选。经上一步处理得到的文档-特征词矩阵是一个大的稀疏性矩阵，仍存在对文本分类无意义的噪音词。特征集的初次筛选计算文档-逆文档频率（TF-IDF），过滤掉 TF-IDF 值小于 0.1 的特征词项，实现对特征集粗略降维。

（3）CTM 建模。采用困惑度与似然函数变化值相结合的方法确定模型的主题数目，对模型进行优化。根据确定的最佳主题数目，利用 R 语言中 Topic models 包[34] 对训练集与测试集分别构建 CTM 模型，采用变分 EM 方法对参数进行推断，得到训练集与测试集的文档-主题概率分布，得到训练集与测试集的文档-主题矩阵。

（4）KNN 分类。利用上一步中得到的训练集文档-主题矩阵，构造 KNN 分类器。

（5）分类过程。根据训练集构造的分类器对测试集的文档进行分类。使用准确率（Presion）、召回率（Recall）和 F1 值作为算法效果的评判标准。

（三）数据来源

数据来源于 Web of Science 核心合集的 SCI-EXPANDED 数据库 SSCI 数据库。依照 Web of Science 学科分类，选取 Biochemistry & Molecular Biology（生物化学与分子生物学）、Communication（传播学）、Computer Science, Information Systems（计算机信息科学）、Economics（经济学）、Education（教育学）、Information Science & Library Science（图书情报学）、Nanoscience & Nanotechnology（纳米科学与技术）、Physics（物理学）八个学科类别。利用期刊引证报告（JCR），每个学科类别下选择只属于该学科类别且期刊影响因子较高的一个期刊进行论文检索，得到 10749 篇论文组成实验数据集。将实验数据集按 3∶1 划分训练集与测试集，训练集总文献为 8061 篇，测试集总文献数为 2688 篇。分别导出各学科文献的题录信息，提取题录信息中的标题和摘要组成语料库。各学科文献中训练集与测试集文本的选择情况如表 6-10 所示。

表 6-10 实验数据分布　　　　　　单位：篇

学科类别	生物化学与分子生物学	传播学	计算机信息科学	经济学	教育学	图书情报学	纳米科学与技术	物理学
训练集	1060	434	1874	385	1865	616	1048	779
测试集	353	145	625	128	622	206	349	260

（四）主题数目确定

对实验语料库进行 CTM 建模，利用 seq（）函数将主题数目的取值范围设定为 [10, 150]，步长为 10，分别计算不同主题数目 K 下困惑度和对数似然值，利用困惑度和对数似然值变化拐点确定最终的主题数目（见图 6-5）。图 6-5（a）为 CTM 模型困惑度的变化折线图，从主题数目 $K=10$ 开始，随着主题数目的增大，其困惑度逐渐减小。当主题数目 $K=40$ 时，困惑度达到最小，而主题数目 K 大于 40 时，困惑度逐渐变大。通过困惑度变化判断主题数目 K 可能是 40。图 6-5（b）为 CTM 模型对数似然函数的变化折线图，从图中可以看出，主题数目 K 从 10 开始，对数似然值逐渐变大，到主题数目 K 为 40 时，对数似然值最大，之后对数似然值随着主题数目的增大呈递减趋势。由此综合困惑度和对数似然值的变化得到 CTM 模型的最优主题数目 K 为 40。

（五）实验结果与分析

依据确定的最优主题数目 $K=40$，对训练文档集与测试文档集构建 CTM 模型。利用训练集与测试集的文档-主题概率分布建立训练集文档-主题矩阵与测试集文档-主题矩阵，利用训练集文档-主题矩阵构造 KNN 分类器，利用 KNN 算法对测试集文本进行类别划分。

为了验证 C-KNN 分类算法的效果，文章使用传统的 KNN 算法、基于 LDA 模型的 KNN 算法做对比实验。传统的 KNN 算法首先将训练集与测试集分别用文档-词项矩阵表示，使用 TF-IDF 对词项进行加权，得到以词项 TF-IDF 值表示的空间向量模型，然后利用 R 语言中 Knn 函数进行文本分类。基于 LDA 模型的 KNN 分类

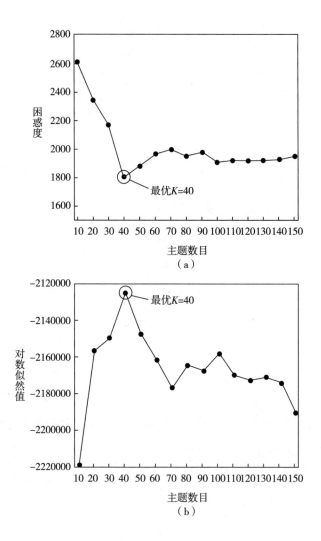

图 6-5　困惑度与对数似然值随主题数目变化趋势

算法首先将训练集与测试集进行预处理，利用第三章确定主题数目的方法确定 LDA 模型主题数目；其次基于开源包 JGibbLDA[35] 对训练集与测试集分别进行 LDA 建模，得到训练集文档-主题矩阵与测试集文档-主题矩阵；最后利用训练集文档-主题矩阵构造 KNN 分类器，用训练好的分类器对测试集进行分类。三种分类算法的实验结果如表 6-11 所示。

表6-11　三种分类算法实验结果对比

学科类别	传统 KNN			LDA+KNN			C-KNN		
	P	R	F1	P	R	F1	P	R	F1
生物化学及分子生物学	0.711	0.992	0.828	0.893	0.916	0.904	0.896	0.979	0.936
传播学	0.692	0.896	0.780	0.887	0.855	0.871	0.894	0.867	0.88
计算机信息科学学	0.708	0.923	0.801	0.876	0.924	0.899	0.930	0.956	0.943
经济学	0.832	0.864	0.847	0.884	0.850	0.867	0.908	0.916	0.912
教育学	0.975	0.780	0.867	0.868	0.856	0.862	0.934	0.940	0.937
图书情报学	0.842	0.697	0.763	0.830	0.745	0.785	0.851	0.845	0.848
纳米科学与技术	0.635	0.351	0.452	0.843	0.853	0.848	0.889	0.810	0.848
物理学	0.528	0.459	0.491	0.816	0.810	0.813	0.857	0.827	0.842
平均值	0.765	0.745	0.741	0.862	0.851	0.857	0.895	0.893	0.894

分析三种算法实验结果发现：

（1）在准确（Presion）率上，传统 KNN 算法平均精准率仅有 0.711，教育学的分类精准率较高，达 0.9 以上，而其他学科的精准率较低，物理学精准率仅为 0.528；基于 LDA 模型的 KNN 分类算法的平均精准率达 0.862；C-KNN 分类算法平均精准率为 0.895，较传统 KNN 算法平均提高了 0.13，较基于 LDA 模型的 KNN 分类算法平均提高 3.3%。

（2）在召回率（Recall）上，传统 KNN 平均召回率仅 0.745，生物化学及分子生物学、计算机信息科学学的召回率较高达 0.9 以上，而教育学、图书情报学、纳米科学与技术、物理学召回率偏低；基于 LDA 模型的 KNN 分类算法平均召回率较传统 KNN 算法提高了 0.106，达 0.851，仅图书情报学召回率低于 0.8；C-KNN 分类算法平均召回率达 0.893，较传统 KNN 算法平均提高 12.8%，较基于 LDA 模型的 KNN 分类算法平均提高了 0.042，且各个学科的召回率均在 0.8 以上。

（3）在 F1 值上，在传统 KNN 算法平均 F1 值为 0.741，对生物化学及分子生物学、计算机信息科学学、经济学、教育学文献的分类效果较好，其 F1 值达 0.8 以上，而对纳米科学与技术、物理学效果较差，其 F1 值不到 0.5；基于 LDA 模型的 KNN 分类算法平均 F1 值为 0.857，较传统 KNN 算法提高了 11.6%，只有图书情报学相对偏低，其 F1 值不到 0.8；C-KNN 分类算法平均 F1 值为 0.894，比传统 KNN 算法提高了 12.9%，比基于 LDA 模型的 KNN 分类算法提高了 0.034，且对 11 个学科论文进行分类中每个学科的 F1 值都高于 0.8。

总之，在 11 个学科学术论文集的分类效果上，三种分类算法在生物化学及分子生物学、经济学、计算机信息科学学、教育学的学科分类中均有较好的效果，F1 值均达到 0.8 以上。对比发现，相比对上述几个学科的分类，三种分类算法对传播学、图书情报学、纳米科学与技术、物理学学科的分类效果较差，F1 值差值最大达 0.5。其原因可能是上述几种分类算法在识别具有交叉性质的学科时不敏感，如传播学学科文献包含的内容广泛，涉及数据新闻的主题文献有可能被错分到计算机信息科学学中；再如图书情报学、纳米科学与技术这两个学科，图书情报学与计算机信息科学有着密切的交流[36]，而纳米科学与技术与物理学有较强的交叉性[37][38]。

为了形象地展示三种分类算法对各学科分类效果的差异性，将三种分类算法对各学科分类效果的 F1 值进行了可视化对比（见图 6-6）。

从图 6-6 可以发现，相对于生物化学及分子生物学、经济学、计算机信息科学学、教育学这四个学科，C-KNN 算法对传播学、图书情报学、纳米科学与技术、物理学这四个具有交叉性质的学科 F1 值偏低，但是 C-KNN 算法对这四个学科的分类 F1 值都高于其他两种分类算法对交叉学科分类 F1 值，说明相较于其他两种分类算法，C-KNN 算法对交叉学科识别效果较好。

综合以上分析，表明 C-KNN 分类算法对多学科学术论文分类效果较好，能有效提高分类的精度。

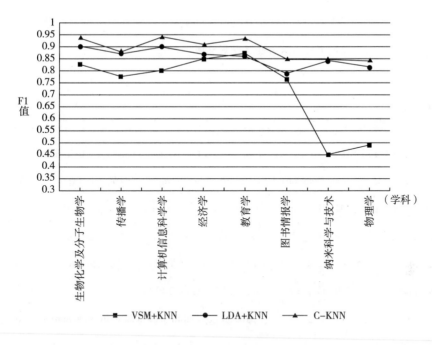

图 6-6 三种分类算法 F1 值比较

（六）小结

针对传统 KNN 文本分类不能表达语义信息导致文本分类效果较差的问题，提出了一种 C-KNN 文本分类方法。首先，利用困惑度和对数似然值变化的拐点确定 CTM 模型的主题数目；其次，根据确定的主题数目对 CTM 模型进行建模，在保留文本语义信息的基础上实现文本降维；最后，将 CTM 模型与 KNN 分类算法结合，对八个学科文献集进行分类。通过实验发现，与传统 KNN 分类算法、基于 LDA 模型的 KNN 分类算法相比，C-KNN 分类算法的精准率、召回率与 F1 值都有较大的提升，表明 C-KNN 分类算法对学术论文分类性能较好。另外，实验发现，C-KNN 算法虽然对交叉性较高的学科分类性能相对偏低，但却优于传统 KNN 分类算法、基于 LDA 模型的 KNN 分类算法。

针对 C-KNN 分类算法对交叉性学科文献分类性能偏低的不足，在后续研究中，我们将深入探究学科交叉性与自动分类性能的关联，尝试将学科类别信息加入 C-KNN 分类算法，以期更好地区分交叉学科文献。

参考文献

［1］Recupero D R. A New Unsupervised Method for Document Clustering by Using WordNet Lexical and Conceptual Relations ［J］. Information Retrieval, 2007, 10 (6): 563-579.

［2］Al-Anazi S, AlMahmoud H, Al-Turaiki I. Finding Similar Documents Using Different Clustering Techniques ［J］. Procedia Computer Science, 2016, 82: 28-34.

［3］Basu T, Murthy C A. A Similarity Assessment Technique for Effective Grouping of Documents ［J］. Information Sciences, 2015, 311: 149-162.

［4］Saif A, Ab Aziz M J, Omar N. Reducing Explicit Semantic Representation Vectors Using Latent Dirichlet Allocation ［J］. Knowledge - Based Systems, 2016, 100: 145-159.

［5］Lee H, Kihm J, Choo J, et al. iVisClustering: An Interactive Visual Document Clustering via Topic Modeling ［J］. Computer Graphics Forum, 2012, 31 (3): 1155-1164.

［6］Lu Y, Mei Q, Zhai C. Investigating Task Performance of Probabilistic Topic Models: An Empirical Study of PLSA and LDA ［J］. Information Retrieval, 2011, 14 (2): 178-203.

［7］赵辉, 刘怀亮. 面向用户生成内容的短文本聚类算法研究 ［J］. 现代图书情报技术, 2013 (9): 88-92.

［8］王娟, 李卓娥. 基于叙词表的 K-means 文本聚类修正方法 ［J］. 情报杂志, 2011 (12): 153, 154-156.

［9］杜坤, 刘怀亮, 王帮金. 基于语义相关度的中文文本聚类方法研究 ［J］. 情报理论与实践, 2016 (2): 129-133.

［10］邢长征，赵全颖，王伟，王星．基于优化密度的耦合空间 LDA 文本聚类算法研究［J］．计算机应用研究，2017（7）：1-6.

［11］王鹏，高铖，陈晓美．基于 LDA 模型的文本聚类研究［J］．情报科学，2015（1）：63-68.

［12］唐晓波，房小可．基于文本聚类与 LDA 相融合的微博主题检索模型研究［J］．情报理论与实践，2013（8）：85-90.

［13］杨春艳，潘有能，赵莉．基于语义和引用加权的文献主题提取研究［J］．图书情报工作，2016（9）：131-138，146.

［14］李秀霞，马秀峰，程结晶．融入引文内容的期刊耦合分析［J］．图书情报工作，2016（11）：100-106.

［15］王燕霞．基于相关主题模型的文本分类方法研究［D］．苏州大学，2010.

［16］王燕霞，邓伟.CTM 与 SVM 相结合的文本分类方法［J］．计算机工程，2010（22）：203-205.

［17］曹娟，张勇东，李锦涛，唐胜．一种基于密度的自适应最优 LDA 模型选择方法［J］．计算机学报，2008（10）：1780-1787.

［18］Cover T M，Hart P E. Nearest Neighbor Pattern Classification［J］. IEEE Transactions on Information Theory，1967，13（1）：21-27.

［19］Narayanan V，Arora I，Bhatia A. Fast and Accurate Sentiment Classification Using an Enhanced Naive Bayes Model［M］//Intelligent Data Engineering and Automated Learning-IDEAL 2013. Berlin，Heidelberg：Springer，2013：194-201.

［20］Maji S，Berg A C，Malik J. Efficient Classification for Additive Kernel SVMs［J］. IEEE Transactions on Pattern Analysis & Machine Intelligence，2013，35（1）：66.

［21］Lam H K，Udeme Ekong，Hongbin Liu，et al. A Study of Neural-network-based Classifiers for Material Classification［J］. Neurocomputing，2014，144（1）：367-377.

［22］Tan P N，Steinbach M，Kumar V. Introduction to Data Mining（First Edition）

［M］．Addison-Wesley Longman Publishing Co. Inc.，2005.

［23］李湘东，高凡，丁丛．LDA 模型下不同分词方法对文本分类性能的影响研究 ［J］．计算机应用研究，2017，34（1）：62-66.

［24］Blei D M，Ng A Y，Jordan M I. Latent Dirichlet Allocation ［J］．Journal of Machine Learning Research，2003（3）：993-1022.

［25］Quan X，Liu G，Lu Z，et al. Short Text Similarity based on Probabilistic Topics ［J］．Knowledge & Information Systems，2010，25（3）：473-491.

［26］杨萌萌，黄浩，程露红，等．基于 LDA 主题模型的短文本分类 ［J］．计算机工程与设计，2016，37（12）：3371-3377.

［27］廖列法，勒孚刚，朱亚兰．LDA 模型在专利文本分类中的应用 ［J］．现代情报，2017，37（3）：35-39.

［28］曹娟，张勇东，李锦涛，等．一种基于密度的自适应最优 LDA 模型选择方法 ［J］．计算机学报，2008，31（10）：1780-1787.

［29］Greif T，Hörster E，Lienhart R. Correlated Topic Models for Image Retrieval ［J］．University of Augsburg，2008.

［30］王燕霞，邓伟．CTM 与 SVM 相结合的文本分类方法 ［J］．计算机工程，2010，36（22）：203-205.

［31］马长林，杨正良，谢罗迪．文本分类中 CTM 模型的优化和可视化应用研究 ［J］．计算机工程与科学，2017，39（3）：599-604.

［32］吴江，侯绍新，靳萌萌，等．基于 LDA 模型特征选择的在线医疗社区文本分类及用户聚类研究 ［J］．情报学报，2017（11）：1183-1191.

［33］杨正良．优化特征选择的 CTM 模型在文本分类中的应用研究 ［D］．华中师范大学，2016.

［34］Grün B，Hornik K. Topicmodels：An R Package for Fitting Topic Models ［J］．Journal of Statistical Software，2011，40（13）：1-30.

［35］JGibbLDA-v. 1. 0 ［CP/OL］．［2015-12-11］．http：//sourceforge. net/projects/jgibblda/.

[36] 邱均平，余厚强. 跨学科发文视角下我国图书情报学跨学科研究态势分析 [J]. 情报理论与实践，2013，36（5）：5-10.

[37] 郑泉水，冯西桥，孟庆国，等. 物理力学与纳米科技的多学科交叉——"物理力学与纳米科技的多学科交叉若干问题青年学者研讨会"介绍 [J]. 力学进展，2003，33（1）：142-149.

[38] 韩正琪，刘小平，徐涵. 基于 Rao-Stirling 指数的学科交叉文献发现——以纳米科学与纳米技术为例 [J]. 图书情报工作，2018（1）：125-131.

第七章　知识交流与融合

　　知识交流是知识共享和知识创新的前提，是促进科学技术和知识经济发展的催化剂。知识交流包括学科内部、学科间狭义的知识交流，还包括国家间广义的知识交流。本部分以学科间、国家间引用的学术文献为知识交流的数据基础，通过提取文献主题，进一步分析学科间知识交流的特征、国家间知识流动与转移的规律。

一、基于关键词的学科间知识交流与融合

　　知识交流是知识提供一方与知识需求一方的双向互动过程，是知识共享和知识创新的结果，是促进科学技术和知识经济发展的催化剂[1]。学科间的知识交流是不同学科之间知识学习、借鉴和应用的过程。当今科学研究纷繁复杂，学科知识交流密集程度加强，不同学科之间的知识交流有助于丰富各个学科的知识体系，可以激发和启迪学者的开拓性思维，同时也能催发重大科学创新的产生[2][3]。

　　随着知识经济时代的到来，学科间的知识交流对学科本身发展的作用更加突出，由此引发了国内外学者对学科间知识交流的广泛研究。

　　第九章、第十章将分别以图书情报学和新闻传播学之间、图书情报学和计算机信息科学之间的知识交流为例，发现两学科间知识交流的主题和主题内容，帮助研究人员了解学科间知识交流的发展与变迁情况，为高校图书馆提供学科知识服务提

供参考，同时能够促进学科间在交叉方向上的知识融合与创新点的产生。

（一）相关研究概述

图书情报学与新闻传播学都是信息科学的重要组成部分，两者在信息的组织研究、管理研究、传播研究等方面均具有较高的相似度，因此对两学科间知识交流与融合的研究很早就引起学者们的关注。从国际来看，J. H. 谢拉[4] 将"交流说"写在他的《图书馆学引论》中，实现了图书情报学从文献领域向信息领域的转变，由此探讨图书馆传播效果的相关论文开始增加；塞弗林、坦卡德[5] 等很早就提出图书情报学与传播学的逐步融合是一大趋势，1992 年博格曼（Schement）和施门特还给出了两学科范式转移、交叉、领域覆盖和共有理论四种融合的模式[6]。在国内，周庆山教授[7] 于 1986 就提出对图书馆学的理论研究和发展引进传播学理论的必要性，并给出了两学科融合的实践；张锦[8] 全景展示了图书情报学对传播学理论的引进以及双方的趋同与融合；于鸣镝[9] 给出了一个适合于图书馆学、文献信息、信息管理、书刊出版发行等学科的上位概念"大文献学"；王传清[10] 对1989—2003 年图书情报学与传播学的学科交叉性进行了比较，并利用检索关键词的方式对图书馆学与传播学的研究对象、渊源、范式、特征与应用进行了对比分析；王昊[11][12] 利用引文分析法，通过关联规则挖掘发现：在同一篇文献的引文中，出现图书情报学文献的同时出现新闻传播学文献的概率高达 91.2%；孙建军[13] 利用期刊引文网络和社会网络分析方法实证研究了图书情报学与新闻传播学间密切的引用关系，指出两学科在研究对象、研究方法、研究意义等方面存在必然的联系；闵超[14] 以时间点的文献关键词为研究对象，结合关键词聚类分析和战略坐标分析，提取了图书情报学与新闻传播学代表性期刊 2001 年、2006 年、2011 年三个时间点的文献关键词交集，分析了两学科内容上的交叉。

上述研究说明，图书情报学与新闻传播学之间有着密切的关联，两学科间的知识交流与融合已十分明显，但这并非意味着两学科会融合为一个大的学科。武汉大学 1999 年将新闻学院和图书情报学院合并为大众传播与知识信息管理学院[15]，后来却又分离出新闻与传播学院（包含新闻学、广播电视、广告学、网络传播学）和信息管理学院（包含图书馆学、信息管理学、档案学、电子商务、出版科学）[16]，说明图书情报学与新闻传播学的交叉融合并非是简单的合并。那么在新技术、新媒体不断推出和发展的环境下，两学科间交流的主题有哪些？知识交流主题的变化及发展趋势如何？两学科融合的方向有哪些？融合发展的态势如何？这些问题都需要给出清晰的解析。

（二）研究方法

1. 引文分析法

引文分析法是以静态的文献引用关系为基础，对期刊文献间引证与被引证的现象进行分析，揭示学科或学科间的知识流动、技术扩散以及知识流动与技术扩散路径等内在规律，达到识别学科知识结构、评价期刊的目的，其方法简单灵活，结果直观明了，在情报分析中已被广泛应用[17]。本部分利用引文分析法获取图书情报学和新闻传播学两学科对应核心期刊间的互引文献及数量，通过互引文献量获取参与两学科知识交流的关键期刊，进而发现两学科知识融合的方向；通过学科间的期刊互引文献获取互引文献的关键词，探析两学科知识交流的主题。

2. 词频分析法

与引文分析法一样，词频分析也是文献计量分析的一种，是利用表达文献核心内容的关键词在某一研究领域文献中出现的频次高低来确定该领域研究热点和发展动向的方法。一篇文献的关键词是文章核心内容的浓缩和提炼，因此如果某一关键词在其所在领域的文献中反复出现，则说明该关键词或主题词所表征的研究主题是该领域的研究热点[18]；某一时间范围内一个学科在核心期刊上所发表论文的关键词集合，能大体反映这个学科研究的主题和内容，两个学科关键词集合的交集则能反映两学科共同关注的研究主题和内容。所以，统计分析两学科期刊互引文献的关键词，可以探析两学科合作交流的主题，揭示学科交流的科学结构。近年来，词频分析法已被广泛应用于各种学术领域的科学研究[19][20][21]。本部分提取 2001—2015

年我国图书情报学与新闻传播学两学科核心期刊的互引文献关键词，分析两学科之间知识交流的主题，从内容角度全面揭示两学科间知识交流和知识融合的科学结构。

（三）两学科知识交流主题探测

1. 数据来源与处理

进入 CNKI 数据库，在内容检索条件中选择"参考文献"，分次输入图书情报学属于 CSSCI 排名前 15 的核心期刊的刊名，选定新闻传播学属于 CSSCI 且排名前 15 的核心期刊，每次在"来源文献"中输入其中一种期刊的刊名，时间范围是 2001—2015 年的 15 年间的三 3 个时间段（五年一个时间段），分次检索并下载，分时检索的目的是体现两学科间知识交流主题的变化趋势。得到图书情报学 15 种核心期刊分别被所有 15 种新闻传播学期刊引用文献的题录信息（包括关键词），整合为对应三个时间段的三个数据集，记为 a 类数据集；通过类似的方法过程，可获取到新闻传播学 15 种核心期刊分别被图书情报学所有 15 种核心期刊引用文献的题录信息（包括关键词）。需要说明的是，2003—2015 年，CNKI 数据库没有《情报学报》的文献记录，我们通过 CSSCI 数据库增补这部分缺失的数据。在 CSSCI 数据库中，在来源文献中输入"情报学报"，进行检索，下载并查询其中参考文献来自新闻传播学 15 种核心期刊的题录信息，与其他 14 种图书情报学期刊的检索结果合并，形成对应三个时间段的 b 类数据集。最后将上面的 a、b 两类数据集按对应的三个时间段分别合并，得到对应三个时间段的数据集，记为数据集 c。

以数据集 c 为研究对象，利用 Bicomb 软件分别提取并统计各时间段内的关键词及其频次，这些关键词基本上是两学科文献关键词集合的交集，其中蕴含两学科联系的重要信息。经过关键词去重、删除、合并等清洗处理，得到规范化的关键词。为了较全面地获取两学科共同关注的重要研究主题，本部分选取的关键词相对较多，三个时间段内的高频关键词阈值均取 5，得到的高频关键词分别为 75 个、90 个和 143 个，累计频次分别达到各时间段总频次的 39.034%、39.521% 和 47.153%。

由于关键词相对分散，频次小于等于 2 的关键词占较大的比例（分别为 43.811%、47.354%、37.535%），符合集中分散的"二八定律"，因此这些关键词可以代表两学科共同关注的热点。

由于本部分选取关键词较多，在实验中发现：统计出关键词数量之后，采用传统的词频分析套路（构建共词矩阵、共词聚类、建立战略坐标、可视化呈现等）进行分析，效果较差，这与一些固有聚类算法聚类不稳定和聚类排斥性有关。因此，笔者根据对词义的理解，将三个时间段的关键词进行了人工分类（见表 7-1、表 7-2、表 7-3）。由于学科交叉主题间内容关联性较强，有些关键词被分在多个不同的主题中。

表 7-1   2001—2005 年关键词类目表（11 类）

主题类别	关键词（词频）	主题占比（%）
文献分析	文献计量（38）、引文分析（32）、参考文献（32）、科技论文（23）、统计分析（22）、内容分析（13）、论文作者（12）、科研成果（11）、布拉福德定律（9）、辅文信息（9）、关键词（8）、学术论文（6）	21.56
期刊分析	科技期刊（81）、核心期刊（53）、期刊学（7）、图书馆学期刊（7）、期刊管理（6）、期刊编辑（5）	16.95
出版发行	网络出版（48）、经营管理（16）、出版发行（14）、出版学（14）、电子出版（11）、规范化（10）、传统出版（9）、出版界（6）	12.84
资源与数据库	SCI（22）、信息资源（20）、数据库（12）、电子出版物（9）、数字出版物（7）、电子书（7）、全文数据库（7）、EI（5）	8.93
文献著录	文献著录（30）、标准化（20）、引文索引（14）、分类号（7）、分类标引（6）、书目信息（5）	8.22
信息组织、信息传播与信息服务	信息资源（20）、引文索引（14）、信息检索（11）、信息服务（10）、网络传播（8）、资源共享（7）、文献传播（6）	7.82
评价研究	影响因子（34）、期刊评价（19）、学术价值（6）、学术影响力（6）、自引文献（5）、载文量（5）	7.52
技术与环境	标准化（20）、网络环境（13）、数字化（10）、网络技术（9）	5.22

续表

主题类别	关键词（词频）	主题占比（%）
机构和组织	数字图书馆（19）、图书馆（15）、新华书店（6）、网上书店（5）、图书情报机构（5）	5.02
合作与交流	论文合作（12）、信息交流（8）、国际化（7）、WTO（6）、学术交流（5）	3.81
知识管理	版权（17）、著作权（16）	3.31

表7-2　2006—2010年关键词类目表（12类）

主题类别	关键词（词频）	主题占比（%）
期刊分析	科技期刊（170）、开放存取（91）、学术期刊（97）、核心期刊（51）、医学期刊（39）、统计分析（29）、网络期刊（11）、JCR（9）、聚类分析（7）、信息计量（7）、期刊分类（6）、因子分析（6）、社会网络分析（6）、外文期刊（5）、数据挖掘（5）、相关性（5）	27.70
文献分析	引文分析（48）、文献计量（48）、参考文献（44）、统计分析（29）、作者分析（26）、引用分析（25）、文献著录（23）、被引频次（17）、关键词（16）、基金论文（14）、时滞分析（13）、内容分析（12）、下载率（11）、学术论文（9）、词频分析（8）、信息计量（7）、聚类分析（7）、因子分析（6）、社会网络分析（6）、数据挖掘（5）、相关性（5）	19.30
评价研究	影响因子（101）、期刊评价（63）、H指数（44）、评价指标（31）、自引（26）、同行评议（17）、学术评价（14）、时滞分析（13）、综合指数（11）、评价方法（11）、半衰期（7）	17.21
资源与数据库	数据库（48）、文献数据库［CSSCI（14）、SCI（9）、EI（8）、SSCI（5）、Web of Science（5）］、信息资源（22）、电子书（10）、政务信息（5）	6.92
知识管理	版权（44）、著作权（26）、知识管理（17）、版权保护（16）、网络舆情（8）、学术不端（7）、标识符（7）、网络管理（5）	6.62
技术与环境	网站分析（25）、博客（19）、数字化（15）、电子政务（10）、网络链接（8）、Web2.0（8）、网络平台（5）、信息技术（5）、网络管理（5）	5.09
机构组织	图书馆（66）、数字图书馆（12）、农家书屋（10）、行业协会（7）	4.84
出版发行	编辑工作（40）、出版发行（17）、政策法规（15）、经营管理（10）	4.18

续表

主题类别	关键词（词频）	主题占比（%）
信息交流与信息服务	学术交流（17）、信息交流（15）、电子政务（10）、信息传播（6）、信息服务（6）、网络传播（5）	3.00
文献著录	文献著录（23）、引文索引（10）、标识符（7）、标准规范（5）	2.29
经营与管理	经营管理（10）、产业链（7）、政策法规（5）、竞争情报（5）、税收（5）	1.63
阅读分析	网络阅读（9）、阅读分析（9）、国民阅读（6）	1.22

表7-3   2011—2015 年关键词类目表（15 类）

主题类别	关键词（词频）	主题占比（%）
分析方法	文献计量（248）、引文分析（211）、可视化（83）、社会网络分析（55）、分析工具（49）、词频分析（35）、内容分析（34）、相关分析（26）、调查分析（26）、耦合分析（21）、聚类分析（19）、数据挖掘（18）、共引分析（18）、定量分析（15）、统计分析（12）、层次分析（12）、预测分析（12）、主成分分析（10）、本体（10）、知识网络（9）、因子分析（8）、情报分析（6）、分析模型（6）、链接分析（6）、SWOT 分析（5）	17.42
评价研究	评价对象（245）、评价指数（226）、影响力（89）、评价方法（42）、下载量（38）、同行评议（36）、零被引（25）、文献老化（22）、学术质量（20）、替代计量学（20）、载文量（17）、自引率（10）、时滞分析（8）、撤销论文（7）	14.70
期刊分析	科技期刊（234）、学术期刊（183）、开放存取（113）、医学期刊（59）、核心期刊（51）、电子期刊（11）、网络期刊（8）、布拉德福定律（7）	12.16
媒体分析	媒体［新媒体（176）、社交媒体（32）、自媒体（13）、多媒体（11）］、网络舆情（131）、传播分析（60）、突发事件（26）、传播模式（24）、数据挖掘（18）、网络舆论（10）、手机阅读（10）、网络事件（7）、隐私保护（6）、社会网络分析（6）、新媒体阅读（5）、移动图书馆（5）、群体事件（5）	9.95
文献分析	学术论文（117）、下载量（38）、生命周期（37）、参考文献（35）、大数据（33）、研究热点（32）、文献老化（22）、网络文献（13）、基金论文（11）、关键词（10）、本体（10）、知识网络（9）、时滞分析（8）、英文摘要（6）、ORCID（6）、学科交叉（6）、链接分析（6）、知识链接（5）、幂律分布（5）、主题分析（5）	7.56

续表

主题类别	关键词（词频）	主题占比（%）
出版发行	数字出版（161）、出版发行（86）、出版产业（49）、网络出版（24）、出版模式（18）、语义出版（10）、优先出版（9）、云出版（5）	6.61
资源与数据库	文献数据库［SCI（40）、EI（5）、CSSCI（53）、SSCI（33）、Web of Science（17）、CNKI（15）、PubMed/MEDLINE 数据库（5）］、数据库（35）、信息资源（30）、资源共享（30）、资源建设（25）、资源管理（14）、规范化（12）、机构知识库（9）、古籍管理（7）、学科交叉（6）	6.14
信息管理和知识管理	版权（95）、标识符（25）、知识管理（7）、著作权（40）、引用行为（26）、学术不端（21）、审稿（20）、知识产权（13）、学术规范（11）、组稿（6）、管理理论（6）、古籍管理（7）、信息安全（6）、论文外流（5）、知识链接（5）	5.35
信息交流与信息服务	合作交流（81）、学科方向（68）、信息服务（37）、知识交流（21）、知识服务（16）、网络传播（13）、服务模式（11）、云服务（5）	4.60
信息服务机构和组织	图书馆（169）、数字图书馆（21）、农家书屋（20）、移动图书馆（5）	3.93
阅读分析	阅读分析（106）、阅读推广（22）、手机阅读（10）、阅读服务（6）、新媒体阅读（5）	2.72
信息用户	意见领袖（28）、调查分析（26）、用户分析［用户体验（10）、用户关系（9）、用户服务（6）、用户需求（6）、用户行为（8）、用户满意度（5）］、弱势群体（18）、虚拟社区（15）、科学共同体（9）、隐私保护（6）	2.67
经营管理	经营管理（49）、生命周期（37）、价值链（23）、产业链（13）、竞争情报（13）、管理理论（6）	2.57
技术与环境	网络平台（24）、网站（20）、虚拟社区（15）、互联网（11）、三网融合（7）、Web2.0（6）、软件环境（6）、信息安全（6）、链接分析（6）、隐私保护（6）、数字环境（5）、信息生态系统（5）	2.14
文献著录	标识符（25）、标准化（25）、著录（19）、规范化（12）	1.48

由表 7-1、表 7-2、表 7-3 可见，两学科间知识交流的主题越来越多，由前往后依次为 11 个、12 个、15 个主题，每个主题的内容越来越丰富，主题结构也越来越复杂。

2. 两学科知识交流的主题及变化趋势分析

分析每个研究主题的关键词数量和关键词词频，可以发现：

（1）图书情报学和新闻传播学同属信息科学，它们信息传递的一般过程和要素基本相同，所以两者一开始就有着密切的关联。在较早的 2001—2005 年，两学科的知识交流的主题就已经有 11 个。两学科交叉研究的重点是文献分析（占 21.56%）、期刊分析（占 16.95%）、出版发行（占 12.84%）、资源与数据库（占 8.93%）、文献著录（占 8.22%）。其中，文献分析重点以文献计量分析和引文分析为基础，结合统计分析和内容分析对科研成果进行分析；期刊分析主要研究期刊类型、期刊管理和编辑；出版发行重视出版学理论的研究，在研究传统出版、电子出版规范化的基础上，网络出版作为一种新兴的出版方式成为当时两学科共同的研究热点，同时出版的经营与管理也逐渐成为两学科知识交流的一个方向；两学科共同关注行业信息资源，包括数据库的建设与应用、出版物的类型与特征等；该时段对文献著录的研究也较为充分，包括引文索引、分类标准、分类号的研究。

这一时段对两学科间的知识交流研究虽然取得了一定的成果，但对交流内容的研究还不够深入，一些重大的、基本的问题没有进行集中深入的研究探讨，如对信息资源和数据库的研究尚不足，文献数据库主要局限于 SCI、EI 一些国际性的数据库，对国内数据库的研究和利用还未形成气候。该时间段已经出现了对技术与环境的研究、知识管理和合作交流的研究等，但研究均不充分。

（2）相比前一个时间段，2006—2010 年，在两学科间的知识交流中对期刊分析（占 27.70%）、文献分析（占 19.30%）、评价研究（占 17.21%）的关注度稳步上升，尤其对期刊分析的研究最为突出，在原来期刊种类的基础上出现了诸如开放存取、外文期刊等热点；同时，随着 JCR 的推广，利用 JCR 期刊分析的研究开始被两学科学者关注，出现了越来越多的期刊分析方法，如统计分析、聚类分析、信息计量分析、因子分析、社会网络分析、数据挖掘、相关性分析等。评价研究在原来评价指标的基础上，H 指数、综合指数、半衰期被广泛用于作者、期刊等学术单元的评价，评价对象也不断增多，不仅有对期刊的评价、对作者学术水平的评价，而且出现了对文献发表时滞的分析；上述逐渐成熟的分析方法同样在文献分析中得到广泛应用，使文献分析研究方向不断向纵深方向发展，既有对文献量、下载率和引文量等外在信息的统计分析，又有对文献关键词、文献作者、文件基金等文献内涵的分析。对资源和数据库（占6.92%）的研究中，两学科更加重视数据库的建设，较突出的表现是文献数据库的增多，在原来 SCI、EI 数据库的基础上，CSSCI、SS-CI、Web of Science 等数据库的不断开发和完善为两学科研究者进行期刊、文献、作者、机构组织的研究提供了有利的数据支持。伴随着网络传播的普及推广，学术不端现象变得突出，开放存取的出现使知识产权问题面临更大的挑战，相比前一个时间段局限于版权、著作权的知识管理研究主题（占6.62%），两学科开始关注网络上的知识管理、分析网络舆情等问题。

在该时间段，虽然两学科知识交流的内容较之前更加丰富，但交流的主题仅增加了经营管理（占1.63%）和阅读分析（占1.22%）两个。我们将"合作与交流"研究主题归并到了信息交流与信息服务中，所以两学科知识交流的研究主题共分成12个。受经济全球化和高新技术快速发展的大背景影响，人们的经营和管理意识逐渐增强，两学科开始研究出版产业的发展模式、经营模式和产业组织形式，研究出版产业链的整合，研究企业竞争情报以及竞争情报理论对学术期刊编辑工作的影响，通过制定各种适时的政策法规加强行业的经营管理，以提高行业竞争力。随着技术进步、网络普及和多媒体的出现，网络出版、数字出版更加成熟，开放存取的研究内容越来越丰富，出版物"发表付费，阅读免费"的模式等使人们的阅读工具、阅读内容和阅读习惯都发生了深刻的变化，以网络、数字为主的阅读方式给消费者带来了新的阅读体验，正在部分取代传统阅读方式，因此这一时期网络阅读、国民阅读、网络阅读及其阅读模式等逐渐引起两学科学者的共同关注。

（3）2011—2015年与2006—2010年相同的合作交流主题基本都呈现大发展的态势，而且相比2006—2010年对2001—2005年的增幅，2011—2015年比2006—2010年的增幅大很多。比如文献计量关键词出现的频次由38增加到48，后又增加到248；引文分析出现的频次由32增加到48，后又增加到211；出版发行出现的频次由 14 增加到 17，后又 17 增加到 86 等。与 2006—2010 年相比，期刊分析方法越来越多，对期刊的分析方法与对文献的分析方法有很多形似之处，鉴于这一时段分析方法的成熟和完善，特将分析方法划为一个新的方向（占 17.42%）。引文分析和统计分析在文献分析中持续升温，急增的分析方法有耦合分析、共引分析、层次分析、主成分分析、预测分析、SWOT 分析、基于本体的语义分析等，并出现了一些分析模型，可见该阶段分析方法呈现繁荣景象，有力促进了期刊、文献、作者等知识单元分析的快速发展。分析方法的多样性拓宽了文献分析的广度和深度，对文献分析的研究（占 7.56%）出现了一些新的子方向，如学科研究主题探析、学科研究热点分析、学科交叉分析、文献分布规律和文献老化研究等。两学科对评价研究主题的研究内涵越来越丰富（占 14.70%），不仅评价对象由纸质的期刊、文献、作者延伸到网络的期刊、文献、作者，而且出现了对知识交流效率的评价，并且评价规则呈多元化、评价体系呈全面化、评价指数呈多样化，新出现了如特征因子、5年影响因子、即年指标等评价指数，以及同行评议、零被引、替代计量学等评价方法。该时间段，期刊分析（占 12.16%）这一主题的发文量也增加不少，学术期刊出现的频次由 97 增加到 183、开放存取出现的频次由 91 增加到 113 等，说明期刊分析是两学科持续关注的研究热点。随着计算机科学学在新闻传播学和图书情报学中的应用，出版发行（占 6.61%）出现了新的出版模式和服务形式，如语义出版、云出版、云服务等。随着网络技术和新媒体的繁荣，两学科对技术环境（占 2.14%）的研究呈现出更多的研究热点，如虚拟社区、"三网融合"、软件环境、信息生态系统、链接分析、隐私保护等。两学科对信息管理和知识管理（占 5.35%）、信息交流与信息服务（占 4.60%）两个主题的研究量也日益增多，如版权（关键词频次由 44 到 95）、学术交流（出现 17 次）、信息交流（15 次）发展到合作交流（81 次）、知识交流（21 次）；而且，研究不断向纵深发展，由信息交流与信息服务研究延伸到知识交流与知识服务的研究，由版权、著作权保护研究延伸到知识产权的研究等，更加强调通过审稿、组稿来加强学术规范。

　　除了上面提到的从期刊分析、文献分析中分离出来的分析方法这一研究主题外，该时段还出现了另外两个新的研究方向，即媒体分析（占9.95%）和信息用户（占2.67%）。互联网、移动通信网的迅猛发展，促使媒体产业与通信技术高度融合，使媒体形式和传播途径多样化，由传统的纸质传播、广播电视传播、网络传播，延伸到移动通信传播和"三网融合"的传播，使媒体产业中的各类服务除了具有传统媒体产品大众传播、社会舆论等特征外，还具有较强的社会服务特征，因此媒体产业领域诸多新名词层出不穷，如新媒体、自媒体、多媒体、社交媒体等。在媒体产品广泛推广的大环境下，作为大众服务的图书情报和新闻传播行业，积极推出手机阅读、新媒体阅读、信息推送等服务形式，由传统的服务模式向移动服务模式转化。大数据环境下，数据挖掘技术在图书情报学和新闻传播学的应用促进了用户分析的快速发展，人们不仅研究个体用户（如逐渐出现了包括用户体验、用户关系、用户需求、用户行为、用户隐私、用户满意度等），对用户群的研究也不断深入（如对弱势群体、虚拟社区、科学共同体等的研究），这一研究方向的兴起和发展充分体现了图书情报与新闻传播作为大众服务的两大机构"用户至上"的服务理念。

当然，在两学科诸多知识交流主题强势发展的态势下，也有一些交流主题发展较慢，甚至止步不前。例如在研究主题增多的前提下，两学科对信息服务机构和组织研究逐渐消退（由第一个时间段的5.02%降到第二个时间段的4.84%，再到第三个时间段的3.93%），原因是随着互联网和移动通信网向信息服务的延伸，大量虚拟服务网站吸引了越来越多的信息用户，致使一些实体服务机构和组织如图书情报机构等逐渐淡出人们的视野。另外，对文献著录（占1.84%）这一主题的研究仍滞留在著录格式的标准化、规范化和数字对象标识符方面，在网络信息资源海量增长的时代，对网络文献著录形式的研究应该有新的发展空间和发展方向，对文献著录研究止步不前的现象应引起相关人员的重视。

（四）两学科知识融合焦点分析

由表7-1、表7-2、表7-3可见，图书情报学与新闻传播学两学科相互依存、相互借鉴、交流融合的主题十分广泛,由理论到方法、由信息知识的组织管理到经营管理、由信息传播渠道到信息传播介质、由信息组织者到信息接收者、由数据资源建设到信息服务模式、由信息处理的系统平台到技术环境等,二者交叉融合的共同学科体系已基本形成。分析两学科交流融合的主题内容,不难发现两学科交叉融合的核心关键词是"信息"。

为进一步说明两学科知识融合的方向,下面对两学科参与知识交流的核心期刊进行统计分析。利用前面的数据集 c,通过自编程序统计两类期刊引用对方文献的总量,得到两类学科期刊引用对方期刊的频次(见表7-4)。

表7-4   图书情报学期刊与新闻传播学期刊被对方学科所有 15 种期刊引用的频次

被引期刊(新闻传播学)	被引频次	被引期刊(图书情报学)	被引频次
《中国科技期刊研究》	594	《图书情报工作》	326
《编辑学报》	269	《情报科学》	227
《出版发行研究》	156	《情报杂志》	186
《新闻与传播研究》	124	《情报学报》	139
《中国出版》	120	《情报理论与实践》	134
《科技与出版》	87	《图书情报知识》	122
《出版科学》	84	《中国图书馆学报》	100
《国际新闻界》	83	《大学图书馆学报》	100
《当代传播》	74	《图书馆论坛》	95
《编辑之友》	71	《图书与情报》	71
《新闻记者》	48	《图书馆建设》	67
《新闻大学》	42	《情报资料工作》	62
《现代传播》	18	《现代图书情报技术》	59
《中国编辑》	11	《图书馆杂志》	55
《现代出版》	7	《国家图书馆学刊》	15

表7-4给出了最能体现两学科知识交流关系的期刊。在 15 种图书情报学期刊中,《图书情报工作》《情报科学》《情报杂志》《情报学报》《情报理论与实践》

《图书情报知识》被新闻传播学期刊引用的频次较高，分析上述期刊的栏目设置和办刊特色，发现图书情报学的上述六种期刊多数属于情报类期刊，如《情报杂志》《情报科学》《情报学报》《情报理论与实践》，另外两种期刊《图书情报工作》《图书情报知识》是图书与情报的两栖期刊，上述期刊重点关注情报研究、信息分析、情报服务、信息计量、信息管理、知识发现等；新闻传播学期刊中的《中国科技期刊研究》《编辑学报》《出版发行研究》《新闻与传播研究》《中国出版》《科技与出版》《出版科学》被图书情报学期刊引用的频次较高，上述七种期刊重点关注期刊的编辑、出版与发行。以上说明图书情报学与新闻传播学交叉融合的重点方向是"情报信息"与"出版传播"。

曾建勋教授在"2016 年全国知识组织与知识链接学术交流会"上提到，未来出版方向有与情报学融合的可能，这一断言是对上述"两学科交叉融合的焦点方向是'情报信息'与'出版传播'"结论的有力支持。另外，武汉大学将新闻学院和图书情报学院合并，后来又分离出新闻与传播学院（含新闻学、广播电视、广告学、网络传播学）和信息管理学院（含图书馆学、信息管理学、档案学、电子商务、出版科学）的实践，也说明图书情报学与新闻传播学仍存在差异和区别，虽然二者之间有很多交流融合的主题，但两学科的融合并不是简单地合并，而是部分地融合，两学科融合的主题主要是信息的组织、分析、管理、交流、评价、传播、应用及信息所依存的技术、环境与用户等。

（五）小结

本部分以 CNKI 数据库为主，以 CSSCI 数据库为辅，以我国图书情报学和新闻传播学各具代表性的 15 种核心期刊为研究对象，对两学科 2001—2015 年共 15 年的互引文献进行了检索和处理，提取两学科期刊互引文献的关键词，获取参与两学科知识交流的核心期刊，分析了两学科知识交流的主题及知识融合的焦点。本部分的创新点主要体现在：一是研究内容方面，给出两学科间较全面的知识交流主题，发现了两学科交叉融合的科学体系；并得出"两学科不是全面融合，而是部分融合，融合聚焦在'情报信息'与'出版传播'之间"的结论。二是研究方法方面，利用分时段方法结合引文分析和词频分析研究两学科间的知识交流，数据具体翔实，分析依据充分。研究意义在于：①从历时的视角全面呈现两学科知识交流的主题内容、主题结构及其发展趋势，可为交叉学科的产生和发展提供事实的决策依据，对促进学科的融合和新创新点的产生具有重要意义。②可帮助相关人员了解两学科间的知识合作、知识交流的发展变迁情况，规划自己的研究方向，促使跨学科合作的增强。③研究可拓展研究人员的思维模式、丰富研究理念，也为其他研究领域的学者结合引文分析法和词频分析法研究学科交流与融合提供方法参考。

另外，文章仅选取国内图书情报学和新闻传播学各 15 种期刊进行实证分析，分析的是频次大于等于 5 的关键词，而且部分期刊论文的参考文献存在缺失现象，所以本书数据虽有一定的代表性，但并不全面，致使统计分析会存在偏差。由于关键词太多，为避免出现聚类不稳定和聚类的排斥性现象，我们对关键词进行了人工分类，致使关键词主题分类带有主观性。

二、基于主题模型的学科间知识交流

利用 CTM 主题模型从文献中提取学科间知识交流的主题，以展现学科间知识交流的研究内容，探测学科间知识交流的趋势。以图书情报学（ISLS）和计算机信息科学（CIS）为例，利用"二八定律"选取两学科核心期刊，以其中 2008—2016 年的文献数据为研究对象，借助开源软件 R，利用困惑度和似然函数值变化拐点来确定模型主题数目，并根据文档–主题分布计算各个主题的主题强度，进而分析主题变化趋势。

（一）相关研究概述

随着知识经济时代的到来，学科间的知识交流对学科本身发展的作用日益突出，国内外学者对学科间知识交流已有广泛研究。从国外相关研究来看，Kiss[22]

认为，研究跨学科知识交流时应考虑不同传播个体之间的异质性和学科互引程度，并提出基于知识传播中的学科有向加权网络模型。Yan[23] 利用 JCR 引文数据构建了 JCR 主题类引文网络，以引用程度表示学科间的知识交流程度，并根据最短路径和连接权重等定量指标测评自然科学和社会科学领域间知识交流特性。Cowan 等[24] 利用贸易模型和网络分析相结合的方法，发现网络结构明显影响知识在网络节点之间的扩散和"交流"。Xiao[25] 利用社会网络分析及主路径分析方法，从局部路径、整体路径和关键路径等角度研究了数据质量研究领域知识流动的重要文献和关键途径。Hur[26] 采用类间引用网络（ICN）研究不同学科技术流动的路径，探索知识交流过程中的相互关联方式及各技术学科的协同发展机制。从国内来看，邱均平等[27] 采用链接分析法和社会网络分析法，深入探讨了博客虚拟社区内基于好友链接关系的学科间及学科内部直接或间接的知识交流情况，为对研究知识交流网络的特点提供了参考。彭继东等[28] 利用期刊引文网络方法，从期刊和学科两个层面对纳米科技学科领域的知识交流进行分析，发现在学科间的知识交流中纳米科技起着知识纽带和桥梁作用。王惠等[29] 利用 SBM 模型和非参数 Kernel 密度对图书情报类期刊知识交流效率进行测度，估计动态演进特征，为促进知识的交流与共享提供参考依据。王旻霞等[30] 以中国引文数据库（CCD）为数据源，从知识流入和知识流出两个视角，通过分析各个指标的变化特点，探讨中国图书情报学的跨学科知识交流特征。马秀峰等[31] 利用期刊引文分析法和词频分析法提取图书情报学与新闻传播学知识交流的主题。张艺曼等[32] 利用 LDA 模型将引文内容和全文本引文分析方法相结合，研究了学科内部和学科间知识流动趋势。

分析已有研究发现，探究学科间知识交流的方法主要有两种：一是基于引文的方法，通过建立期刊、论文、作者等的引证网络对学科间知识交流展开定量研究[33]；二是基于内容的方法，对学科间知识交流的主题进行挖掘和定性分析，探索学科间交流的热点和学科合作发展趋势。内容分析一般采用基于关键词的词频分析法和共词分析方法、基于 LDA 模型等主题模型的主题挖掘方法。相比于词频分析法和共词分析法，主题模型方法能够克服关键词选取的主观性[34]，然而最常用的 LDA 主题模型假设主题具有独立性，这种假设与真实数据集相互矛盾，削弱了对大样本数据的表示能力及预测不同主题产生相关词的能力[35][36]。由此，本部分文采用 CTM 模型（Correlated Topic Mmodel，CTM）方法，以时间为节点，分时间段挖掘学科间知识交流的主题，进而揭示学科间知识交流的变化趋势，推动学科间知识交流与借鉴，促进学科知识发展与创新。

（二）研究方法

本部分拟利用 CTM 模型实现主题提取。CTM 模型假设某个单词具有强大的语义信息，讨论某个主题的文档将使用与该主题相关的单词。因此，通过识别语料库中经常在文档中一起出现的单词组来发现潜在主题。以这种方式，文档被建模为潜在主题的随机混合模型，其中每个主题的特征在于其自身对词汇的特定分布（即主题-词汇分布）。主题数目的确定通过观察不同主题数目下困惑度（Perplexity）和对数似然值（Log-likelihood）的变化来确定。利用 CTM 模型产生一篇文档主题的过程以及主题数目的确定方法详见第二章"文献知识表示模型"部分。

（三）数据来源与处理

1. 数据来源

本部分以图书情报学（ISTS）和计算机信息科学（CIS）为例，以期刊引证报告（JCR）为基础，利用"二八定律"选取图书情报学（ISTS）排名前 17 位的期刊以及计算机信息科学（CIS）排名前 29 位期刊中的文献为数据样本。数据来源于 Web of Sscience 核心合集的 SCI-EXPANDED 和 SSCI 数据库。检索方式为基本检索，出版物名称字段限定为各学科选取的期刊名称缩写并用"OR"连接，文献类型为 Article，语言限定为英语（English），时间范围 2008—2016 年的三个时间段（三年为一个时间段），按时间段进行检索，下载导出相关文献的全记录以及参考文献。检索时间为 2017 年 5 月 3 日。检索得到图书情报学文献 5414 篇，计算机信息科学文献 21851 篇。由于两个学科存在交叉期刊，本部分在以期刊检索文献过程中，将两学科存在交叉的期刊单独进行检索，共得到 4409 篇文献。为了展现两学科的知识交流，通过人工标注将计算机信息科学期刊引用图书情报学期刊的文献题录信息记为数据集 A，图书情报学期刊引用计算机信息科学期刊的文献题录信息记为数据集 B。按照以上方法，将数据集 A、B 分别整合为相对应三个时间段，合并建立数据集 C。

2. 数据处理

本部分利用文献摘要来提取主题，因此要对数据集 C 进行处理，删去题录数据中摘要字段中缺失的文献记录，利用 SATI 软件工具提取题录中的摘要，得到实验数据集 D（见表 7-5）：

表 7-5　实验数据集 D 总汇

时间段	年份	文献数量（篇）
第一时间段	2008—2010	2755
第二时间段	2011—2013	3743
第三时间段	2014—2016	3606

我们借用开源软件 R 中的 tm 包对实验数据集 D 中三个时间段文献信息进行预处理。处理过程如下：首先对文档进行文本化，然后依次去除标点符号、数字，以及对主题无贡献的停用词，最后将语料库中的词进行词根还原，并删除无研究意义的词，最终得到实验所需的三个时间段的文本语料库。

（四）　CTM 模型主题数目确定

首先对已经处理好的三个语料库按 1∶9 的比例划分测试集和训练集。然后利用 seq（）函数设定主题数目的取值范围为 [10，100]，设定步长等于 10，进行 CTM 主题建模，分别在测试集上计算困惑度和对数似然值。利用困惑度和对数似然值变化的拐点，选取主题数目。

图 7-1（a）为 2008—2010 年 ISLS 和 CIS 学科知识交流主题模型困惑度的变化折线图，从主题数目 10 开始，随着主题数目的增长，困惑度的值逐渐递减，当主题数目为 40 时，困惑度最小，而主题数目大于 40 时，困惑度的值开始增加。通过困惑度判断主题数目可能是 40。图 7-1（b）为 2008—2010 年 ISLS 和 CIS 学科知识交流主题模型对数似然值的变化折线图，从图中可以看出，主题数目从 10 开始，随着主题数目的增长，对数似然值逐渐递增，当主题数目为 40 时，对数似然值达到最大，之后随着主题数目的增加，对数似然值呈递减趋势。由此得到 2008—2010 年两学科知识交流主题模型最优主题数目为 40。

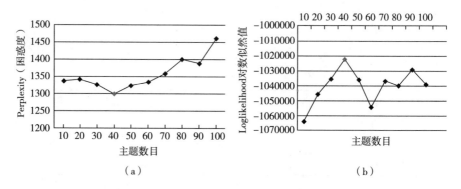

图 7-1   2008—2010 年两学科知识交流主题数目确定

类似地，得到 2011—2013 年（见图 7-2）和 2014—2016 年（见图 7-3）两学科知识交流主题模型的主题数目都为 60。通过对主题数目的确定发现两个学科知识交流的主题呈现增长趋势。

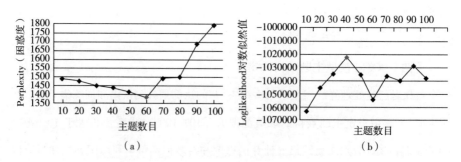

图 7-2   2011—2013 年两学科知识交流主题数目确定

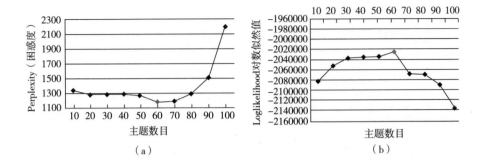

图 7-3　2014—2016 年两学科知识交流主题数目确定

（五）实验结果

借用开源软件 R 中的 Topicmodels 包[37]，利用上述确定的主题数目，对三个时间段的语料库进行 CTM 模型的构建，通过运行程序，得到主题-词汇分布（见表7-6）及文档-主题分布。根据主题-词项分布得到每个主题下分布的词汇，这些词汇代表主题内容。根据文档-主题分布得到每篇文档的主题归属，进而计算主题强度（见图 7-4）。主题强度主要思想是表示主题在某一时期的受关注程度。在一定时间内关于某个主题的文献数量越多，说明该主题的强度越高[38]，可认为是热点主题。选取每个时间段内主题强度排名前五位的主题作为热点主题，分时间段研究可以发现两学科知识交流中研究主题的变化以及演化趋势。

表 7-6　2008—2010 年两学科知识交流主题展示（部分结果）

主题	主题标识	词项（与主题相关的六个高概率词）					
Topic 1	情报技术融合	category	information	document	relationship	technique	base
Topic 2	移动技术	technology	task	fit	mobile	design	acceptance
Topic 3	文本挖掘算法	base	document	text	algorithm	method	approach
Topic 4	数字图书馆	library	digital	set	information	train	type
Topic 5	数据模型	data	model	decision	set	device	design
Topic 6	信息交流与社会合作	question	information	face	medium	communication	answer
Topic 7	专利与社会网络分析	network	patent	model	social	flow	passage

续表

主题	主题标识	词项（与主题相关的六个高概率词）					
Topic 8	组织技术理论与实践	practice	framework	work	exchange	technology	effort
Topic 9	信息检索	information	image	feature	system	retrieval	design
Topic 10	项目组织管理	project	development	software	implementation	management	study

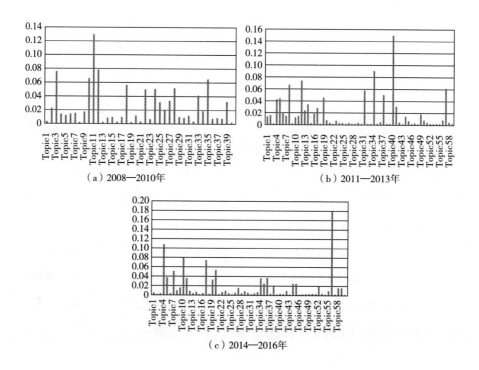

图 7-4　各时间段的主题强度分布

（六）结果分析

图书情报学与计算机信息科学在信息处理方面有很强的交叉性，图书情报学偏向于借用计算机信息科学的技术进行应用研究。通过分析不同时间段的主题-词汇分布，对两学科知识交流的主题进行剖析如下。

1. 2008—2010 年两学科知识交流主题

这一时间段 ISLS 和 CIS 两学科知识交流主题有 40 个，大体可以划分为以下几个方向：文献计量与可视化、用户服务与研究、情报技术研究、大数据模型与算法、虚拟教育、知识与信息管理、生物医学。结合主题强度分布发现，该时间段内两学科交流的热点集中在 Topic3 文本挖掘算法（占 13.13%）、Topic10 项目组织管理（占 7.80%）、Topic11 科学引文分析（占 7.60%）、Topic12 用户模型研究（占 6.60%）、Topic35 医学信息计量（占 6.46%）。

　　Topic3 文本挖掘算法。肖建国[39] 提出文本挖掘的主要目的是从非结构化的文本文档中提取有趣的、重要的模式和知识。随着大数据时代的到来，文本数据信息呈指数增长，而文本挖掘技术被广泛用来从海量文献中提取所需的文献数据信息。Topic10 项目组织管理。该主题主要利用计算机技术研究了情报机构、图书馆等组织机构。Topic11 科学引文分析。自从 Garfield 建立了科学引文索引 SCI，引文分析法广泛应用到了各个学科领域，随后引文分析方法以及工具越来越多地被提出。科学引文索引本身就是对计算机软件数据库的应用。可见，科学引文分析离不了计算机技术的应用。Topic12 用户模型研究。该主题主要研究数字图书馆等的个性化服务，结合模型方法提高用户感知体验。李广建[40] 等早在 2002 年就提出利用用户模型可以对用户的检索行为、信息需求喜好等进行学习和推导。Topic35 医学信息计量。医学领域存在大量的数据信息，利用信息计量可以对其进行分析。邱均平[41] 在对 17 种高影响力的外文期刊分析中也指出，2008—2012 年这五年内，国际图书情报学研究前沿之一就有医学信息学；2003 年邱均平教授就已从知识扩散角度指出图书情报学、医疗保健服务、计算机科学在主题概念、研究方法等方面存在知识的交流，且学科间相似性较强。

　　总结这一时间段，两学科知识交流的主题较为全面，但有些主题例如文本挖掘、数据开放等主题的研究还不够深入；两学科对用户的研究较广，涉及用户兴趣、用户满意度、用户在线学习体验等主题。

2. 2011—2013 年两学科知识交流主题

　　与上一时间段相比，该时间段两学科知识交流主题中引文索引研究（占 15.4%）、外包（占 8.98%）、用户满意度研究（占 7.40%）、虚拟社区（占

6.65%）这几个主题强度排名有所上升，而医学信息计量（占5.74%）依旧保持较高的交流强度。

在主题数量方面，该时间段在原有主题的基础上大幅增长，从上一时间段的40个主题增加到这一时间段的60个主题。在交流内容方面，主题更加丰富，如这一时间段出现的专利引文分析主题和引文索引研究主题都属于引文分析，尤其以引文索引研究交流最紧密；研究主题更加细化，如用户满意度模型主题从上一时间段用户模型主题中细化出来。由于社会经济的发展，人们更加注重自身体验，一些服务机构如图书馆借用计算机技术来实现智能化服务，通过调查读者满意度来优化自己的服务。关于技术、方法、算法的主题更加多元化，图书情报工作者善于借用各种计算机技术方法来提高自己的图书情报服务。除此之外，两学科在某些主题上的知识联系更加深化，如数据开放主题交流强度从上一时期的1.16%增长到4.5%。大数据时代，人们的合作共享意识增强，从之前的知识共享、信息共享到数据共享，两学科开始对数据开放的方式，尤其对文本数据处理方法的研究更加深入，通过对数据进行分析，可以预测未来趋势、探究领域的活力与发展。

3. 2014—2016年两学科知识交流主题

相比前一时间段，该时间段两学科在引文索引、用户满意度、药物信息、算法优化主题的交流更加密切。其中，引文索引研究主题交流强度由上一时间段15.0%上升到17.9%，用户满意度主题交流强度由7.4%上升到10.7%，药物信息主题由5.74%上升到7.73%，算法优化主题由0.69%大幅上升到5.37%。同时，也有少数主题交流逐渐弱化，例如虚拟社区主题由上一时间段8.98%的交流强度下降到3.16%，外包主题由6.65%下降到0.94%。该时间段两学科知识交流主题在数目上并没有增长的趋势，但在交流的主题内容上出现了融合。内容的融合产生了一些新的交流主题，如大数据研究、元数据管理、国际学术合作交流、中国情报发展、中国学科趋势调查等；学科间交流主题趋于细致化，如从用户模型到用户满意度模型再到情感分析研究；交流主题更加趋于向纵深发展，例如信息交流向知识交流发展，虚拟社区向学习性虚拟社区深度发展。

纵观三个时间段两学科知识交流的过程，算法优化主题在第一个时间段没有出现，到第二个时间段交流强度 0.69%，到第三个时间段交流强度达 5.3%，说明两学科更加注重对于技术应用中算法的改进和优化的交流；云计算主题在第一个时间段内零交流，到第二个时间段 0.13% 的交流强度，到达第三个时间段该主题交流急剧增长到 5.02%。当然，在两学科知识紧密交流的趋势下，也存在一些主题呈缓慢发展趋势，甚至是交流逐步削弱的趋势，如 Web2.0 主题在第一个时间段 4.1% 的交流强度，到第二个时间段交流强度 0.13%，再到第三个时间段的交流强度为 0.08%；另外，在前两个时间段，两学科医学计量学主题交流较为紧密，但是到了第三个时间段，医学计量学主题的交流强度下降为 2.4%。从交流主题强度可以看出，两学科知识交流中，引文分析主要集中在研究引文索引分析上，用户研究主要研究的是用户满意度模型，又因为两学科相互交叉的性质，药物信息研究开始崭露头角。总的来看，图书情报学与计算机信息科学两学科的知识交流的主题比较丰富，两个学科知识交流主题逐渐细化。

（七）小结

本部分借用开源软件 R，主要使用 tm 包和 Topicmodel 包来构建 CTM 主题模型，结合主题模型的困惑度和似然函数值变化的拐点来确定模型的主题数目，分时间段对图书情报学和计算机信息科学两学科知识交流的主题进行提取。根据文档-主题分布计算出每个时间段的主题强度，并对热点主题进行了分析。研究表明，CTM 模型在处理文本时对文本表述更加丰富，能够全面地提取学科间知识交流的主题。另外，在数据提取过程中发现，图书情报学和计算机信息科学进行知识交流时，图书情报学偏向知识吸收，计算机信息科学则偏向于知识输出。

在研究内容上全面展示了学科间知识的交流主题变化趋势；在研究方法上，利用 CTM 模型将引文分析和文本内容相结合，分时间段来探究两学科知识交流发展趋势；从结果分析来看，CTM 模型适合于挖掘学科间知识交流的主题。

研究亦有不足：CTM 主题模型在对学科间知识交流的主题进行挖掘时，虽然能够较好表达主题之间的相关性，但只是表达两个主题之间的相关性，忽略了一个主题还可能与多个主题存在相关性。另外，本部分利用 CTM 主题模型研究学科间知识的交流只选取图书情报学和计算机信息科学两学科进行实验研究，没有对多个不同学科间知识交流进行挖掘分析，该方法是否具有通用性有待进一步研究。因此，还需改进 CTM 主题模型，在更好地提取主题、发现多学科间知识交流热点等方面进行深入研究和探讨。

三、基于主题模型的国家间知识流动

知识流动能推动一个国家的知识创新，研究中国与其他国家间的知识流动模式与流动过程中主题的演变规律，能够深入理解国家间的知识流动过程。以 Web of Science 为数据来源，依据其学科类别划分标准，以 Information Science & Library Science（ISLS）为例，利用 LDA 模型进行主题提取，厘清中国对美国、韩国的知识转移以及美国、韩国知识转化后的主题分布，展现中国与美国、韩国之间的知识流动过程。

（一）相关研究概述

在知识经济时代，知识创新是推动国家经济发展的主要动力，在激烈的国际知识经济竞争中，一个国家要保持竞争优势就必须从其他国家获取大量知识并将其充分利用。在此过程中，国家间的知识流动发挥着关键作用，即一国的知识转移到其他国家，通过融合、内化、创新等形式又转化为新的知识。充分了解这一过程，明晰国家间的知识流动模式与流动过程中主题的演变，对于揭示一国的国际知识影响力具有重要意义。与此同时，利用 LDA 模型进行主题挖掘具有较好的主题识别能力，可以从文本语料库中抽取潜在的主题，因此被广泛应用到科学文献主题发现中[42]。

国内外学者从多个角度对知识流动进行了深入的探讨。国外学者如 Yan 根据

JCR 的主题分类，构建了主题间的知识流动网络，通过最短路径及多种定量分析方法揭示了知识流动网络的特征，他发现社会科学相对于自然科学与其他学科交流较少，具有独立性特征[23]。Lee 利用期刊引文网络揭示了技术管理（TM）研究的跨学科特征，通过对 TM 与其他学科期刊的引文网络分析，发现 TM 与 6 个学科的知识流动密切频繁[43]。Jo 等通过期刊引文网络分析了纳米科学与技术领域的学科结构及其跨学科特征，利用中介中心性确定了重要的期刊，并分析了这些期刊在学科间知识流动中的作用[44]。Choe 等以有机太阳能电池领域为例，从组织层面对其技术知识网络的结构特征进行了讨论，并分析了主要机构在技术知识流动中所起的作用[45]。Tippmann 等对 40 家子公司管理者的知识动员进行了研究，阐明了跨国公司知识流动的微观层面实践，构建了知识流动强度的层级模型，发现子公司管理者的知识动员会带来复杂的知识流入[46]。

　　国内学者如朱林等，采用时间维度的关键词共现分析方法，探索了国内外知识流动研究的演化路径，并对两者进行了对比分析[47]。邵瑞华等运用社会网络分析方法及 Ucinet 分析工具，以 SSCI 收录的 84 种图书情报学期刊的互引网络为研究对象，研究了图书情报学期刊子群之间的亲疏关系和依赖程度，探明了图书情报学期刊内部知识的流动特性[48]。张艺蔓等提出将引文内容分析与全文本引文分析相结合的方法，分析知识流动情况，通过这种方法探测出学科内部与学科间知识流动的趋势，对于预测学科发展有重要意义[49]。舒宗瑛认为，图书馆联盟成员间因存在知识势差形成知识的流动与转移，而图书馆联盟的知识流动是一种动态循环的过程，因此建设通畅的知识转移通道能够保证知识的良性循环[50]。孙红霞等对知识在组织内与组织间的流动进行了综合分析，考虑动态能力对组织间和组织内知识流动的影响，从动态能力视角构建出多层次的知识流动模型[51]。

　　分析已有研究发现，当前知识流动的研究对象主要有学科、期刊及组织机构，通过计量的方式分析研究对象中知识流动网络的结构特征，讨论关键对象在网络中的作用，构建知识流动模型，预测学科发展趋势。已有研究中鲜有从文献引证角度利用 LDA 模型进行主题提取，将知识转移与知识转化结合起来，探讨一国与其他国家间的知识流动。因此，利用国际权威引文数据库 Web of Science，以 ISLS 为研究领域，分析中国对其他国家知识转移的主题分布。前期研究中发现，中国对美国和韩国的知识转移量最大，因此本部分拟以美国和韩国作为主要研究对象，分析中国对美、韩两国的知识转移以及美、韩两国知识转化后的主题分布，通过中国与美、韩两国之间的知识流动研究深入理解国家间的知识流动过程。

（二）国家间知识流动过程

赵蓉英认为，文献之间的引证关系本质上就是知识转移[52]，因此被引国与施引国之间的文献引用可以看作被引国向施引国的知识转移。同时，根据野中郁次郎（Nonaka）的知识转化理论[53]，文献可视为显性知识的载体，施引国从引用文献到产生新的文献的过程可视为知识转化的过程。因此，知识转移是知识转化的基础和前提，知识转化是知识转移的融合与创新，国家间知识转移和知识转化的过程可视为国家间知识流动的完整过程（见图7-5）。

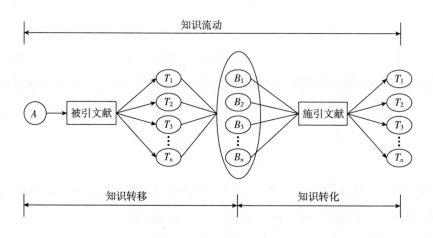

图 7-5　国家间知识流动过程

其中，A 表示被引国，"B_1，…，B_n"表示多个施引国，"T_1，…，T_n"表示被引文献与施引文献的主题分布。针对 A 的被引文献，利用 LDA 模型提取主题，其

主题分布作为 A 对 "B_1, …, B_n" 知识转移的主题分布。因为各个施引国的研究方向不同，在引用 A 的文献过程中会结合本国研究实际引用相应主题内的文献，因此 A 对不同施引国的知识转移主题分布会存在差异。同时，"B_1, …, B_n" 的施引文献通过 LDA 模型能分别提取多个主题，作为 "B_1, …, B_n" 知识转化后的主题分布，因为引用文献的主题不同，施引国之间知识转化后的主题也有所差异。根据知识转移与知识转化的过程，对被引文献和施引文献的主题进行分析，能清晰地展现 A 与 "B_1, …, B_n" 之间的知识流动，揭示 A 对 "B_1, …, B_n" 的知识影响力。

（三）研究方法与工具

1. 主题提取和主题数目确定

本部分拟利用 LDA 模型对被引文献与施引文献进行主题提取。LDA 是一个多层的产生式概率模型，包含词、主题和文档三层结构。LDA 模型假设词是由一个主题混合产生的，同时每个主题是在固定词表上的一个多项式分布，这些主题被集合中的所有文档所共享，每个文档有一个特定的主题比例，从 Dirichlet 分布中抽样产生，作为一种产生式模型，其结构模型完整清晰，采用高效的概率推断算法处理大规模数据，是当前研究和使用非常广泛的一种主题识别模型[54]。通常对原始文献集进行分词、抽词、去除停用词、词干化等自然语言处理规范化过程，获得实验用语料库，基于开源包 JGibbLDA[55] 实现 LDA 主题模型的参数训练。

在主题发现与主题演化研究中，LDA 必须将主题抽取的结果展示并分析，主题抽取的质量直接影响主题演化的效果。目前普遍认为，应用 LDA 的最大问题是无法确定最优主题数目，而主题数目的确定对于文献主题抽取至关重要[56]。因此，本部分利用所有主题之间的平均相似度来度量该主题结构的稳定性：当主题结构的平均相似度最小时，对应的模型最优[57]。利用 LDA 模型产生一篇文档主题的过程以及利用余弦相似度确定主题数目方法详见第二章 "文献知识表示模型" 部分。

2. 文本分类

确定最优的主题结构后，利用 LDA 训练出的文档–主题概率分布对文献进行分类，通过 SPSS 中的 K-means 聚类将每一篇文献归入一个主题，确定每个主题的比例大小。K-means 聚类算法是一种基于划分的聚类算法，该算法首先随机地选择 k 个对象作为初始的 k 个簇的质心；然后对剩余的每个对象，根据其与各个质心的距离，将它赋给最近的簇；最后重新计算每个簇的质心，通过不断的迭代来实现聚类，当算法收敛到结束条件时就终止迭代过程，得出聚类结果[58]。

（四）数据来源与处理

1. 数据来源与检索

本部分数据来源于 Web of Science 的 SCI-EXPANDED 数据库，检索方式采用高级检索，以"Information Science & Library Science"为学科类别，文献类型为 Article，时间跨度为 2006—2016 年，共检索到 14364 篇文献，检索时间为 2016 年 11 月 13 日。由于存在不同国家的作者合著现象，Web of Science 会将一篇合著文献划入多个国家，但合著论文会对国家间的知识流动研究产生干扰，比如一篇文献包括中、美两国研究者，而这篇文献又被美国的学者引用，但这不能确定中、美之间存在知识流动，因此本部分在研究过程中将被引文献与施引文献中的合著文献排除在外。通过"国家/地区"筛选出中国发表的 1230 篇文献，利用 Web of Science 提供的"被引文献检索"功能，查找中国发表的 1230 篇文献中被同领域的其他国家引用的文献，作为中国对其他国家知识转移的文献，通过检索共得到 775 篇文献；在检索过程中重点查找被美国和韩国引用的文献作为中国对美国和韩国知识转移的文献，其中美国引用中国的文献数为 257 篇、韩国引用中国的文献数为 169 篇，分别导出文献题录数据。其于利用 Web of Science 提供的引文报告，将学科限定为 ISLS，检索美国和韩国的施引文献，其中美国的施引文献数为 397 篇、韩国的施引文献数为 124 篇，分别导出文献题录数据。

2. 数据清洗与处理

本部分构建文本语料库的语料来自文献的标题、关键词、摘要，因此为了获取科学、规范的文献来源，先对 5 个文献集进行清洗，以年份作为文献记录的标识，对题录数据进行去重，同时删除标题、关键词、摘要 3 个字段中任一字段缺失的文献记录。通过数据清洗后，中国对其他国家知识转移的文献有 705 篇，中国对美国和韩国知识转移的文献分别有 234 篇与 161 篇，美国、韩国知识转化后的文献分别有 378 篇和 110 篇，提取 5 个文献集中的标题、关键词、摘要字段作为实验数据集。

对实验数据集进行预处理，利用英文单词之间的空格进行分词工作，使用 En-Stemmer 工具实现去除停用词、词干化等自然语言处理规范化过程，最后将数据导入 Excel，对每篇文献进行单词去重，同时删除高频出现但没有研究意义的词语，最终获得实验的文本语料库。

3. 确定最优主题模型

选取不同的主题数目，利用 LDA 模型对 5 个文本语料库进行主题提取，并计算主题间的平均余弦相似度（见图 7-6），当主题间平均相似度最小时，主题结构最稳定，选取的主题数最优。图 7-6 中，实验 1 为中国对其他国家的知识转移主题分布，最优主题数为 7；实验 2 为中国对美国的知识转移主题分布，最优主题数为 5；实验 3 为中国对韩国的知识转移主题分布，最优主题数为 4；实验 4 和实验 5 为美国、韩国知识转化后的主题分布，最优主题数均为 3。对抽取出的主题及主题相关词通过 Tagul 绘制词云。

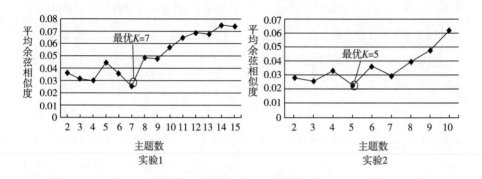

图 7-6　主题间平均余弦相似度统计

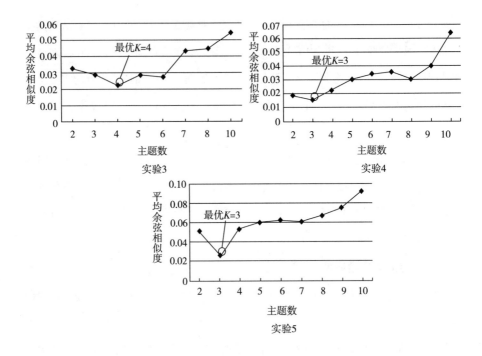

图 7-6　主题间平均余弦相似度统计（续）

（五）结果分析

1. 中国对其他国家的知识转移主题分布

图 7-7 为通过词云图进行展示的中国对其他国家的知识转移主题分布，每个主题包含了 50 个与该主题最相关的词，每个词的权重大小决定了其在图中的显示比例，词的权重越大，在图中越凸显。同时，每个主题包含的文献数及占相应数据集中文献总量的比例在每个主题词云下方标示。分析图 7-7 发现，中国对其他国家的知识转移主要集中在 7 个主题：主题 1 数据开放与算法研究、主题 2 商业竞争情报与决策支持、主题 3 文献计量与评价体系、主题 4 社交媒体与知识共享、主题 5 专利文献分析与国际学术交流、主题 6 信息检索与文本挖掘技术、主题 7 用户信息行为分析与舆论研究。其中主题 3、主题 5、主题 6 包含的文献最多，主题所占比例最大，表明其他国家对这三个主题有较高的关注度。各主题主要介绍如图 7-7 所示。

主题1（73，10%）　主题2（68，10%）　主题3（145，21%）　主题4（88，12%）

主题5（129，18%）　　主题6（120，17%）　　主题7（82，12%）

图7-7　中国对其他国家的知识转移主题分布

（1）主题1：数据开放与算法研究。该主题主要研究了学术期刊开放存取的挑战和发展模式、大学科研数据和政府数据开放的现状、未来发展、平台建设与政策机制以及聚类算法、链接分析算法、网络搜索算法的应用。Wang 等对开放存取和非开放存取文献的影响力进行了比较，通过引文量与下载量的分析发现，开放存取的文献受关注的时间更长[59]。Liu 等提出了一种基于概率分布的文本聚类算法，用于精准分析大规模文本集，通过重复构造文本特征进行文本分类，使聚类结果达到最优[60]。

（2）主题2：商业竞争情报与决策支持。该主题主要研究了企业竞争情报的挑战与对策、网络环境下竞争情报的收集工具及分析方法以及竞争情报系统和决策支持系统模型构建。Chan 等提出了一个动态决策支持系统，通过产品、客户以及市场等因素预测客户的消费行为，作者认为，该系统将提高决策者对客户行为的理解，制定有效的营销策略[61]。He 等提出了一个社交媒体竞争情报的框架，收集并分析了 Walmart 和 Costco 的 50 万条推文，深入了解市场需求，为商业数据挖掘提供了新的方向[62]。

（3）主题3：文献计量与评价体系。该主题主要利用引文分析或共词分析，借助可视化方式，揭示某一主题或学科领域的研究现状、研究热点、发展态势以及对作者、文献、图书期刊、图书馆服务质量与服务系统进行评价。例如 Liu 等基于 SCIE 和 SSCI 数据库，通过文献计量的方式，对 1996—2010 年关于地理信息系统（GIS）的研究进行了主题揭示[63]。Guan 等利用 2000—2005 年 Web of Science 数据库中生物信息学领域的文献数据，对中国在该领域的研究绩效进行了评价，研究发现中国科学界需要提高研究的国际影响力，注重加强与发达国家的学术交流[64]。

（4）主题4：社交媒体与知识共享。该主题主要研究了社交媒体的应用与政策、社交媒体对图书馆行业发展的影响、社交媒体的话题演化以及知识共享过程中的影响因素、云计算环境下的知识共享机制。Lu 等从公民的视角，运用社会表征理论对中国微博的使用情况进行分析，研究发现中国政府的社交媒体使用处于快速增长的阶段，但互动水平较低[65]。Chang 等对中美两国的企业员工进行分析，研究发现个人和国家的文化价值观在知识共享中发挥重要作用[66]。

（5）主题5：专利文献分析与国际学术交流。该主题主要研究了专利文献对技术创新的作用、新兴技术主题、校企科研合作现状以及开放存取对学术交流的影响、基于合著论文的学术交流模式。Yang 等提出了一种基于综合专利引证（CPC）网络的专利价值评价方法，并利用该方法对光盘技术的相关专利文献进行了分析，研究发现 CPC 网络在保留了直引网络优势的基础上，在拓扑结构、图形特征、灵敏度上表现更好[67]。Wang 等使用文献计量方法，从国家、机构和个人三个层面调查中国的国际科学合作情况，研究发现，华裔研究者在中国的国际科学合作中发挥着重要作用[68]。

（6）主题6：信息检索与文本挖掘技术。该主题主要研究了协同信息检索行为、信息检索过程中的影响因素、信息检索模型以及文本挖掘技术在 ICT 领域、技术管理领域的应用。Lou 等开发了一种新的潜在关系检索方法，基于共现分析建立了一个语义信息检索模型。实验证明，在语义信息检索中使用共现分析是可行的。与传统检索相比，基于共现分析的语义信息检索能提高用户的满意度[69]。Zhang 等提出了一种名为 RepExtract 的文本挖掘方法，该方法可以从大规模文档中提取有代表性的文献子集，经过实验表明，用户通过 RepExtract 可以精确有效地理解文档内容[70]。

（7）主题 7：用户信息行为分析与舆论研究。该主题主要研究了用户信息行为与个性化服务、用户信息行为影响因素、基于用户信息行为的图书馆服务创新以及网络舆论研究现状与研究主题、虚拟社区存在的问题与对策。Huang 等从 Web 用户的宽度（即检索网站的类别数量）、长度（即每个类别访问的网站数量）和深度（即每个站点浏览的页面数量）出发，提出了三维立体类型理论，用于表征 Web 用户的在线信息行为[71]。Fang 将多视图聚类用于 Twitter 主题检测，提出一个新的框架（MVTD）以弥补传统主题检测在性能上的缺陷。实验表明，MVTD 能够有效检测推文的主题分布，在了解公众意见和事件发展等方面能发挥较好的作用[72]。

2. 中国对美国的知识转移主题分布

图 7-8 为中国对美国的知识转移主题分布，分析发现，中国对美国的知识转移主要集中在 5 个主题：主题 1 社交媒体与用户信息行为，包含了 50 篇文献，占中国对美国知识转移总量的 21%；主题 2 数据开放研究，包含了 30 篇文献，占知识转移总量的 13%；主题 3 电子商务与决策支持，含 62 篇文献，占知识转移总量的 26%；主题 4 信息检索与文本挖掘技术，含有 34 篇文献，占知识转移总量的 15%；主题 5 引文分析与期刊评价，含 58 篇文献，占知识转移总量的 25%。其中，主题 1、主题 3、主题 5 包含的文献最多，主题所占比例最大，表明中国在社交媒体与用户信息行为、电子商务与决策支持、引文分析与期刊评价方面的研究得到了美国学者较高的关注。

主题1（50，21%）　主题2（30，13%）　主题3（62，26%）　主题4（34，15%）　主题5（58，25%）

图 7-8　中国对美国的知识转移主题分布

3. 中国对韩国的知识转移主题分布

图7-9为中国对韩国的知识转移主题分布，分析图7-9发现，中国对韩国的知识转移主要集中在4个主题：主题1学者评价与聚类算法，含32篇文献，占中国对韩国知识转移总量的20%；主题2商业竞争情报，含25篇文献，占知识转移总量的16%；主题3社交媒体与网络舆论，含53篇文献，占知识转移总量的33%；主题4专利文献分析与国家间合作研究，含51篇文献，占知识转移总量的32%。其中，主题3、主题4包含的文献最多，主题所占比例最大，表明中国在社交媒体与网络舆论、专利分析与国家间合作的研究得到了韩国学者较高的关注。

主题1（32，20%） 主题2（25，16%） 主题3（53，33%） 主题4（51，32%）

图7-9 中国对韩国的知识转移主题分布

比较中国对美国、韩国的知识转移主题分布发现，社交媒体、商业情报及评价研究是两国共同关注的主题。与此同时，美国更关注用户信息行为、数据开放、信息检索与文本挖掘技术方面的研究，而韩国更关注聚类算法、专利文献及国家间合作方面的研究。这表明美、韩两国的研究主题不同，同时中国发表的文献也涉及多个研究主题，美、韩两国在引用中国文献时必然会结合其本国研究实际进行选择，因此中国对美、韩两国的知识转移主题分布存在差异。

4. 美国知识转化后的主题分布

图7-10为美国知识转化后的主题分布，分析发现，美国的知识转化主要集中在3个主题：主题1信息安全与隐私保护，主题比例最大，含129篇文献，占美国知识转化总量的35%；主题2知识共享与企业创新，含125篇文献，占知识转化总

量的 34%；主题 3 文献计量与学术交流，含 111 篇文献，占知识转化总量的 30%。
各主题主要介绍如图 7-10 所示。

主题1（129，35%）　　　　主题2（125，34%）　　　　主题3（111，30%）

图 7-10　美国知识转化后的主题分布

（1）主题 1：信息安全与隐私保护。该主题主要研究了信息安全政策制定的影响因素、信息安全系统模型构建、组织中信息安全风险控制以及互联网使用过程中信息检索与隐私保护、用户隐私信息的风险与应对。Nazareth 等使用系统动力学模型，通过对投资和安全成本的计算，为管理者的安全决策提供指导。结果表明，相对于威慑投资，对安全检测工具进行投资将获得更高的收益[73]。Park 等从产业组织模型角度出发，分析了网络隐私保护和市场条件之间的关系，通过分析网站的界面特征评价其隐私保护水平。研究发现，大多数网站的界面提供隐私保护的功能有限，因此需要在用户隐私保护的法规中制定一套新的以网站界面为重点的政策建议[74]。

（2）主题 2：知识共享与企业创新。该主题主要研究了网络虚拟社区对知识共享的影响、知识共享影响因素、知识共享模型的应用以及企业间合作网络对企业创新的影响、员工创新意识培养、企业创新驱动下的科技情报服务模式。Kim 等基于知识共享模型，确定了在社会网络站点中影响信息共享的个人和环境因素，并对两个因素之间的相互作用效应进行了探讨[75]。Bellamy 等分析了供应链网络中的结构特征，并探讨了企业供应网络的可达性和互联性与其创新产出之间的关系。研究表明，保证供应网络的无障碍性对公司的创新产出会产生重要影响[76]。

（3）主题 3：文献计量与学术交流。该主题主要研究了异构网络中的主题演化、文献计量指标以及国际学者合著网络、学术交流模式与平台构建。Jensen 等构建了包含文献、作者、组织的异构网络，展示了异构网络中的元路径，并识别出对某个主题贡献最大的网络元素，通过元路径构造主题演化树，基于 Web 可视化的方式为研究人员展现科学主题的演化[77]。Coccia 等基于异速生长模型，利用 NSF（1997—2012 年）国际合著论文数据，衡量和分析了国际研究合作的演变，研究发现医学、社会科学和心理学的国际合作呈加速态势，而物理和数学在国际科学合作中相对增长水平较低[78]。

5. 韩国知识转化后的主题分布

图 7-11 为韩国知识转化后的主题分布，分析发现，韩国的知识转化主要集中在 3 个主题：主题 1 网络计量与信息鸿沟，含 38 篇文献，占韩国知识转化总量的 34%；主题 2 知识共享与企业创新，含 38 篇文献，占知识转化总量的 34%；主题 3 信息安全与合著网络，含 34 篇文献，占知识转化总量的 30%。各主题主要介绍如图 7-11 所示。

主题1（38，34%）　　　　主题2（38，34%）　　　　主题3（34，30%）

图 7-11　韩国知识转化后的主题分布

（1）主题1：网络计量与信息鸿沟。该主题主要研究了社交媒体的影响力与特点、链接工具的使用与链接数据的分析以及弥合信息鸿沟的战略措施、特殊群体利用网络的阻碍因素、发展中国家电子政务实施评价。Meza 等利用网络计量的方式，分析了 K-pop 通过 Twitter 网络在西班牙语国家的传播模式。结果表明，K-pop 在西班牙语国家受到一定关注，作者提出要重视 Twitter 对文化传播的促进作用[79]。Kim 等以电信领域为例，分析了在提供移动数据服务（MDS）过程中，潜在客户和现有客户在决策过程中的区别，研究为克服 MDS 背景下的数字鸿沟提供了指导[80]。

（2）主题2：情报技术融合与创新。该主题主要研究了信息技术的融合机制与挑战、云计算与虚拟现实技术的应用影响、信息技术用户接受模型。Jung 等基于韩国产业的动态面板数据，对信息和通信技术（ICT）在韩国经济增长中的作用进行了探讨。分析发现，技术融合是韩国生产率提高的主要驱动力[81]。Son 等从股票市场的角度探讨云计算的经济价值，使用事件研究法分析了 2006—2011 年 212 家公司的云计算报告。结果表明，市场对企业云计算规划的反应是积极的[82]。

（3）主题3：信息安全与合著网络。该主题主要研究了制定信息安全管理政策的影响因素、云计算环境下企业信息安全的强化、信息安全模型构建以及合著网络中作者的角色分析、合著网络对国际科研的影响。Kong 等以证券行业为例，构建了包含 IT 服务，信息安全，信息共享，交易稳定性和组织绩效等因素组成的结构方程模型，并用偏最小二乘法对模型进行验证，分析了信息安全活动对组织绩效的影响[83]。Lee 等基于 Scopus 数据库中 127 个机构的合著数据，构建了机构间的研发合作网络，考察了合作模式对韩国研究机构研发绩效的影响。实验证明，机构间联系过于紧密会对机构的创新能力产生消极影响[84]。

比较美国和韩国知识转化后的主题分布发现，两国的研究中都涉及企业信息安全、学术合作以及计量学的研究。与此同时，美国的研究主题还涉及个人隐私保护、知识共享与企业创新，计量学研究偏向于文献计量；与美国不同的是，韩国的研究主题涉及信息鸿沟、情报技术融合与创新，计量学研究偏向于网络计量。这表明，虽然美、韩两国共同引用了中国的文献，但是由于研究方向的不同，会选择引用不同主题的中国文献，进而导致了知识转化后主题分布的差异。

通过中国与美国、韩国之间的知识转移以及美国、韩国知识转化后的主题分布研究，清晰地展现了中国与美、韩两国之间的知识流动过程，但分析知识流动过程中的主题演变，中国与美国、韩国之间的知识流动存在差异，美、韩两国关注的主题以及知识转化后的研究主题各有不同，这也体现了中国对美、韩两国的知识影响力差异，通过对不同国家转移不同的知识促进其知识创新，推动 ISLS 领域研究方向的多样化。

（六）小结

本部分基于国家间文献的引证关系，从知识转移和知识转化的角度出发，探讨了中国与其他国家间的知识流动过程，重点研究了中国与美国、韩国之间的知识流动，利用 LDA 模型揭示了知识转移和知识转化的主题分布，从而对国家间的知识流动过程有了更深入的理解，主要研究内容总结如下：

首先，中国对其他国家的知识转移主要集中在 7 个主题：主题 1 数据开放与算法研究、主题 2 商业竞争情报与决策支持、主题 3 文献计量与评价体系、主题 4 社交媒体与知识共享、主题 5 专利文献分析与国际学术交流、主题 6 信息检索与文本挖掘技术、主题 7 用户信息行为分析与舆论研究。其中，主题 3 和主题 5 所占比例最大，表明中国对文献计量、评价体系、专利文献以及学术交流的研究得到了其他国家较高的关注。

其次，中国对美国的知识转移主要集中在 5 个主题，对韩国的知识转移主要集中在 4 个主题，比较中国对美国、韩国的知识转移主题分布发现，美国更关注用户信息行为、数据开放、信息检索与文本挖掘技术方面的研究，而韩国更关注聚类算法、专利文献以及国家间合作方面的研究。

最后，美国和韩国的知识转化分别集中在 3 个主题，对比美国、韩国知识转化的主题发现，美国的研究主题更侧重个人隐私保护、文献计量、知识共享与企业创新；韩国的研究主题更侧重信息鸿沟、网络计量、情报技术融合与创新。

参考文献

［1］杨瑞仙．知识交流内涵和类型探讨［J］．情报理论与实践，2014，37（3）：12-15.

［2］邱均平，杨思洛，宋艳辉．知识交流研究现状可视化分析［J］．中国图书馆学报，2012，38（2）：78-89.

［3］彭继东，谭宗颖．纳米科技学科领域的知识交流——基于期刊引文网络的分析［J］．图书情报工作，2011，55（4）：15-18.

［4］J. H. 谢拉．图书馆学引论［M］．张沙丽译，兰州：兰州大学出版社，1956.

［5］塞弗林，坦卡特．传播学的起源研究与应用［M］．陈韵昭译．福州：福建人民出版社，1985.

［6］Borgman C，Schement J. Information Science and Communication Research［M］// Pemberton M，Prentice A. Information Science：The Interdisciplinary Context. New York：Neal-Schuman，1992：42-59.

［7］周庆山．播理论与现代图书馆学研究［J］．图书馆学研究，1986（2）：9-10.

［8］张锦．图书情报学引进传播学理论述评［J］．图书与情报，1999（2）：23-26.

［9］于鸣镝．试论大文献学［J］．图书馆工作与研究，2000（1）：9-12.

［10］王传清．图书情报学与传播学理论交叉研究综述［J］．图书情报工作，2004，48（8）：94-97，106.

［11］王昊．基于关联规则挖掘研究学科间相关性［J］．现代图书情报技术，2005（3）：23-28.

［12］王昊，苏新宁．基于 CSSCI 本体的学科关联分析［J］．现代图书情报技术，2010（10）：10-16.

[13] 孙建军，田纳西. 基于 CSSCI 的多学科期刊引文网络分析 [J]. 西南民族大学学报：人文社会科学版，2013（2）：227-232.

[14] 闵超，孙建军. 学科交叉研究热点聚类分析——以国内图书情报学和新闻传播学为例 [J]. 图书情报工作，2014，58（1）：109-116.

[15] 荆楚网. 武大新闻与传播学院欢庆三十华诞：思想新闻责任传媒 [EB/OL]. http：//edu. cnhubei. com/xwtt/lb/201312/t20131202_ 29605. shtml. 2013. 12. 02.

[16] 武汉大学信息管理学院教学机构 [EB/OL]. http：//sim. whu. edu. cn/xy/jg-sz/. 2016. 09. 26.

[17] 马费成，张勤. 国内外知识管理研究热点——基于词频的统计分析 [J]. 情报学报 2006，25（2）：163-171.

[18] 闵超，孙建军. 基于关键词交集的学科交叉研究热点分析 [J]. 情报杂志，2014，33（5）.76-82.

[19] 安秀芬，黄晓鹏，张霞等. 期刊工作文献计量学学术论文的关键词分析 [J]. 中国科技期刊研究，2002，13（6）：505-506.

[20] 李文兰，杨祖国. 中国情报学期刊论文关键词词频分析 [J]. 情报杂志，2005，23（1）：68-70，143.

[21] 安兴茹. 我国词频分析法的方法论研究（I）——统计分析要素的界定、分类及问题 [J]. 情报杂志，2016，35（2）：43，75-80.

[22] Kiss I Z，Broom M，Craze P G，et al. Can Epidemic Models Describe the Diffusion of Topics Across Disciplines? [J]. Journal of Informetrics，2010，4（1）：74-82.

[23] Yan E. Finding Knowledge Paths Among Scientific Disciplines [J]. Journal of the Association for Information Science & Technology，2014，65（11）：2331-2347.

[24] Cowan R，Jonard N. Network Structure and the Diffusion of Knowledge [J]. Journal of Economic Dynamics and Control，2004，28（8）：1557-1575.

[25] Xiao Y，Lu L Y Y，Liu J S，et al. Knowledge Diffusion Path Analysis of Data Quality Literature：A Main Path Analysis [J]. Journal of Informetrics，2014，8（3）：

594-605.

[26] Hur W. The Patterns of Knowledge Spillovers Across Technology Sectors Evidenced in Patent Citation Networks [J]. Scientometrics, 2017, 111 (2): 595-619.

[27] 邱均平, 王菲菲. 基于博客社区好友链接的知识交流状况分析——以科学网博客为例 [J]. 图书情报知识, 2011 (6): 25-33.

[28] 彭继东, 谭宗颖. 纳米科技学科领域的知识交流——基于期刊引文网络的分析 [J]. 图书情报工作, 2011, 55 (4): 15-18.

[29] 王惠, 王树乔. 图书情报类期刊知识交流效率评价及影响因素研究 [J]. 情报科学, 2017 (3): 134-138.

[30] 王旻霞, 赵丙军. 中国图书情报学跨学科知识交流特征研究——基于 CCD 数据库的分析 [J]. 情报理论与实践, 2015, 38 (5): 94-99.

[31] 马秀峰, 张莉, 李秀霞. 我国图书情报学与新闻传播学间的学科知识交流与融合分析 [J]. 情报杂志, 2017, 36 (2): 59-65.

[32] 张艺蔓, 马秀峰, 程结晶. 融合引文内容和全文本引文分析的知识流动研究 [J]. 情报杂志, 2015 (11): 50-54.

[33] 关智远, 陈仕吉. 跨学科知识交流研究综述 [J]. 情报杂志, 2016, 35 (3): 153-158.

[34] 王曰芬, 傅柱, 陈必坤. 采用 LDA 主题模型的国内知识流研究结构探讨: 以学科分类主题抽取为视角 [J]. 现代图书情报技术, 2016, 32 (4): 8-19.

[35] 曹娟, 张勇东, 李锦涛, 等. 一种基于密度的自适应最优 LDA 模型选择方法 [J]. 计算机学报, 2008, 31 (10): 1780-1787.

[36] 王燕霞, 邓伟. CTM 与 SVM 相结合的文本分类方法 [J]. 计算机工程, 2010, 36 (22): 203-205.

[37] Grün B, Hornik K. Topicmodels: An R Package for Fitting Topic Models [J]. Journal of Statistical Software, 2011, 40 (13): 1-30.

[38] 杨海霞, 高宝俊, 孙含林. 基于 LDA 挖掘计算机科学文献的研究主题 [J].

现代图书情报技术，2016，32（11）：20-26.

[39] 肖建国. 试论文本挖掘及其应用 [J]. 图书馆学研究，2008（4）：22-24.

[40] 李广建，黄崑. 用户模型及其学习方法 [J]. 现代图书情报技术，2002，18（6）：24-27.

[41] 邱均平，吕红. 近五年国际图书情报学研究热点、前沿及其知识基础——基于17种外文期刊知识图谱的可视化分析 [J]. 图书情报知识，2013（3）：4-15.

[42] 关鹏，王曰芬，傅柱. 不同语料下基于 LDA 主题模型的科学文献主题抽取效果分析 [J]. 图书情报工作，2016（2）：112-121.

[43] Lee H. Uncovering the Multidisciplinary Nature of Technology Management：Journal Citation Network Analysis [J]. Scientometrics，2015，102（1）：51-75.

[44] Jo H，Park Y，Kim S E，et al. Exploring the Intellectual Structure of Nanoscience and Nanotechnology：Journal Citation Network Analysis [J]. Journal of Nanoparticle Research，2016，18（6）：1-21.

[45] Choe H，Lee D H，Kim H D，et al. Structural Properties and Inter-organizational Knowledge Flows of Patent Citation Network：The Case of Organic Solar Cells [J]. Renewable & Sustainable Energy Reviews，2016，55：361-370.

[46] Tippmann E，Scott P S，Mangematin V. Subsidiary Managers' Knowledge Mobilizations：Unpacking Emergent Knowledge Flows [J]. Journal of World Business，2012，49（3）：431-443.

[47] 朱林，刘先涛，刘红勇，袁梦婷. 国内外知识流动研究演化路径分析 [J]. 科技进步与对策，2016（16）：135-142.

[48] 邵瑞华，张和伟. 图书情报学期刊内部知识流动分析——以2013年 SSCI 收录的84种图书情报学期刊为例 [J]. 情报杂志，2015（6）：75-80.

[49] 张艺蔓，马秀峰，程结晶. 融合引文内容和全文本引文分析的知识流动研究 [J]. 情报杂志，2015（11）：50-54，49.

[50] 舒宗瑛. 基于知识势差的图书馆联盟知识流动研究 [J]. 图书馆学研究，

2012（4）：90-93.

[51] 孙红霞，生帆，李军. 基于动态能力视角的知识流动过程模型构建 [J]. 图书情报工作，2016（18）：1-8.

[52] 赵蓉英，吴胜男. 基于引证关系的知识转移的理论研究 [J]. 情报理论与实践，2014（12）：28-32.

[53] 刘青，王改变. 基于 SECI 知识创造螺旋的协作参考咨询体系构建——以日本协作参考咨询数据库为例 [J]. 图书馆论坛，2013（5）：44-49.

[54] 张亮. 基于 LDA 主题模型的标签推荐方法研究 [J]. 现代情报，2016（2）：53-56.

[55] JGibbLDA - v. 1. 0 [CP/OL]. [2015-12-11]. http：//sourceforge. net/projects/jgibblda/.

[56] 关鹏，王曰芬. 科技情报分析中 LDA 主题模型最优主题数确定方法研究 [J]. 现代图书情报技术，2016（9）：42-50.

[57] 曹娟，张勇东，李锦涛，唐胜. 一种基于密度的自适应最优 LDA 模型选择方法 [J]. 计算机学报，2008（10）：1780-1787.

[58] 谢娟英，蒋帅，王春霞，张琰，谢维信. 一种改进的全局 K-均值聚类算法 [J]. 陕西师范大学学报（自然科学版），2010（2）：18-22.

[59] Wang X, Liu C, Mao W, et al. The Open Access Advantage Considering Citation, Article Usage and Social Media Attention [J]. Scientometrics, 2015, 103（2）：555-564.

[60] Liu M, Liu Y, Liu B, et al, Probability-based Text Clustering Algorithm by Alternately Repeating Two Operations [J]. Journal of Information Science, 2013, 39（3）：372-383.

[61] Chan S L, Ip W H. A Dynamic Decision Support System to Predict the Value of Customer for New Product Development [J]. Decision Support Systems, 2011, 52（1）：178-188.

［62］He W, Shen J, Tian X, et al. Gaining Competitive Intelligence from Social Media Data: Evidence from Two Largest Retail Chains in the World［J］. Industrial Management & Data Systems, 2015, 115 (9): 1622-1636.

［63］Liu F, Lin A, Wang H, et al. Global Research Trends of Geographical Information System from 1961 to 2010: A Bibliometric Analysis［J］. Scientometrics, 2016, 106 (2): 751-768.

［64］Guan J, Gao X. Comparison and Evaluation of Chinese Research Performance in the Field of Bioinformatics［J］. Scientometrics, 2008, 75 (2): 357-379.

［65］Lu B, Zhang S, Fan W. Social Representations of Social Media Use in Government: An Analysis of Chinese Government Microblogging from Citizens' Perspective［J］. Social Science Computer Review, 2016, 34 (4): 416-436.

［66］Chang Y W, Hsu P Y, Shiau W L, et al. Knowledge Sharing Intention in the United States and China: A Cross-cultural Study［J］. European Journal of Information Systems, 2015, 24 (3): 262-277.

［67］Yang G C, Li G, Li C Y, et al. Using the Comprehensive Patent Citation Network (CPC) to Evaluate Patent Value［J］. Scientometrics, 2015, 105 (3): 1319-1346.

［68］Wang X, Xu S, Wang Z, et al. International Scientific Collaboration of China: Collaborating Countries, Institutions and Individuals［J］. Scientometrics, 2013, 95 (3): 885-894.

［69］Lou W, Qiu J. Semantic Information Retrieval Research based on Co-occurrence Analysis［J］. Online Information Review, 2014, 38 (1): 4-23.

［70］Zhang J, Liu G, Ren M. Finding a Representative Subset from Large-scale Documents［J］. Journal of Informetrics, 2016, 10 (3): 762-775.

［71］Huang C Y, Shen Y C, Chiang I P, et al. Characterizing Web Users' Online Iinformation Behavior［J］. Journal of the American Society for Information Science and Technology, 2007, 58 (13): 1988-1997.

［72］Fang Y, Zhang H, Ye Y, et al. Detecting Hot Topics from Twitter: A Multiview Approach ［J］. Journal of Information Science, 2014, 40（5）: 578-593.

［73］Nazareth D L, Choi J. A System Dynamics Model for Information Security Management ［J］. Information & Management, 2015, 52（1）: 123-134.

［74］Park Y J. Provision of Internet Privacy and Market Conditions: An Empirical Analysis ［J］. Telecommunications Policy, 2011, 35（7）: 650-662.

［75］Kim J, Lee C, Elias T. Factors Affecting Information Sharing in Social Networking Sites Amongst University Students: Application of the Knowledge-sharing Model to Social Networking Sites ［J］. Online Information Review, 2015, 39（3）: 290-309.

［76］Bellamy M A, Ghosh S, Hora M. The Influence of Supply Network Structure on Firm Innovation ［J］. Journal of Operations Management, 2014, 32（6）: 357-373.

［77］Jensen S, Liu X Z, Yu Y Y, et al. Generation of Topic Evolution Trees from Heterogeneous Bibliographic Networks ［J］. Journal of Informetrics, 2016, 10（2）: 606-621.

［78］Coccia M, Bozeman B. Allometric Models to Measure and Analyze the Evolution of International Research Collaboration ［J］. Scientometrics, 2016, 108（3）: 1065-1084.

［79］Meza X V, Park H W. Globalization of Cultural Products: A Webometric Analysis of Kpop in Spanish-speaking Countries ［J］. Quality & Quantity, 2015, 49（4）: 1345-1360.

［80］Kim B, Oh J. The Difference of Determinants of Acceptance and Continuance of Mobile Data Services: A Value Perspective ［J］. Expert Systems with Applications, 2011, 38（3）: 1798-1804.

［81］Jung H J, Na K Y, Yoon C H. The Role of ICT in Korea's Economic Growth: Productivity Changes Across Industries Since the 1990s ［J］. Telecommunications Policy, 2013, 37（4-5）: 292-310.

［82］Son I, Lee D, Lee J N, et al. Market Perception on Cloud Computing Initiatives in

Organizations: An Extended Resource-based View [J]. Information & Management, 2014, 51 (6): 653-669.

[83] Kong H, Jung S, Lee I, et al. Information Security and Organizational Perform-mance: Empirical Study of Korean Securities Industry [J]. ETRI Journal, 2015, 37 (2): 428-437.

[84] Lee D H, Seo I W, Choe H C, et al. Collaboration Network Patterns and Research Performance: The Case of Korean Public Research Institutions [J]. Scientometrics, 2012, 91 (3): 925-994.

第八章　多源信息融合的知识发现

学术文献之间一般存在引文链接、合著关联、内容相关等关系，不同关系反映了文献之间不同的关联信息。每一种关系只能有助于研究人员从某个特定的角度去分析研究领域的局部特征，只有通过多源信息的融合，才能深入挖掘数据的价值，提升信息分析的作用；而且，通过多源信息的交叉印证，可以减少信息错误与疏漏，防止决策失误。因此，本部分提出多源信息融合的文献知识发现方法：通过融合函数分别实现期刊耦合分析和作者合著分析；通过联合非负矩阵分解（Joint Non-negative Matrix Factorization，J-NMF）算法实现学科领域相似作者的识别和划分。

一、融入引文内容的期刊耦合分析

期刊耦合分析是从期刊吸收知识的共性进行期刊研究的方法，来源知识的分散性使得期刊耦合分析的应用效果较差。为改善其应用效果，提出一种融入引文内容信息的期刊耦合分析法。该方法通过提取代表期刊引文内容的特征词，并通过融合函数将其融入传统的期刊耦合分析。以图书情报学 17 种核心期刊为研究对象，分别构建了融入引文内容信息前、后的期刊网络，对两种期刊网络进行了多维尺度分布对比、块模型划分对比、核心-边缘结构对比，并与期刊共被引分析进行了相似性对比。

（一）相关研究综述

期刊耦合分析源自美国麻省理工学院 Kessler 教授于 1963 年提出的"文献耦合"[1]。根据文献耦合的概念，邱均平教授指出[2]：如果两种期刊共同引用了第三种期刊，则这两种期刊具有耦合关系。期刊耦合分析是通过不同期刊引用相同参考文献的重合程度来建立期刊之间的关系。两个期刊耦合的文献量越大，两个期刊就越相似。目前，国内外对期刊耦合分析的实证研究并不多[3][4]。国外对期刊耦合的代表性研究是 Tseng 和 Tsay 的实证分析[5]，其研究以期刊中所有论文的相同参考文献的数量为尺度来度量期刊之间的相似性，进而对期刊进行聚类，以识别期刊的学科性质；Ni 和 Sugimoto[6] 利用期刊作者耦合来度量期刊的相似度，以此识别学科结构。国内有关期刊耦合的研究也不多，少有的研究中比较典型的研究是邱均平和董克的作者–期刊耦合[7]，他们分析了作者期刊耦合网络揭示科学研究结构的能力；后来，邱均平和刘国徽[8] 验证了期刊作者耦合分析方法对中文期刊的适用性，证明这种方法可以探测学科知识结构；还有曾倩和杨思洛以期刊间的引证关系为视角，通过期刊之间的耦合网络比较分析了国内外图书情报学科的知识交流情况[9]。

期刊耦合分析之所以没有得到人们的重视，除了受到技术条件的限制外，重要的原因是期刊耦合分析在期刊研究中的效果不理想。邱均平在作者共现网络的科学研究结构揭示能力对比研究中，就发现作者期刊耦合网络的分析效果较差[8]。期刊耦合分析从知识吸收的角度将期刊联系起来，可以分析期刊间的学术交流关系，对期刊进行分类、确定期刊在学科中的核心或边缘位置，判断期刊的学科性质和学科之间的关联程等[10]，其意义不容小觑。因此，研究提高期刊耦合分析效果的方法途径显得尤为重要。提出将引文内容信息融入传统的期刊耦合，以图书情报学核心期刊为例，通过融入引文内容前后的期刊网络特征对比，说明融入引文内容信息的期刊耦合分析的网络特征得到较大程度的改善，可为期刊耦合分析提供新的研究思路。为便于描述，后文将"融入引文内容信息的期刊耦合分析"（Content Journal

Coupling Analysis）统一用 C-JCA 表示，传统的期刊耦合分析（Journal Coupling A-nalysis）统一用 JCA 表示。

（二）　C-JCA 方法步骤

1. C-JCA 方法实现的可行性

20 世纪中期，情报学家们开始将内容分析法从"传播学"学科引入情报学领域，应用于文献信息的文本管理、文本挖掘等，逐步形成了基于定性分析基础之上的定量内容分析，随着内容分析软件的开发与完善，内容分析在文献信息知识获取中得到广泛应用，其中一个应用方向就是与文献计量学中引文分析的综合应用。国外典型的应用研究是 Janssens 为代表的研究团队提出的利用线性融合函数将文献的内容词和文献耦合得到"文献相似矩阵融合"方法[11]-[13]，研究表明"文献相似矩阵融合"比单一方法得到的知识结构划分更加准确；2013 年 Boyack 等[14] 以引文内容相关性作为权重进行了文献共被引分析，发现聚类效果提高很多。从国内来看，马费成教授 1996 年提出"知识信息的表达和组织必须从物理层次的文献单元向认知知识单元和情报单元转换"的思想[15]；2013 年，任红娟在总结知识结构融合方法的基础上提出一种更加简单的融合函数（最大值函数），将文献的内容和引用特征融合，并证明融合函数可以提高知识结构划分的精度[16]；2014 年，刘盛博等[17] 提出一种基于引用内容相似度的共被引权重赋值方法，实现了内容与共被引频次的融合，并验证了融合方法的有效性。虽然目前还没有引文内容与 JCA 融合的研究，但上述研究成果为 C-JCA 方法的提出提供了思想指导、奠定了方法依据。

同时，近年来各种大数据获取、处理、分析技术和工具软件的出现与不断更新，使文献数据挖掘成为可能，如书目共现统计分析系统的出现、内容挖掘系统的共享利用、文本内容特征提取技术的成熟、面向数据分类发现、聚类和关联规则发现的数据挖掘技术；可实现二维、三维图形聚类结果显示的可视化技术等。上述技术不仅支撑着海量文献信息的提取加工、聚类整合，而且为揭示庞杂信息之间的各类关系提供了强有力的帮助。这些都为提取期刊引文内容信息、实现期刊引文内容与 JCA 方法的融合、实现 C–JCA 方法的定量分析和可视化提供了有利的技术支持与保障。

2. C- JCA 的方法步骤

C–JCA 是在 JCA 的数据基础上融入期刊文献的引文内容后实现的。具体过程步骤如下：

（1）构建 JCA 期刊相关矩阵。确定期刊对象，检索期刊对象的耦合次数，本部分以两期刊共同引用第三种期刊的次数作为两期刊的耦合强度，进而构建期刊耦合矩阵，并转化为期刊耦合相关矩阵 A_{ij}。

（2）从期刊文献题名、摘要、关键词中抽取特征词，将每种期刊对应的特征词转换为特征词向量模式 j_n [（$word_1$，$freq_1$），（$word_2$，$freq_2$），…]，进而形成期刊-特征词向量空间，如第 n 个期刊的期刊-特征词向量空间表示为 $j_n = \{f_1, f_2, \cdots, f_m\}$，其中 f_m 为第 m 个特征词 w_m 在期刊 j_n 中出现的次数。

（3）构建学科领域的期刊-特征词矩阵并转化为期刊内容相关矩阵 B_{ij}，以此作为 JCA 的权重系数。

（4）计算加入权重后的期刊相似度，即利用融合函数构建融入引文内容后的期刊相似度矩阵 A'_{ij}，融合函数为 $A'_{ij} = (\pm) A_{ij} \cdot B_{ij}$。为避免引用关系是负相关、内容关系也是负相关造成的负负得正呈正相关情况的发生，对融合函数中（±）符号的取值设定如下规则：A_{ij} 与 B_{ij} 同为正，结果为正，一正一负，结果为负，两者同为负，结果为负。

（5）分别构建融入引文内容前、后的 JCA、C–JCA 期刊耦合网络，比较分析 C–JCA 与 JCA 两者的期刊网络特征，说明 C–JCA 方法的有效性。

（三）数据获取与数据处理

布拉德福定律认为：某一专业学科领域的大部分论文集中于少数专业期刊中[18]。所以，学科专业的少数学术期刊论文的引用关系可以较高程度地代表该学科领域文献的引用关系。由此，本部分以中文社会科学引文索引（CSSCI）收录的

17种图书情报学核心期刊为例展开研究，用其刊载论文的引用关系代表图书情报学期刊的引用关系，以其刊载论文的特征词代表期刊的引文内容。数据的获取和处理过程如下：

（1）耦合分析数据的获取与处理。检索并下载17种核心期刊2009—2014年所有论文的参考文献题录信息（包括参考文献的题名、摘要、关键词、来源期刊等信息），利用C++自编程序对其题录信息进行批量处理，获取参考文献所在期刊的刊名，统计每种期刊引用他刊的刊名及引用频次，形成17种核心期刊的期刊耦合矩阵，然后经过Spearman相关处理，得到17种核心期刊耦合关系相关矩阵 A_{ij}。

（2）引文内容数据的获取与处理。通过C++自编程序从上面参考文献题录信息的题名、摘要、关键词中提取特征词，特征词代表了期刊的研究内容，称为期刊特征词，以此组成期刊-特征词向量空间，形成17种核心期刊的期刊-特征词向量空间；然后，利用自编程序构建17种核心期刊的期刊-特征词矩阵，之后将其转化为期刊相关矩阵 B_{ij}。

（3）引文内容数据与期刊耦合数据的融合处理。利用融合函数 $A'_{ij}=（\pm）A_{ij}\cdot B_{ij}$ 构建C-JCA期刊相似度矩阵 A'_{ij}。为便于期刊网络分析，在Ucinet6.0环境将数据矩阵 A_{ij}、A'_{ij} 转换为 .#h 的格式文件，即 A_{ij}.##h、A'_{ij}.##h。

下面以 A_{ij}.##h、A'_{ij}.##h 两个文件为基础，对比分析C-JCA与JCA的期刊网络结构特征。

（四）　JCA和C-JCA的期刊网络特征对比

本部分利用社会网络分析法同时研究C-JCA与JCA的期刊网络结构，对比分析两者对应的期刊网络结构特征，具体包括C-JCA与JCA的期刊网络多维尺度对比分析、块模型对比分析、核心-边缘结构对比分析。

1. JCA、C-JCA对应的期刊网络多维尺度分布对比

将融入引文内容信息前、后的期刊耦合文件 A_{ij}.##h、A'_{ij}.##h 分别导入Ucinet6.0，通过MDS程序进行多维尺度分析。结果如图8-1、图8-2所示。

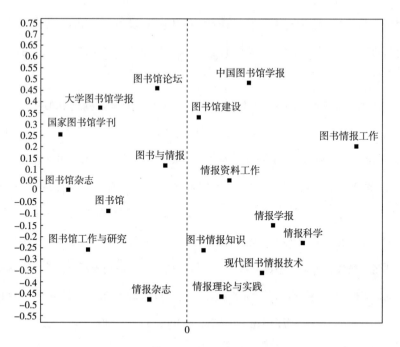

图 8-1   基于 JCA 的期刊多维尺度分布

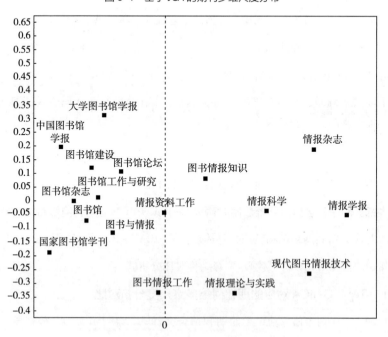

图 8-2   基于 C-JCA 的期刊多维尺度分布

图书情报学期刊可大致分为三类：第一类是图书馆学期刊，第二类是情报学期刊，第三类是介于两类之间的两栖期刊。在图 8-1、图 8-2 中，过横轴 0 点作水平方向的垂线，可以发现图 8-1 中的垂线并没有将图书馆学期刊与情报学期刊清楚地分为左右两个区，两类期刊呈交叉分布，比较杂乱；图 8-2 中图书馆学期刊与情报学期刊的界限相对清晰，垂线左侧期刊基本属于图书馆学期刊，右侧期刊基本属于情报学期刊，垂线附近的两个期刊《图书情报工作》《情报资料工作》属于"两栖期刊"。与图 8-1 相比，显然图 8-2 中由 C-JCA 得到的期刊多维尺度分布更合理。

结合图 8-1、图 8-2 中的纵坐标取值，比较两图中期刊节点的分布，发现由 JCA 得到的期刊节点间的联系相对松散，而由 C-JCA 得到的期刊节点分布相对集中，分布密度明显增大。网络密度是网络凝聚力总体水平的重要标志[19]，网络密度越大，则网络中的知识、信息交流越充分[20]。因此，C-JCA 比 JCA 更能反映期刊间知识吸收、知识交流与转移的关系，对多学科组成的期刊群而言，进行 C-JCA 分析研究会得到更丰富、细致的学科间知识交流关系。

2. JCA、 C-JCA 对应的期刊网络块模型分析对比

期刊网络块模型分析是根据结构性信息将期刊网络中的各节点进行分区，进而研究各期刊在网络中的位置与角色模型的方法。同一模块内的期刊角色地位相同，互换位置不影响网络的性质，不同模块之间的期刊位置不对等、不相似[21]。对融入内容信息前后的期刊耦合文件分别进行块模型分析，可发现两者在学术期刊分区能力上的差异性。

利用 Ucinet6.0 中的 CONCOR 程序分别对 $A_{ij}.\#\#h$、$A'_{ij}.\#\#h$ 进行块模型分析，得到不同的分块矩阵（见表 8-1、表 8-2）和块密度矩阵（见表 8-3）。

对表 8-3 中的两个块密度矩阵分别选取一定的阈值，构建块密度矩阵网络，如图 8-3 所示。

表 8-1 基于 JCA 的块模型划分

		1	2	8	5	14	6	7	15	9	3	12	16	13	17	10	4	11
1	大学图书馆学报	1.000	0.224	0.449	0.495	0.457	0.523	0.488	0.551	0.498	0.279	0.361	0.469	0.314	0.321	0.296	0.377	0.356
2	中国图书馆学报	0.224	1.000	0.468	0.488	0.414	0.477	0.474	0.522	0.514	0.281	0.339	0.455	0.320	0.317	0.309	0.362	0.383
8	图书与情报	0.449	0.468	1.000	0.463	0.486	0.550	0.534	0.571	0.557	0.381	0.419	0.499	0.423	0.431	0.434	0.467	0.439
5	图书馆杂志	0.495	0.488	0.463	1.000	0.482	0.506	0.509	0.543	0.519	0.274	0.413	0.490	0.372	0.381	0.198	0.389	0.440
14	国家图书馆学刊	0.457	0.414	0.486	0.482	1.000	0.471	0.472	0.508	0.488	0.241	0.261	0.466	0.264	0.288	0.257	0.305	0.345
6	图书馆论坛	0.523	0.477	0.550	0.506	0.471	1.000	0.423	0.335	0.394	0.123	0.496	0.522	0.433	0.416	0.420	0.399	0.465
7	图书馆建设	0.488	0.474	0.534	0.509	0.472	0.423	1.000	0.448	0.456	0.156	0.460	0.545	0.416	0.412	0.365	0.371	0.531
15	图书馆工作与研究	0.551	0.522	0.571	0.543	0.508	0.335	0.448	1.000	0.462	0.176	0.449	0.547	0.431	0.412	0.380	0.382	0.513

续表

		1	2	8	5	14	6	7	15	9	3	12	16	13	17	10	4	11
9	图书馆	0.498	0.514	0.557	0.519	0.488	0.394	0.456	0.462	1.000	0.191	0.449	0.542	0.405	0.405	0.378	0.369	0.462
3	图书情报工作	0.279	0.281	0.381	0.274	0.241	0.123	0.156	0.176	0.191	1.000	0.045	0.479	0.267	0.237	0.416	0.464	0.422
12	情报杂志	0.361	0.339	0.419	0.413	0.261	0.496	0.460	0.449	0.449	0.045	1.000	0.547	0.419	0.419	0.611	0.605	0.536
16	情报资料工作	0.469	0.455	0.499	0.490	0.466	0.522	0.545	0.547	0.542	0.479	0.547	1.000	0.492	0.494	0.568	0.588	0.521
13	情报理论与实践	0.314	0.320	0.423	0.372	0.264	0.433	0.416	0.431	0.405	0.267	0.419	0.492	1.000	0.432	0.666	0.607	0.656
17	情报科学	0.321	0.317	0.431	0.381	0.288	0.416	0.412	0.412	0.405	0.237	0.419	0.494	0.432	1.000	0.629	0.644	0.530
10	现代图书情报技术	0.296	0.309	0.434	0.198	0.257.	0.420	0.365	0.380	0.378	0.416	0.611	0.568	0.666	0.629	1.000	0.608	0.590
4	情报学报	0.377	0.362	0.467	0.389	0.305	0.399	0.371	0.382	0.369	0.464	0.605	0.588	0.607	0.644	0.608	1.000	0.604
11	图书情报知识	0.356	0.383	0.439	0.440	0.345	0.465	0.531	0.513	0.462	0.422	0.536	0.521	0.656	0.530	0.590	0.604	1.000

注：模块编号自上而下、自左向右依次为①、②、③、④、⑤、⑥、⑦、⑧。

表 8-2 基于 C-JCA 的块模型划分

		3	2	1	8	5	6	7	14	9	15	16	13	11	4	10	12	17
3	图书情报工作	1.000	0.504	0.489	0.584	0.530	0.479	0.470	0.442	0.496	0.498	0.686	0.465	0.580	0.399	0.428	0.279	0.507
2	中国图书馆学报	0.504	1.000	0.595	0.579	0.633	0.654	0.665	0.485	0.645	0.678	0.584	0.294	0.436	0.162	0.243	0.208	0.334
1	大学图书馆学报	0.489	0.595	1.000	0.540	0.614	0.655	0.650	0.470	0.607	0.673	0.582	0.274	0.408	0.164	0.241	0.216	0.333
8	图书与情报	0.584	0.579	0.540	1.000	0.689	0.734	0.700	0.664	0.742	0.729	0.650	0.454	0.516	0.262	0.347	0.303	0.451
5	图书馆杂志	0.530	0.633	0.614	0.689	1.000	0.730	0.710	0.666	0.736	0.734	0.635	0.391	0.497	0.192	0.218	0.255	0.391
6	图书馆论坛	0.479	0.654	0.655	0.734	0.730	1.000	0.689	0.646	0.683	0.654	0.676	0.447	0.521	0.197	0.326	0.316	0.438
7	图书馆建设	0.470	0.665	0.650	0.700	0.710	0.689	1.000	0.619	0.700	0.693	0.655	0.379	0.530	0.162	0.255	0.271	0.391
14	国家图书馆学刊	0.442	0.485	0.470	0.664	0.666	0.646	0.619	1.000	0.675	0.661	0.570	0.344	0.394	0.134	0.223	0.154	0.308

续表

	17	12	10	4	11	13	16	15	9	14	7	6	5	8	1	2	3
9 图书馆	0.411	0.278	0.273	0.168	0.516	0.426	0.670	0.711	1.000	0.675	0.700	0.683	0.736	0.742	0.607	0.645	0.496
15 图书馆工作与研究	0.431	0.281	0.283	0.175	0.524	0.459	0.687	1.000	0.711	0.661	0.693	0.654	0.734	0.729	0.673	0.678	0.498
16 情报资料工作	0.585	0.458	0.447	0.382	0.622	0.555	1.000	0.687	0.670	0.570	0.655	0.676	0.635	0.650	0.582	0.584	0.686
13 情报理论与实践	0.560	0.454	0.491	0.460	0.571	1.000	0.555	0.459	0.426	0.344	0.379	0.447	0.391	0.454	0.274	0.294	0.465
11 图书情报知识	0.592	0.540	0.447	0.493	1.000	0.571	0.622	0.524	0.516	0.394	0.530	0.521	0.497	0.516	0.408	0.436	0.580
4 情报学报	0.595	0.612	0.593	1.000	0.493	0.460	0.382	0.175	0.168	0.134	0.162	0.197	0.192	0.262	0.164	0.162	0.399
10 现代图书情报技术	0.554	0.493	1.000	0.593	0.447	0.491	0.447	0.283	0.273	0.223	0.255	0.326	0.218	0.347	0.241	0.243	0.428
12 情报杂志	0.601	1.000	0.493	0.612	0.540	0.454	0.458	0.281	0.278	0.154	0.271	0.316	0.255	0.303	0.216	0.208	0.279
17 情报科学	1.000	0.601	0.554	0.595	0.592	0.560	0.585	0.431	0.411	0.308	0.391	0.438	0.391	0.451	0.333	0.334	0.507

注：模块编号自上而下、自左向右依次为①、②、③、④、⑤、⑥。

表 8-3　基于 JCA 和 C-JCA 的块密度矩阵

	①	②	③	④	⑤	⑥	⑦	⑧
①	0.380	0.467	0.517	0.523	0.314	0.389	0.374	0.393
②	0.467	0.482	0.488	0.507	0.257	0.367	0.287	0.392
③	0.517	0.488		0.384	0.123	0.467	0.410	0.465
④	0.523	0.507	0.384	0.455	0.174	0.456	0.374	0.502
⑤	0.314	0.257	0.123	0.174		0.257	0.440	0.422
⑥	0.389	0.367	0.467	0.456	0.257	0.467	0.615	0.56
⑦	0.374	0.287	0.410	0.374	0.440	0.615	0.608	0.597
⑧	0.393	0.392	0.465	0.502	0.422	0.561	0.597	

（a）JCA 块密度矩阵

	①	②	③	④	⑤	⑥
①		0.499	0.686	0.522	0.414	0.393
②	0.499	0.659	0.634	0.434	0.224	0.321
③	0.686	0.634		0.588	0.414	0.521
④	0.522	0.434	0.588	0.571	0.473	0.536
⑤	0.414	0.224	0.414	0.473	0.593	0.564
⑥	0.393	0.321	0.521	0.536	0.564	0.601

（b）C-JCA 块密度矩阵

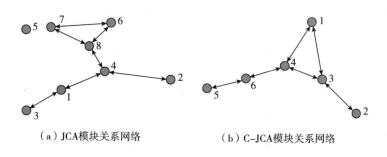

（a）JCA 模块关系网络　　　　　（b）C-JCA 模块关系网络

图 8-3　基于 JCA 和 C-JCA 的模块间关系网络

融入引文内容信息前后，期刊耦合网络的块模型结构发生了较大的变化，具体表现在以下方面：

（1）从模块数量上来看，融入内容信息前，17 种核心期刊被分为 8 个模块，融入内容信息后被分为 6 个模块。JCA 是基于知识吸收的机理来考察期刊间的关系，图书情报学学科领域知识来源广泛，使由耦合关系联系起来的期刊关系相对松散，因此得到较多的边缘或孤立的模块。比如，模块③《图书馆论坛》与模块④图书馆工作与建设一组的实际联系比较密切，却没有被划归到一起。融入内容信息后，期刊引文的内容加强了部分期刊之间的关系，如期刊间可能没有引用关系，由于内容相似，两期刊的关系会得到加强。因此，期刊间的关系相对密切，使孤立的期刊相对减少，模块数量相应减少。当然，融入内容信息后也会削弱某些期刊间的关系，如有些文献本来内容上没有关系或关系不大，有些作者为追求"名刊效应"却将其作为参考文献引用，融入内容信息后，可在一定程度上削弱期刊间的这种引用关系，有效规避了盲目引用名刊的现象。由于这种盲目引用现象不占多数，所以融入引文内容信息后，总的模块数量还是减少的。

（2）从模块密度上来看，JCA 的块密度矩阵中，模块内部密度最大的是模块⑦，对应情报学期刊群中两种重视技术研究的期刊；C-JCA 的块密度矩阵中，模块内部密度最大的是模块②，对应图书馆学的核心期刊，由于图书馆学期刊内部的知识交流比情报学期刊内部的知识交流频繁[22]，可以推测图书馆学期刊群密度应该高于情报学期刊群密度，因此基于 C-JCA 的模块划分更合理。

（3）从模块位置来看，分析图 8-3 中（a）基于 JCA 的模块间关系网络，发现该网络中起桥梁作用的模块是模块⑧和模块④。模块④包含的期刊有《图书馆建设》《图书馆工作与研究》《图书馆》，这三种期刊完全属于图书馆学期刊，仅通过《图书情报知识》同时将图书馆学期刊和情报学期刊关联起来的能力并不强；边缘位置的模块⑤是《图书情报工作》，这是图书情报学期刊群中的两栖期刊，处于边缘位置也不好解释。

分析图 8-4 中右图基于 C-JCA 的模块间关系网络，发现网络中起桥梁作用的模块是模块④，其次是模块①和模块③，这三个模块中的期刊《图书情报工作》《情报资料工作》《图书情报知识》属于两栖期刊，在图书情报学期刊群中确实起到桥梁作用；模块⑤中的《情报学报》和《现代图书情报技术》由于其典型的情报技术特点处于情报学模块⑥的边缘，并通过模块④和具有两栖性质的期刊模块③与图书馆学模块②关联，这种模块网络关系相对合理得多。

3. JCA、 C-JCA 与期刊共被引分析的对比

目前，期刊共被引分析已经成为一种成熟的探索期刊关联的分析方法，其科学性、可靠性早已得到证实。为了进一步说明 C-JCA 方法具有更好的期刊研究效果，现将 JCA、C-JCA 分别与期刊共被引分析进行相似性比较。

为使数据具有可比性，期刊共被引分析的数据源也选择 17 种核心期刊 2009—

2014 年收录的文献。数据具体获取过程如下：进入 CNKI 中文期刊数据库的高级检索界面，在索引项和检索词内分别输入"参考文献""A 期刊名"，选择逻辑为"并且"，再输入"参考文献""B 期刊名"，检索时间为 2009—2014 年，进行精确搜索，把检索到的文献数量 n 作为 A、B 两种期刊共被引的频次。根据获取的 17 种核心期刊两两共被引的频次，构建 17 种核心期刊共被引关系对称矩阵，在 SPSS 中将其转化为 $17 * 17$ 的 Spearman 相关矩阵 C_{ij}，并在 Ucinet6. 0 将矩阵 C_{ij} 转换为 $C'_{ij}.\#$ h 格式文件。

4. JCA、 C-JCA 与期刊共被引分析网络的相似度对比

在 Ucinet6. 0 环境，分别将 $A_{ij}.\#\#$h、$A'_{ij}.\#\#$h 文件与期刊共被引矩阵的 $C'_{ij}.\#$h 文件进行 QAP 相关分析，结果如表 8-4、表 8-5 所示。其中，QAP Correlations 是指期刊网络之间实际的相关性系数；QAP P-Values 是指相关的显著性水平，当 P<0.05 时，两个网络存在某种必然的联系[22]。

表 8-4   JCA、 C-JCA 与期刊共被引分析的 QAP Correlations

	共被引分析	JCA	C-JCA
共被引分析	1	-0. 167	0. 934
JCA	-0. 167	1	…
C-JCA	0. 934	…	1

表 8-5   JCA、 C-JCA 与期刊共被引分析的 QAP P-Values

	共被引分析	JCA	C-JCA
共被引分析	0	0. 053	0
JCA	0. 053	0	…
C-JCA	0	…	0

对比发现，JCA 期刊网络与期刊共被引分析网络的相关系数为-0. 167，显著性水平为 0. 053>0. 05，说明二者在统计学意义上不存在相关性。C-JCA 期刊网络与

期刊共被引分析网络的相关系数为 0.934，显著性水平为 0.000<0.05，二者具有明显的相关性，且相关程度为 0.934。可见，与 JCA 期刊网络相比，C-JCA 期刊网络与期刊共被引分析网络的相似性得到明显提高。

5. JCA、 C-JCA 与共被引分析网络的核心边缘对比

核心-边缘结构是由若干元素相互联系构成的一种中心紧密相连、外围稀疏分散的特殊结构[17]。在期刊网络结构中，核心区期刊在网络信息交流中对边缘区期刊起到控制、协调作用，为学科期刊群提供新成果、新知识，核心区期刊的成果、知识越丰富，外围区的力量增长越快，整体网络的知识交流和沟通能力越强。核心-边缘结构分析从建立核心-边缘结构模型的角度刻画期刊网络中各期刊成员之间的结构关系，进而确定期刊在学科领域期刊群中的地位和作用。

在 Ucinet6.0 环境，分别对 A_{ij}. ##h、A'_{ij}. ##h 文件与期刊共被引矩阵的 C'_{ij}. #h 文件执行核心-边缘分析，由于一次核心-边缘分析得到的边缘区期刊数量较多，这里采用二次核心-边缘分区的办法，得到 17 种期刊不同核心区、次核心区、边缘区的划分结果（见表 8-6）。

表 8-6　JCA、 C-JCA 与共被引分析网络的核心-边缘区划分结果

	核心区	次核心区	边缘区
共被引分析	大学图书馆学报、中国图书馆学报、图书情报工作、图书馆杂志、图书馆建设、图书馆论坛	图书与情报、图书馆、图书情报知识、国家图书馆学刊、情报理论与实践、情报资料工作	情报学报、现代图书情报技术、情报杂志、图书馆工作与研究、情报科学
JCA	大学图书馆学报、中国图书馆学报、图书馆杂志、图书馆论坛、情报学报、图书与情报	图书馆建设、图书馆、图书情报知识、图书馆工作与研究、情报资料工作	图书情报工作、现代图书情报技术、情报杂志、情报理论与实践、国家图书馆学刊、情报科学
C-JCA	大学图书馆学报、中国图书馆杂志、图书馆论坛、图书馆建设、图书馆工作与研究	图书与情报、图书馆、情报资料工作、图书情报工作、图书情报知识、国家图书馆学刊	情报学报、现代图书情报技术、情报理论与实践、情报科学、情报杂志

　　对比 JCA 与期刊共被引分析的分区结果，发现两种方法在核心区、次核心区、边缘区的重合率分别为 66.67%、50%～60%、50%～60%，重合率并不高。再对比 C-JCA 与期刊共被引分析的分区结果，发现二者在核心区、次核心区、边缘区的重合率分别为 83.33%、83.33%、80%，重合率提高近 20%。这说明 C-JCA 与期刊共被引分析在图书情报学期刊的核心-边缘划分上具有较高的相似度。

　　已有研究证明期刊共被引分析能够较好地进行期刊分类、确定期刊在学科中的位置、判断期刊的学科性质及学科知识结构等。与 JCA 相比，C-JCA 与期刊共被引分析在期刊网络相似性、核心-边缘划分的相似性方面均有明显提高，说明 C-JCA 在期刊研究中的能力比 JCA 有了较大的提升。

（五）小结

　　JCA 是从期刊吸收知识的角度研究期刊关系和学科关系的方法，由于来源知识的分散性造成 JCA 的分析效果较差。为改善其分析效果，扩大其应用范围、加大应用深度，我们提出一种 C-JCA 方法。该方法通过提取期刊引文的特征词，并通过融合函数将其融入传统的 JCA，通过实验对比，发现 C-JCA 方法的一些性能得到了较大提升。

1. 纵向进行了 JCA 与 C-JCA 两种方法的对比

　　在期刊多维尺度分布中，JCA 的期刊分布比较分散，C-JCA 的期刊分布相对集中，尤其是相近内容的期刊分布比较集中，使期刊群的网络结构变得容易识别；相比 JCA，C-JCA 的期刊密度得到一定的提高，且相近研究内容的期刊分布相对集中，这有利于发现对应期刊群的知识交流与转移；在核心、边缘、桥梁期刊的划分方面，通过 C-JCA 方法进行的划分误差较小，这便于发现期刊群中对知识起控制、协调、沟通作用的期刊；由 C-JCA 方法得到的学科内部、学科间知识的交流关系比 JCA 方法更合理，如 JCA 方法中起桥梁作用的期刊有的处于边缘位置，而边缘位置的期刊有的却起到桥梁作用；研究内容相近的模块间密度较小，研究内容差异较大的模块间密度反而较大等，而 C-JCA 方法使上述问题均在一定程度上得到改善。

C-JCA 之所以比 JCA 具有上述优势，是因为内容信息对期刊引用频次起到有效的调整作用，使内容相关的引用得到不同程度的加强，内容无关的引用得到不同程度的削弱。在一定程度上也规避了"名刊效应"带来的引文不规范的问题，提高了期刊之间的实际关联度。

2. 横向进行了 JCA、 C-JCA 与期刊共被引分析的相似性对比

从数据矩阵的相似性来看，JCA 与期刊共被引分析呈负相关，C-JCA 与期刊共被引分析呈 0.934 的正相关；从对 17 种期刊的核心-边缘结构划分结果来看，C-JCA 与期刊共被引分析的重合率比 JCA 与期刊共被引分析的重合率高 20%。这说明，与 JCA 相比，C-JCA 与期刊共被引分析的相似性明显提高。

期刊耦合分析与期刊共被引分析都是通过期刊外部的引用关系来分析同一目标对象，两种方法应该具有较高的相似度。C-JCA 与期刊共被引分析相似性较高的结论间接证明了一点，那就是：与 JCA 相比，C-JCA 方法在期刊分析中的性能得到了很大程度的改善，并且可以预测，C-JCA 的期刊研究能力会比 JCA 提高很多，效果会更好。这为 C-JCA 方法与期刊共被引分析相结合，进一步开展基于期刊的知识吸收和知识扩散的研究、从引文的角度进行基于期刊的知识流探测的研究等奠定了基础。

二、基于融合函数的文献主题信息与作者合著信息的融合

大科学时代，科研活动具有投资强度大、多学科交叉、需要昂贵且复杂的实验设备、研究目标宏大等特点[23]，所以科研合作是目前科学研究的主流方式，具体表现为科技论文的合著，合著关系相互交织形成复杂的作者合著网络。研究合著网络有利于发现作者间的合著关系、分析科研团体的研究内容、挖掘学科内部的知识结构；将文献主题信息与作者合著信息融合，可以发现作者潜在的合作关系，预测合著网络的演化趋势，为作者合著关系的构建提供建议，更好地推动科研活动的快速发展。

将在作者合著矩阵基础上，利用 LDA 主题模型生成作者文献的主题分布，再经皮尔逊相关性分析后生成作者间的主题相似度矩阵。之后，利用融合函数实现作者文献主题相似矩阵与作者合著相似矩阵的融合，对比融入主题前后的合著网络，并分析融入作者文献主题内容前后作者合著关系的变化。

（一）相关研究概述

1. 国外作者合著网络研究现状

随着社会网络分析理论和方法的提出，利用定量分析法对各种社会关系进行研究成为各类型关系研究的焦点。目前，国外学者对合著网络的关注点是科研人员、科研机构甚至国家和学科之间的合作关系网络以及演化趋势的研究。普赖斯[24] 是最早开展对科研合作网络研究的学者之一，他于 1963 年运用一些简单的计量指标研究科研合作的方式；Kretschmer 于 1997 年提出合著网络概念并给出可视化合作网络[25]；Newman[26][27][28] 于 2001 年系统地给出科研领域合作网络的定义，是最早将网络分析法引入合作网络分析的学者之一，他对不同学科（如生物、物理和数学）网络进行包括度分布、聚类系数、平均距离和合作强度等的分析。对合著网络的早期研究主要集中于分析合作网络的静态特征，很多学者从中心度角度来研究学者的影响力，如 Freeman[29] 提出了社会网络中的四个中心度概念，分别是度中心度、接近中心度、中介中心度和特征向量中心度；Fiala 等[30]将 PageRank 算法应用到作者合作网络中以识别有影响力的作者；Yoshikane 等[31]修改了 Hits 算法来区别合著网络中的领导者和追随者。在静态特征研究的基础上，研究者逐渐从静态特征转移到合作网络的动态演化[32]，同时一系列的动态模型被提出，如 2002 年 Barabasi 等[33] 构建了数学和神经科学领域的作者合作网络，通过对节点度、平均最短距离、离散度、聚类系数等指标分析，指出作者合作网络是一种无标度网络，网络的演化呈单偏好机制；Barabasi 等[33] 研究了合著网络随时间变化的规律，弥补了 SNA 无法进行时序研究的缺陷。目前，国外运用复杂网络分析法研究科学合著关系已经扩展到化学、人类学、营销学、经济学、管理学等众多领域[34]。

2. 国内作者合著研究现状

对作者合著的研究，国内主要集中于应用复杂网络理论分析情报学科研合著网络的"特征参数""集团结构""网络特性"及"合作关系测度"，从社会网络分析角度研究情报学的合著现象与现实社会中的人际关系[35]。2008 年，李亮等[36] 通过分析网络中心性、凝聚子群和核心-边缘结构等分析《情报学报》的合著现象；2009 年，孟微等[37] 研究了我国情报学科研合著网络的特性与集团结构；2009 年，陈定权等[38] 运用社会网络分析法从网络密度、度中心性、成分、派系等方面研究了图书情报学 1999—2002 年的论文合著现象；2010 年，袁润等[39] 从合著网络的个体属性和整体属性两个维度研究《中国图书馆学报》2003—2008 年收录的文章的中心性、网络密度等，揭示了图情领域合著的特点、现状以及存在的问题；2016 年，谢丽斌等[40] 通过分析合著网络的节点度、中心度、合作关系强度等，探索关系网络的特征和分布规律；也有学者从合著网络动态演化的角度来分析合著网络的特性，对作者未来的合作关系进行预测，如 2014 年李纲等[41] 通过对作者的社会化标注行为进行建模，提出 CURA 模型，分析合作网络的结构及其演化特征，并对合著网络进行了预测；2014 年，于琦[23] 进行了生物医学领域科研合作现状及预测研究，以心血管病、肿瘤和健康管理研究领域为例，对这三个领域的科研合作情况进行了全面的阐述，并对未来的合作关系进行了预测。

3. 研究趋势

综上分析，发现国内外学者对作者合著网络的研究主要集中于以下两个方面：一方面是通过对网络结构的分析，运用网络密度、中心性度量、派系等指标识别某一个领域有影响力的作者、核心科研团队，分析作者合著特点与关系；另一方面是网络的动态性研究，通过时间序列分析或是通过构建动态模型研究作者合著网络的动态演化特征，更好地把握作者未来的合作态势，优化学科结构，提高科研产出。但鲜有将作者文献的研究主题纳入合著网络来分析作者潜在的合著关系的研究。根据趋同理论（Homophily Theory）[32]：属性越相似的节点越容易相互连接，2015 年李纲等[41] 从作者个体和整体网络的角度证实了相似的研究兴趣是作者合作的动机。所以，有理由相信，作者发表文献内容的主题特征对作者合著关系有显著的影响。

以我国情报学作者合著网络为例，首先利用 LDA 模型提取作者文献主题，然后利用余弦相似度获得作者基于主题内容的相似度，再通过融合函数将其和原始的作者合著关系融合，生成新的合著网络，由此分析我国情报学领域作者间潜在的合著关系，为我国情报学领域作者科研合作提供指导。为方便后文表述，把"融入主题信息的作者合著网络"（Author Co-authorship Network Integrating Topic）统一用 ACA&T-N 表示，原始的作者合著网络（Author Co-authorship Network）统一用 ACA-N 表示。

（二）数据获取与处理

本部分数据来源于 CSSCI 中的情报学 9 种核心期刊（《情报学报》《情报理论与实践》《情报杂志》《情报科学》《现代图书情报技术》《图书情报工作》《情报资料工作》《图书情报知识》《图书与情报》）。下载 9 种期刊刊登文献的题名、作者、机构等题录信息，时间限定为 2012 年 1 月到 2016 年 12 月，共检索到文献 14303 篇，去除会议通知、投稿须知等无关项，共检索到有效文献 13792 篇；之后，通过 BICOMB 提取每篇文献的作者及其机构信息；并将其导出到 Excel 中。接下来，对数据做以下处理：针对命名不规范问题，采用统一命名法；针对作者重名现象，若重名作者的合著作者一致，则视为同一作者，反之则视为不同作者。经过以上处理后，共得到作者 12509 位，从中选取上述检索时间段内发表论文数大于等于 15 篇的作者，最后得到 154 位作者，整理得表 8-7，以此作为本部分的样本作者。

表8-7　高产作者信息（部分）

序号	作者	机构	发文量（篇）	序号	作者	机构	发文量（篇）
1	邱均平	中国科学评价研究中心	91	21	潘云涛	中国科学技术信息研究所	33
2	朱庆华	南京大学	66	22	章成志	南京理工大学	33
3	毕强	吉林大学	62	23	张智雄	中国科学院文献情报中心	32
4	李纲	武汉大学	60	24	武夷山	中国科学技术信息研究所	32
5	许鑫	华东师范大学	56	25	张晓林	中国科学院国家科学图书馆	32
6	黄卫东	南京邮电大学	51	26	张兴旺	桂林理工大学	32
7	孙建军	南京大学	51	27	俞立平	宁波大学	31
8	赵蓉英	武汉大学	49	28	王国华	华中科技大学	31
9	苏新宁	南京大学	47	29	娄策群	华中师范大学	30
10	邓仲华	武汉大学	46	30	谢阳群	淮北师范大学	30

1. 构建作者合著矩阵

将处理后的数据文件通过 BICOMB 软件提取并统计作者信息，生成 154 * 154 的作者合著矩阵，矩阵中的数字是两位作者合著的次数，对角线上的数字为某作者五年内在 CSSCI 核心期刊上的发表的论文总数。由于作者合著矩阵的数值差异较大，将原始作者合著矩阵通过 SPSS 进行 Pearson 相关分析，为确保得到的相关系数都在 0 和 1 之间，避免出现负相关，在度量中设置标度 0-1 全距。在相关性分析的结果中，只保留之前存在合著关系的作者间的相关系数，将没有存在合著关系的作者间的相关系数置为 0，结果如表 8-8 所示。

表8-8　作者合著关系相似矩阵（部分）

	邱均平	朱庆华	毕强	李纲	许鑫	黄卫东	孙建军	赵蓉英	苏新宁	邓仲华	唐晓波
邱均平	1.000	0.000	0.000	0.000	0.000	0.000	0.000	0.533	0.000	0.000	0.000
朱庆华	0.000	1.000	0.000	0.000	0.000	0.000	0.188	0.000	0.000	0.000	0.000
毕强	0.000	0.000	1.000	0.000	0.000	0.000	0.000	0.000	0.000	0.000	0.000
李纲	0.000	0.000	0.000	1.000	0.000	0.000	0.000	0.000	0.000	0.000	0.000

续表

	邱均平	朱庆华	毕强	李纲	许鑫	黄卫东	孙建军	赵蓉英	苏新宁	邓仲华	唐晓波
许鑫	0.000	0.000	0.000	0.000	1.000	0.000	0.000	0.000	0.000	0.000	0.000
黄卫东	0.000	0.000	0.000	0.000	0.000	1.000	0.000	0.000	0.000	0.000	0.000
孙建军	0.000	0.188	0.000	0.000	0.000	0.000	1.000	0.000	0.000	0.000	0.000
赵蓉英	0.533	0.000	0.000	0.000	0.000	0.000	0.000	1.000	0.000	0.000	0.000
苏新宁	0.000	0.000	0.000	0.000	0.000	0.000	0.000	0.000	1.000	0.000	0.000
邓仲华	0.000	0.000	0.000	0.000	0.000	0.000	0.000	0.000	0.000	1.000	0.000
唐晓波	0.000	0.000	0.000	0.000	0.000	0.000	0.000	0.000	0.000	0.000	1.000

2. 构建作者主题矩阵

使用 LDA 主题模型提取上述作者文献的主题，形成作者主题矩阵。作者发表的每一篇文献都能反映其研究主题，所以此处文献来源不要求局限于 CSSCI 核心期刊上。在 CNKI 的文献分类目录中选择信息科技类，以"作者名+机构"进行模糊检索，为与前面的数据保持一致，检索时间同上。摘要是一篇文献研究内容、研究方法、研究结论的高度精练，基本涵盖了文章的主题内容，因此下载每位作者文献的摘要作为 LDA 主题提取的数据源。

在文献主题提取中，主题数目的确定至关重要，主题数目过少不能涵盖学科领域的研究全貌，过多则会出现重复分析的现象；根据作者或专家建议确定主题数目又带有主观性的弊端。为此，本部分利用主题之间的平均相似度来度量该主题结构的稳定性，确保主题数目的确定科学、合理。确定主题数目的原则是：当主题结构的平均相似度最小时，对应的模型最优。这里选用余弦相似性方法，通过多次试验发现，当主题数 $K = 10$ 时，作者类团最优。确定最优 K 值的实验结果如图 8-4 所示。

利用 lda 包对 LDA 主题模型的参数进行训练，设置主题数 $K = 10$，超参数 $\alpha = 0.1$、$\theta = 0.02$。最后得到一个 154 位作者的主题概率分布表（见表 8-9）。表 8-8 中的 Topic1-Topic10 是提取的 10 个主题，数据是各位作者在某一主题上的概率分布，数值越大，表示该作者在这一主题上的概率越大，对该主题研究越多。

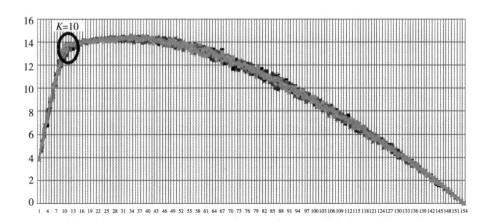

图 8-4　最优成分数目确定的实验结果

表 8-9　作者-主题概率分布表（部分）

作者 / 主题	邱均平	朱庆华	毕强	李纲	许鑫	黄卫东	孙建军	赵蓉英	苏新宁	邓仲华	唐晓波
Topic1	0.0374	0.0001	0.0864	0.0001	0.0858	0.0006	0.0002	0.0349	0.0052	0.6585	0.0078
Topic2	0.0256	0.0180	0.5187	0.0267	0.1715	0.0878	0.0718	0.0028	0.1178	0.0167	0.4127
Topic3	0.8197	0.1988	0.0612	0.0564	0.1613	0.1983	0.2756	0.8528	0.1666	0.0198	0.0933
Topic4	0.0220	0.6027	0.0602	0.0511	0.1309	0.0064	0.1801	0.0322	0.0153	0.1088	0.3671
Topic5	0.0004	0.0142	0.0001	0.0001	0.0012	0.1052	0.0272	0.0171	0.0018	0.0001	0.0002
Topic6	0.0557	0.0161	0.0274	0.0022	0.0632	0.0936	0.0304	0.0376	0.0136	0.1554	0.0002
Topic7	0.0212	0.0189	0.0001	0.0001	0.0001	0.0006	0.0654	0.0224	0.0674	0.0001	0.0002
Topic8	0.0082	0.0491	0.0558	0.7610	0.3158	0.0238	0.2995	0.0001	0.5934	0.0105	0.1181
Topic9	0.0004	0.0001	0.1060	0.0001	0.0001	0.0238	0.0495	0.0001	0.0187	0.0146	0.0002
Topic10	0.0094	0.0820	0.0842	0.1021	0.0700	0.4599	0.0002	0.0001	0.0002	0.0156	0.0002

　　将作者-主题概率分布表通过 SPSS 进行 Pearson 相关分析，得到作者基于研究主题的相似度矩阵。与处理作者合著矩阵的方法相似，进行相关分析时，在度量中设置标度 0-1 全距，避免出现负相关。融入研究主题的作者相似矩阵如表 8-10 所示。

表8-10　融入研究主题的作者相似矩阵（部分）

	邱均平	朱庆华	毕强	李纲	许鑫	黄卫东	孙建军	赵蓉英	苏新宁	邓仲华	唐晓波
邱均平	1.000	0.000	0.000	0.000	0.000	0.000	0.000	0.999	0.000	0.000	0.000
朱庆华	0.000	1.000	0.000	0.000	0.000	0.000	0.000	0.000	0.000	0.000	0.000
毕强	0.000	0.000	1.000	0.000	0.000	0.000	0.000	0.000	0.000	0.000	0.814
李纲	0.000	0.000	0.000	1.000	0.882	0.000	0.000	0.000	0.969	0.000	0.000
许鑫	0.000	0.000	0.000	0.882	1.000	0.000	0.865	0.000	0.909	0.000	0.000
黄卫东	0.000	0.000	0.000	0.000	0.000	1.000	0.000	0.000	0.000	0.000	0.000
孙建军	0.000	0.000	0.000	0.000	0.865	0.000	1.000	0.000	0.862	0.000	0.000
赵蓉英	0.999	0.000	0.000	0.000	0.000	0.000	0.000	1.000	0.000	0.000	0.000
苏新宁	0.000	0.000	0.000	0.969	0.909	0.000	0.862	0.000	1.000	0.000	0.000
邓仲华	0.000	0.000	0.000	0.000	0.000	0.000	0.000	0.000	0.000	1.000	0.000
唐晓波	0.000	0.000	0.814	0.000	0.000	0.000	0.000	0.000	0.000	0.000	1.000

表8-10反映了154位作者两两间在研究主题上的相似性，其中数值越大表示两位作者的研究主题越相似。

3. 构建融入主题内容的作者合著矩阵

为方便后面的对比分析，构建融入主题内容的作者合著矩阵，即融合矩阵。利用文献 [32] 提出的融合函数 $M_{ij} = \omega A_{ij} + (1-\omega) B_{ij}$ （i, $j = 1$, 2, …, 154）将表8-10、表8-11两个矩阵进行融合。其中，M_{ij} 代表融合后的矩阵，A_{ij} 代表作者合著相似性矩阵，B_{ij} 代表作者研究主题相似性矩阵，ω 为权重。由于作者合著关系受作者间的关系（如同事关系、师生关系）、作者地域分布等因素的影响较大，选取 $\omega = 0.6$，使 A_{ij} 的权重略大于 B_{ij} 的权重。最后计算得到融入研究主题的作者合著关系矩阵 M_{ij}，如表8-11所示。

表8-11　融入研究主题的作者合著矩阵

	邱均平	朱庆华	毕强	李纲	许鑫	黄卫东	孙建军	赵蓉英	苏新宁	邓仲华	唐晓波
邱均平	1.0000	0.0000	0.0000	0.0000	0.0000	0.0000	0.0000	0.7419	0.0000	0.0000	0.0000
朱庆华	0.0000	1.0000	0.0000	0.0000	0.0000	0.0000	0.1451	0.0000	0.0000	0.0000	0.0000

续表

	邱均平	朱庆华	毕强	李纲	许鑫	黄卫东	孙建军	赵蓉英	苏新宁	邓仲华	唐晓波
毕强	0.0000	0.0000	1.0000	0.0000	0.0000	0.0000	0.0000	0.0000	0.0000	0.0000	0.3256
李纲	0.0000	0.0000	0.0000	1.0000	0.3526	0.0000	0.0000	0.0000	0.3875	0.0000	0.0000
许鑫	0.0000	0.0000	0.0000	0.3526	1.0000	0.0000	0.3460	0.0000	0.3634	0.0000	0.0000
黄卫东	0.0000	0.0000	0.0000	0.0000	0.0000	1.0000	0.0000	0.0000	0.0000	0.0000	0.0000
孙建军	0.0000	0.1451	0.0000	0.0000	0.3460	0.0000	1.0000	0.0000	0.3450	0.0000	0.0000
赵蓉英	0.7419	0.0000	0.0000	0.0000	0.0000	0.0000	0.0000	1.0000	0.0000	0.0000	0.0000
苏新宁	0.0000	0.0000	0.0000	0.3875	0.3634	0.0000	0.3450	0.0000	1.0000	0.0000	0.0000
邓仲华	0.0000	0.0000	0.0000	0.0000	0.0000	0.0000	0.0000	0.0000	0.0000	1.0000	0.0000
唐晓波	0.0000	0.0000	0.3256	0.0000	0.0000	0.0000	0.0000	0.0000	0.0000	0.0000	1.0000

　　Vosviewer 的可视化呈现效果较好，而 Gephi 具有模块化且能统计各模块相关参数的功能，所以使用 Vosviewer 呈现可视化结果，利用 Gephi 实现整体网络的模块化划分及各模块相关参数的统计。

　　将融入主题内容的作者合著矩阵（见表 8-11），转换成 . ##h 格式的文件，之后将 . ##h 的文件导入 UCINET 中转换为 Vosviewer 可识别的 . net 网络文件。将该网络文件导入 Vosviewer，在 Analysis 一栏的 Normalization 中选择 LinLog/modularity 的标准化方法，在 clustering 中设置方法 1. 00 以及最小聚类大小为 2. 00，其他使用软件默认的参数设置，得到 ACA&T-N（融入主题内容的作者合著网络）。网络中的节点代表作者，节点的大小代表该作者度的大小，与该作者合著的作者越多，节点越大；节点的连线代表两位作者之间存在合著关系，连线越粗，作者合著次数越多；节点的颜色代表了节点的聚类归属。聚类算法将 154 位作者分为 9 类，从图 8-6 中可以看出，该网络的模块化界限十分明显（见图 8-5）。

　　为对比说明 ACA&T-N 的特征，将作者合著矩阵（见表 8-8）同样转换为 Vosviewer 可识别的 . net 网络文件。将该网络文件导入 Vosviewer，参数设置同上，生成 ACA-N（作者合著网络），如图 8-5 所示。

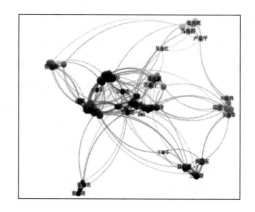

图 8-5   ACA&T-N 图

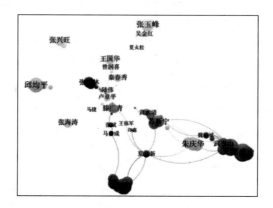

图 8-6   ACA-N 图

（三）结果分析

1. 网络参数的对比分析

在社会网络分析中，可通过一系列的网络参数来描述网络的结构特征。其中包括网络密度、平均路径长度、直径、聚类系数等。利用 Gephi 中的统计面板，统计图 8-7、图 8-6 两个网络的相关参数，结果如表 8-12、表 8-13 所示。

表 8-12   ACA-N 的特征参数

边数	密度	网络直径	平均度	平均路径长度	平均聚类系数	模块度
142	0.012	11	1.844	3.95	0.536	0.897

表 8-12 显示，ACA-N 中共有 142 条边，结果十分稀疏，网络密度是 0.012，网络直径是 11，网络最短距离的最大值为 11，平均度是 1.844，说明该网络作者平均与 1.844 位作者相连，上述表明该作者合著网络的整体连接性不高，处于较为松散的状态。该网络联通的节点间的平均路径长度为 3.95，表示在该网络中，两个节点之间建立关系平均需要经过 3.95 步，这是一个较小的网络距离，说明该合著网络符合小世界的特性。

表 8-13 ACA&T-N 的特征参数

边数	密度	网络直径	平均度	平均路径长度	平均聚类系数	模块度
1244	0.106	5	16.156	2.839	0.799	0.7944

表 8-13 显示，ACA&T-N 一共有 1244 条边，网络密度是 0.106，结果虽然较为稀疏，但相比 ACA-N，该网络的密度整整扩大了十倍。网络直径是 5，网络最短距离的最大值为 5，平均度是 16.156，说明该网络作者平均与 16.156 位作者相连，上述参数表明 ACA&T-N 的整体连接性有了显著性的提高。该网络联通的节点间的平均路径长度为 2.839，表示在该网络中，两个节点之间建立关系平均需要经过 2.839 步，略小于合著网络的 3.95，说明两个网络均符合小世界的特性。该网络平均聚类系数为 0.799，聚类系数较大表示该网络比较成熟，网络中节点间知识的相互流通较好。

对比发现，ACA-N 的规模、密度、平均度都较小，网络直径、平均路径长度较大，而 ACA&T-N 的规模、密度、平均度都有了很大程度的提高，网络直径、平均路径长度缩短了，这说明融入主题之后的网络不仅在规模上，在作者连接的紧密度上都有了很大的提升。

2. 网络中模块内部规模对比分析

我们利用 Gephi 对图 8-5、图 8-6 两个网络分别进行模块划分，划分出来的模块均与用 Vosviewer 聚类的结果一致。统计图 8-5、图 8-6 中各模块的内部规模

（包括各模块内部的节点数、连接数、加权连接、密度以及节点的平均度等），结果
如表8-14、表8-15所示。加权连接指的是各模块内部作者间连接的权重之和，虽
然它受到模块内节点数与作者发文量的影响，但可在一定程度上反映一个模块内部
连接的紧密度。

表8-14   ACA-N中各模块内部规模

模块	节点数	连线数	加权连接	密度	平均度
模块 A	12	16	80	0.242	2.667
模块 B	11	22	120	0.400	4.000
模块 C	10	14	44	0.311	2.800
模块 D	10	13	48	0.289	2.600
模块 E	7	10	50	0.476	2.857
模块 F	6	6	43	0.400	2.000
模块 G	6	5	17	0.333	1.667

由表8-14可见，ACA-N将作者划分为7个模块，这7个模块的规模都较小，
最大的模块A仅有12位作者，最小的模块F、模块G仅有6位作者。各模块内部
相对于整个网络来讲，连线较多，联系较为紧密，最大的模块A有16条连线，加
权连接为80；最小的模块F虽只有6位作者，也有5条连线，加权连接为17；值得
一提的是模块B，其加权连接为120，说明模块B中的作者不仅存在合著关系，且合
著次数相对较多。各模块的密度较大，其中模块E最大，为0.476，模块A最小，密
度为0.242，联系较为紧密。连线数、加权连接和密度说明，在模块内部，各位作者
间合作相对密切，形成一个个的小团体，尤以模块B和模块E最为显著，这两个模
块无论是连接数、加权连接还是密度都较大，作者间联系十分紧密。模块的平均度
是指作者在该模块内部度的平均值，也可以反映模块内部连接的紧密程度，平均度
最大的模块是模块B，为4.000，平均度最小的模块为模块G，为1.667。

表8-15给出ACA&T-N的模块内部信息，ACA&T-N共分出9个不同的模块，
154位作者无一形成孤立的节点，全都参与了模块的划分。

表 8-15　ACA&T-N 中各模块的内部规模

模块	节点数	连接数	加权连接	密度	平均度
模块 A	26	159	130.3	0.489	12.231
模块 B	24	247	190.4	0.895	20.583
模块 C	22	203	157.1	0.879	18.455
模块 D	17	109	92.3	0.801	12.824
模块 E	17	127	97.6	0.934	14.941
模块 F	15	100	81.3	0.952	13.333
模块 G	13	78	69.1	1.000	12
模块 H	12	66	58.6	1.000	11
模块 I	8	28	24.2	1.000	7

从表 8-15 中可以看出，模块数量较原始网络增加了，这是因为融入主题后，原先由于合著关系较弱未能参与模块划分的作者参与了进来，各模块的人员组成也发生了较大的变化，存在很大程度的交叉。各模块规模存在较大的差异，最大的模块 A 有 26 位作者，而最小的模块 I 有 8 位作者。模块 A 的规模虽大，但其连接最不紧密，网络密度仅为 0.489，节点平均度为 12.231，均表明在该模块中，每位作者只和大约半数的作者存在关联。其他模块的密度均在 0.8 以上，平均度略小于模块节点数，表明在这些模块中，融合内容之后的作者合著关系十分紧密，其中特别值得一提的是模块 G、模块 H 和模块 I，它们的模块密度均为 1.000，节点平均度等于模块节点数，表明这三个模块中的作者两两相连。可见，在原始合作关系的基础上融入主题连接后，模块的紧密度达到最高。

对比发现，ACA-N 将作者共划分为 7 个模块，只有 62 位作者参与了模块划分，各模块的规模很小，除个别模块（模块 E）外，模块内部连接的较为松散，连接数、加权连接、模块密度、平均度都较小。各个模块内作者合著关系的强弱使模块内部也划分成几个部分和梯度。融入作者研究主题后，所有作者都参与了模块划分，ACA&T-N 将作者共划分为 9 个模块，这 9 个模块较之前的模块发生了很大的变动。各模块的规模与内部连接较之前的模块均有很大程度的提高，甚至有三个模块密度为 1, 内部作者与任意作者都相连。

3. 网络中模块间关联特征对比分析

ACA-N 中各模块间的链接关系如图 8-7 所示。

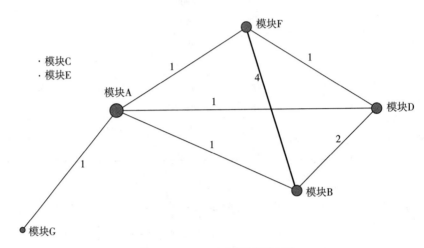

图 8-7　ACA-N 中各模块间的关联

图 8-7 中节点代表各模块, 节点之间的连线代表模块之间存在的关联, 即模块之间有作者存在合著关系, 连线上的数字代表权重, 权重是两模块间的加权连接, 表示模块间关联的强弱。每个模块对应一定的学术团队, 模块之间的合作反映了不同团体作者间知识交流的现状及整个学科内部知识流动的情况。由图 8-7 可以看出, 模块 C 与模块 E 是两个封闭模块, 其中作者与其他模块中的任意作者都不存在合著关系, 其他 A、B、D、F 模块之间均存在相互联系, 但联系也较少, 各模块间的加权连接在 1 和 4 之间, 说明各模块的学术研究多在自己的小团体内部, 很少与团体外部的作者进行合作。从联系紧密度上来看, 联系最为紧密的两个模块是模块 B 与模块 F, 加权连接为 4; 其次是模块 B 和模块 D, 加权连接为 2; 其他模块间的加权连接都为 1, 即各模块作者间仅存在一次合作; 模块 G 仅与模块 A 存在关联, 相对封闭; 甚至模块 C 与模块 E 与其他各模块间均不存在连接, 仅与本模块内部的作者合作, 上述现象说明该网络中模块间的知识流动严重受阻。

ACA&T-N 中作者被划分的 9 个模块, 各模块间的链接关系如图 8-8 所示。

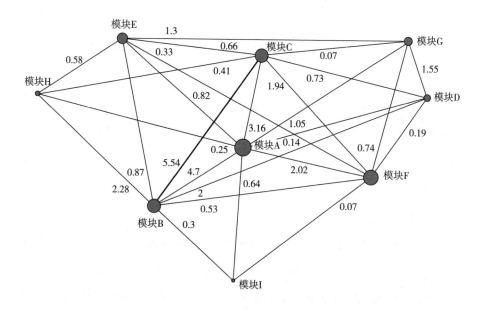

图 8-8　ACA&T-N 中各模块间的关联

图 8-8 中模块间联系相对紧密，其中模块 A 的度最大，与其他 8 个模块都存在关联，与模块 B、模块 C、模块 F、模块 G 的关联分别为 4.7、3.16、2.02、1.05。模块 B、模块 C 和模块 F 的度均为 7，其中模块 B 和模块 C 之间的关联最大，为 5.54；除模块 A 之外，模块 B 还与模块 H 和模块 D 存在较大的关联，连接的权重分别为 2.28 和 2。模块 C 与模块 A、模块 B、模块 F 之间的关联较大，分别为 3.16、5.54 和 1.94。模块 F 与模块 A 和模块 C 的关联在 1 以上，分别为 2.02 和 1.94。模块 E 的度为 6，除了与模块 D、模块 F、模块 I 的作者不存在潜在的合作关系外，模块 E 与其他 6 个模块都存在关联，而且与模块 G 的关联较大，关联为 1.3。模块 D、模块 G 的度均为 5，表明它们分别与 5 个模块存在关联。模块 D 与模块 B、模块 G 之间的关联较大，为 2 和 1.55，而模块 G 与模块 A、模块 D、模块 E 的关联都较大，分别为 1.05、1.55、1.3。模块 H 的度为 4，与模块 A、模块 B、模块 C、模块 E 四个模块存在关联，其中与模块 B 的关联较大，为 2.28。模块 I 是最小的一个模块，内部连接十分紧密，但它与外部的联系十分稀少，是一个相对封闭的小团体。

不难发现，ACA-N 各模块间关联很少，有的模块处于全封闭的状态，且各模块中只有一位或几位作者承担了模块间的沟通与交流，起到桥梁作用。ACA&T-N 中模块的规模得到扩大，网络中各模块间交流较之前有了明显的提升，模块间潜在的合著关系得到一定程度的改善，已经没有孤立的小团体，每个模块都与 3~8 个模块存在关联，虽然关联有强有弱，交流情况并不均衡，但起桥梁作用的作者较之前明显增多。

（四）小结

利用 LDA 主题模型提取 154 位作者的文档主题，根据每位作者基于主题的概率分布测度作者间的相关性，然后通过融合函数将主题内容融入原始的作者合著关系，进而生成 ACA&T-N。通过与 ACA-N 对比，发现 ACA&T-N 的各项参数有了明显的改善，网络的紧密性有了明显的提升，作者间潜在的合著关系更加密切，沟通更顺畅，大部分作者的活跃度得以提高，凸显了作者在学科领域中的作用；划分出的模块数量增多，各模块的规模有了很大幅度的提升，模块中作者的数量从 8 到 26 不等。模块内部作者间的关联也密切，每位作者与模块内大多数作者都存在潜在的合作。模块间潜在的合著关系也得到了一定程度的提升，再也没有孤立的小团体，每个模块都与 3~8 个模块存在关联，根据这种潜在的合作关系，可以方便预测合著网络未来的演化趋势。

三、基于 J-NMF 算法的作者相似性划分

随着科学技术迅速发展和科学研究的不断深入，学术文献迅猛增长，作者队伍不断壮大，在众多的作者群中有效识别作者的相似性是识别学科知识结构、划分网络社团、挖掘潜在合作关系的重要基础工作，也是近年来图书情报学的研究热点。作者相似度计算主要依据作者间的关系进行，而作者间的关系一般通过三种信息建立，即基于合著关系的信息、基于引文链接的信息、基于内容关联的信息。目前，

应用较多的是前两种，也有将两种信息结合的研究。但无论是单存依靠一种信息，还是将两种信息结合的已有研究，均忽视了作者之间的关联是弱关联且存在大量无用噪音信息的问题，如在众多作者中，仅有少数作者之间有合著关系或引用关系，而且具有合著或引用关系的作者在研究内容上可能关联较弱。

因此，提出一种基于联合非负矩阵分解（Joint Non-negative Matrix Factorization，J-NMF 算法）的作者相似性划分方法。首先构建作者合著矩阵和作者文献主题内容矩阵，然后通过 J-NMF 算法计算作者的相似性。该方法不仅能够实现两种信息的有效互补，而且能够通过优化更新，有效消除大量无用的噪音信息，使作者相似性划分结果更加科学、可靠。

（一）相关研究

根据作者间合著、引用和内容相关三种关系，将作者相似性划分方法分为以下三类：基于引用关系的作者相似性划分、基于合著关系的作者相似性划分、基于内容关联的作者相似性划分。

1. 基于引用关系的作者相似性划分

根据引用关系计算作者的相似性是目前应用最多的一种方法，一般包括作者共被引和作者文献耦合两种分析法。

作者共被引分析认为两个作者发表的文献被相同文献引用的次数越多，则二者研究内容越相似。1981 年 White 与 Griffith 提出作者共被引分析研究方法[42] 之后，利用该方法进行作者相似性分析的研究不断出现，如 White 和 McCain[43] 以信息科学研究为例，以同被引频次为作者学术相关性的度量指标，对 39 位情报科学作者进行了划分；Ahlgren、Jarneving 等提出通过 Salton 余弦函数准确计算具有共被引关系的作者相似度[44]；Nees Jan van Eck 等基于概率分布深入探讨了作者共被引相似度的度量方法[45]。国内学者方小容等[46] 利用作者共被引分析对陕、京、津、粤四省份的制浆造纸及相关行业的作者按相似度进行了聚类，并分析了该地区的科技人才群体结构；朱文龙等[47] 通过作者共被引分析发现了中国网络调查领域内的主要学术团体。

作者耦合是指两个作者引用相同文献的次数越多，则他们的研究方向越相似。Leydesdorff 最早提供了作者耦合分析的应用软件[48]；2008 年 Zhao、Strotmann[49] 首次将文献耦合扩展到作者耦合，并证明利用作者耦合分析可以发现作者间相似的研究兴趣。国内学者李国俊等[50] 开发了作者引文耦合可视化系统，该系统能够展示任意两位作者之间的最短距离；沈利华等[51] 在作者耦合的基础上，提出全部作者耦合的方法，利用两种耦合分析法发现了学科领域的核心作者，并根据作者的相似性将学科主题进行了分类。步一等[52] 在传统作者耦合分析的基础上，融合施引文献和被引文献的发表时间，构建了综合时间信息的作者耦合分析方法，并绘制了相应的知识图谱，图谱给出作者两两之间的距离，根据距离的远近可以帮助判断作者的相似性。

2. 基于合著关系的作者相似性划分

作者合著是科研合作最为直接的呈现形式，通过合著关系可以揭示作者研究内容、研究兴趣的相似度。国外学者 Adams[53] 曾利用不同学科作者的合著关系发现相似作者，揭示作者科研合作中的交叉学科、跨学科、多学科等特性；Kretschmer[25] 1997 年提出合著网络的概念，并提出合著网络的可视化问题，通过合著网络的可视化可以发现相似研究内容的作者群。国内学者刘杰等[54] 以混沌科学方面的论文合著数据为基础，通过构建该领域的合作关系网络，发现了该领域内相关科研工作者之间的科研合作关系；张国栋[55] 运用复杂网络与社会网络分析方法，分析天津市各高校的科研合作关系，发现其科研合作存在四个成员不等的社区；沈耕宇等[56] 通过分析作者的合著关系，挖掘合著作者之间的相似度；李纲等[57] 研究发现，从整体网络来看，作者合著网络中作者的研究兴趣相似性较高，在科研社区内部，合著作者平均研究兴趣相似性及互补性均高于网络整体层次。

3. 基于内容关联的作者相似性划分

上述两种方法都是通过作者的外在关联来计量作者之间的相似性，忽视了作者的研究内容与研究兴趣。基于内容关联的作者相似性划分主要是通过提取作者文献的关键词或主题词，深层次挖掘作者文献的研究内容，进而通过作者-关键词或作者-主题词的关系发现相似作者群。相比引文关系与合著关系，基于内容的作者链接关系更能直观地反映作者相似的研究内容和研究兴趣。孙海生[58] 研究证明，作者-关键词共现网络能够揭示不同作者的相同研究领域；刘志辉等[59] 利用作者关键词耦合建立作者之间的关系，并以两个作者拥有相同关键词的数量来量度作者研究领域的相似度；刘萍等[60] 也利用作者关键词耦合分析法对作者相似性进行了计算；之后，刘萍等[61] 将作者关键词二分图网络的结构特性融入作者相似度计算，提出一种基于 SimRank 算法的作者相似度计算方法；袁润等[62] 提出作者关键词集的概念，并通过实证研究发现，作者关键词集能够表征作者相似的研究主题和研究兴趣。

　　以上三种作者相似性划分方法都是通过作者的单一信息将作者关联起来，进而分析其相似性。Morris[63] 指出基于某种关系的科学计量方法只能从某一方面反映对科学领域的有限认识，即每一种关系只能有助于研究人员从某个特定的角度去分析研究领域的局部特征。只有通过多源信息的融合，才能深入挖掘数据的价值，提升信息分析的作用；同时，通过多源信息的交叉印证，可以减少信息错误与疏漏，防止决策失误[64][65]。目前，将多种信息结合进行作者相似性划分的方法有作者共被引分析和作者耦合分析的结合，作者合著与作者共被引、作者文献耦合的结合，作者共被引与作者关键词耦合的结合等。上述方法为多信息融合提供了借鉴参考，不足之处在于都不能屏蔽不同信息中固有的无意义噪音。因此，本部分拟利用机器学习中的联合矩阵分解法研究作者相似性划分问题，以提高作者相似性划分的能力。

（二）基于 J- NMF 算法的作者相似性划分方法

1. 联合矩阵分解原理

　　矩阵分解是机器学习方法的一种，通过矩阵分解可发现隐藏的数据结构。设有一个作者主题矩阵，通过矩阵分解，可以得到两个矩阵，即作者特性矩阵和主题特性矩阵，通过分解后的两个矩阵，能够深入、全面地分析作者特征或文献内容特性。同时，由于作者主题矩阵多是高维矩阵，通过矩阵分解可以大大降低矩阵的维度，消除无意义的噪音信息。因此，通过矩阵分解能够有效应对多维数据的挖掘分析任务，该方法在文本、语音、图像识别等数据挖掘任务中已有成功的应用[66]。

联合矩阵分解则是将两个信息源矩阵如作者合著矩阵、作者主题矩阵作为待分解的矩阵，通过联合矩阵分解将其分解为作者和主题的低秩联合潜在特征空间，然后通过作者和内容主题对应的潜在特征发现相似作者。这种方法的优势在于能够同时对不同的信息源矩阵进行分解，分解过程中可以共享一些潜在特征信息，因此能够有效弥补不同信息源的不对称性，使不同信息之间相互增强，实现有效的知识发现。基于联合矩阵分解的作者相似性划分研究框架如图 8-9 所示。

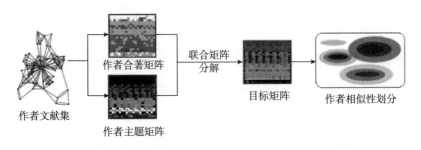

图 8-9　基于联合矩阵分解的作者相似性划分研究架构

联合矩阵分解实现作者相似性划分的原理如下：以作者主题形成的邻接矩阵为目标矩阵，将文献合著矩阵作为协同学习矩阵，在同一算法框架下，联合两个矩阵进行迭代分解（传统的矩阵分解方法奇异值分解、非负矩阵分解、概率矩阵分解等），选取合适的目标函数和矩阵分解的优化更新准则，通过优化算法达到目标函数收敛，实现目标矩阵的优化求解。

目前，基于联合矩阵分解的多源信息融合的相关研究已有不少，主要包括信息推送[67][68]、网络话题发现与追踪[69][70]、网络社区发现[71][72] 等。虽然国内就基于联合矩阵分解的数据挖掘已有一定的应用研究，但尚未发现有在作者相似性划分方面的应用研究。学术文献的作者具有以下突出的特征：一是信息多源性，包括作者合著信息、作者引文信息、作者主题内容信息等，不同信息源反映了作者间的不同关联；二是数据高维性，学科领域研究人员众多，合著、引用关系复杂，研究主题多样，致使作者合著矩阵、作者引文矩阵、作者主题矩阵等具有明显高维、稀疏的特征；三是目标函数明确，在对作者相似性划分的研究中，或是发现作者间的合作链接关系，或是发现作者研究主题的内容结构，研究目标相对明确。以上特征完全符合联合矩阵分解的条件，鉴于联合矩阵分解在挖掘多源信息中的独特优势，本部分拟借用联合矩阵分解法发现相似作者，进而实现相似作者的类团划分。

2. 相关定义与 J-NMF 算法

对所涉及的相关概念做如下定义：

定义1：作者合著矩阵 $A \in R^{n \times n}$，n 为节点数目，矩阵元素的值为作者两两之间的合著次数，反映两位作者之间的合作关系。若两位作者之间没有合著关系，则 $A(i, j) = 0$。

定义2：作者主题矩阵 $S \in R^{n \times n}$，n 为节点数目，矩阵中的元素值反映两位作者在研究主题上的关联程度。当两位作者没有相同的研究主题时，$S(i, j) = 0$。

作者合著矩阵和作者主题矩阵均属于非负矩阵，适合采用非负矩阵分解进行作者相似性分析。若采用欧氏距离，则优化目标函数为：

$$O_1 = \min \|A - H_1 W\|_F^2 \quad \text{s. t. } H_1 \geqslant 0, \ W \geqslant 0, \ O_2 = \min \|S - H_2 W\|_F^2 \quad \text{s. t. } H_2 \geqslant 0, \ W \geqslant 0$$

其中，$H \in R^{n \times k}$ 为基矩阵，$\| \cdot \|_F$ 为 F 范数，表示目标函数的逼近程度。$W \in R^{k \times n}$ 为归属矩阵，表示第 n 列的作者在第 k 个主题上的归属程度。由于是从作者合著矩阵和作者主题矩阵两个信息源中发现作者的相似性，所以将 O_1、O_2 两个目标函数叠加，两个目标函数共用一个归属矩阵 W，以实现两种信息的有效融合。这也是 J-NMF 算法名字的由来。

J-NMF 算法将此优化问题定义如下：

$$O = O_1 + O_2 = \min \|A - H_1 W\|_F^2 + \|S - H_2 W\|_F^2 \quad \text{s. t. } H_1 \geqslant 0, \ H_2 \geqslant 0, \ W \geqslant 0$$

其实现流程如下：

Step 1：输入作者合著矩阵 A，作者主题矩阵 S，参数以及迭代次数 maxIter，预期误差值 error。

Step 2：随机初始化 W，H_1，H_2。

Step 3：更新变量。

For i in maxIter

（1）更新 W。

$$W = W \frac{(AH_1^T + SH_2^T)}{W(H_1 H_1^T + H_2 H_2^T)}$$

（2）更新 H_1，H_2。

$$H_1 = H_1 \frac{W^T A}{W^T W H_1}$$

$$H_2 = H_2 \frac{W^T S}{W^T W H_2}$$

计算误差值 F_ error。

if　F_ error<error　中止退出

　　else　重复 Step 2

end for

Step 4：输出目标矩阵，即归属矩阵 W。

可见，J-NMF 算法是基于两个不同的矩阵进行迭代分解，通过对目标函数 O 的逼近，实现归属矩阵 W 的优化求解。

（三）实证研究

研究所用数据与上一节数据一致。利用表 8-8 "作者合著关系相似矩阵"和表 8-10 "融入研究主题的作者相似矩阵"作为 J-NMF 算法实现的数据基础；利用表 8-8 "作者合著关系相似矩阵"和表 8-11 "融入研究主题的作者合著矩阵"作为对比分析的实验数据。

1. 利用 J- NMF 算法实现作者合著矩阵与作者主题矩阵的融合

利用 J-NMF 算法进行矩阵分解需要先确定分解的作者类团数目，根据上节计算的文献最优主题数目 K（见图 8-4），这里设置 $K = 10$，运行 J-NMF 算法，实现作者合著关系相似矩阵与作者主题相似矩阵的融合，输出的目标矩阵即按作者相似性划分的类团，结果如表 8-16 所示。

表 8-16　由 J-NMF 算法得到的作者类团（部分）

主题1: 本体与知识系统		主题2: 文献计量与知识发展		主题3: 数字化信息管理		主题4: 信息服务		主题5: 语义分析与文本挖掘		主题6: 网络舆情		主题7: 科学计量与科学评价		主题8: 知识服务		主题9: 竞争情报		主题10: 知识管理	
秦春秀	8.0264	邱均平	5.7039	顾立平	5.2071	胡昌平	5.274	张玉峰	5.7204	兰月新	4.984	许海云	5.0266	张兴旺	5.6723	赵筱媛	5.5908	夏立新	5.2445
丁晟春	7.8541	王菲菲	5.678	张晓林	5.20659	王文韬	5.2583	何超	5.7037	钟声扬	4.966	武夷山	5.0243	李晨晖	5.6107	刘志辉	5.5746	毛进	5.2308
赵棒末	6.8553	余厚强	5.572	李麟	5.19556	袁红	5.2342	贾君枝	5.42	曾润喜	4.965	丁堃	5.0169	高波	5.5446	陈峰	5.5154	李阳	5.2064
唐晓波	6.7584	吕红	5.4888	张智雄	5.18523	赵宇翔	5.2302	毕强	5.3872	王国华	4.961	潘云涛	5.2703	柯平	5.5397	郑彦宁	5.4904	马费成	5.1657
王东波	6.3378	李长玲	5.4731	钱力	5.10836	谢阳群	5.2194	朗乐门	5.3805	王知津	4.961	袁军鹏	5.189	相丽玲	5.5066	吴菲菲	53917	苏新宁	5.165
陆伟	3.6213	赵蓉英	5.4587	吴振新	5.00349	朱庆华	5.202	王惠临	5.3042	周鹏	4.937	方曙	4.8293	盛小平	5.4094	苗红	5.3886	李纲	5.049
张晓娟	3.548	李秀霞	5.4243	吴鸣	4.8205	李晶	5.1995	刘怀亮	5.2569	韩正彪	4.897	杨建林	4.7706	肖希明	5.406	张杰	5.2724	王萍	5.0379
王昊	2.7839	魏瑞斌	5.3725	祝忠明	4.80578	邓胜利	5.1646	章成志	5.2039	滕广青	4.842	邓三鸿	4.7275	黄晓斌	5.406	张东升	5.264	张斌	5.0237
王学东	2.5563	杨思洛	5.0635	邓仲华	4.79155	李月琳	5.161	吕学强	5.196	陈福焦	4.838	俞立平	4.6744	马海群	5.3897	余翔	5.1571	叶光辉	5.0021
常春	2.4171	谭宗颖	4.672	曾建勋	4.74102	王伟军	5.0881	徐宝祥	5.1307	朱恒民	4.837	张志强	4.5659	邱均平	5.3444	喻登科	5.1417	徐绪塔	4.8397
胡吉明	2.3164	冷伏海	4.1535	黄如花	4.5236	张敏	5.0781	王效岳	4.8897	吴鹏	4.817	韩毅	4.4136	黄国彬	5.3074	顾新	5.0996	储节旺	4.7551
白如江	2.2059	刘泽	4.1124	李书宁	4.47943	过仕明	4.9968	白如江	4.8743	王芳	4.804	冷伏海	2.0783	吴新年	5.306	刘桂锋	49091	李广建	4.5969
王效岳	2.1969	宗乾进	3.89	何琳	0.3183	李贺	4.9378	常春	4.634	黄卫东	4.73	黄水清	2.0763	冉从敬	5.2815	黄勇	4.8577	许鑫	4.5705
刘祥	2.1485	张志强	1.9314	胡吉明	0.03289	夏火松	4.9268	乔晓明	4.1481	何跃	4.725	魏瑞斌	1.0645	段宇锋	5.2247	卢章平	4.4179	严贝妮	3.9287
何琳	1.3694	方曙	1.1064	胡昌平	0.02252	郑德俊	4.8662	洪娜	4.1285	黄微	4.532	谭宗颖	0.915	朱学芳	4.9345	黄卫东	4.2603	孙建军	3.5875
章成志	1.3612	丁堃	0.6865	邓胜利	0.01063	吴丹	4.7359	何琳	4.0201	王日芬	0.68	王昊	0.8726	赖茂生	4.8892	孙建军	2.2054	吴金红	0.2612
吕学强	1.3471	王昊	0.6001	吴丹	2.00E-11	曹锦丹	4.6953	周磊	3.7626	丁晟春	0.054	孙建军	0.293	卢章平	2.5038	潘云涛	1.5103	谢阳群	0.0862
王惠临	1.336	袁勤俭	0.3508	洪娜	1.86E-12	胡吉明	4.3676	陆伟	3.6449	苗红	0.049	郑彦宁	0.2223	吴金红	0.2812	武夷山	0.442	王文韬	0.0754
刘怀亮	1.3123	曹树金	0.2768	王惠临	4.03E-13	徐恺英	4.1068	张晓娟	2.8952	吴菲菲	0.049	苏新宁	0.09	刘桂锋	01321	袁军军	0.0353	王昊	0.0657
徐宝祥	1.3115	陆伟	0.2645	乔恺琪	7.98E-22	袁勤俭	4.0157	赵棒末	1.837	毕强	0.047	刘志辉	0.0831	严贝妮	0.0369	赵宇翔	0.034	邓三鸿	0.0568
曹锦丹	1.16	白如江	0.2592	徐恺英	2.34E-49	曹树金	2.8491	王东波	1.587	彭洁	0.036	郑德俊	0.0714	吕红	0.0362	丁堃	0.0156	王伟军	0.0565

2. 结果分析

由表 8-16 发现，每位作者在不同类团中的贡献大小各不相同，在每个类团对应的一列中，按贡献值大小对作者排序，并根据相应作者发表文献的研究内容确定 10 个类团的标签，各成分标签依次为本体与知识系统、文献计量与知识发现、数字化信息管理、信息服务、语义分析与文本挖掘、网络舆情、科学计量与科学评价、知识服务、竞争情报、知识管理。

目前尚未发现哪一个学科有对领域内作者影响力的权威排名，因此没有对排名结果进行对比评估的有效方法。我们设计以下的评估方案：通过回溯作者的研究内容评估类团内作者的相似性。具体实施过程如下：查找每个主题中贡献值排在前 10 位的作者 5 年内（2012 年 1 月至 2016 年 12 月）发表的学术文献，提取并统计其文献的关键词，根据各主题内关键词的语义评估 J-NMF 算法得到的作者相似性划分的效果；通过作者的发文量及其被引量评估类团内作者排序的效果。

下面任选两个主题（主题 1、主题 4）进行说明。

主题 1 "本体与知识系统" 类团中，前 10 位作者文献中出现频次最多的关键词有本体、本体学习、知识库、智库、语料库、主题社区等。以前三位作者为例，秦秀春文献中的关键词主要是文档共享系统、知识地图、本体概念树、互操作、语料库等；作者丁晟春文献中的关键词有本体、智库、中文微博、特征选择等；作者赵捧未文献中的主要关键词有网络模型、大众标注、本体、P2P 社区、知识社区等，作者的研究内容高度相似。三位作者与该方向相关的发文量分别是秦秀春 7 篇、丁晟春 7 篇、赵捧未 4 篇；秦秀春、丁晟春、赵捧未三位作者相应文献的被引频次依次是 66 次、60 次、65 次。上述数据说明 J-NMF 算法对学科领域子方向核心作者的识别是可靠的。

主题 4 "信息服务" 一类，前 10 位作者发表文献的高频关键词是 "信息服务"，另外的高频关键词主要分三类：一是与信息资源有关的关键词：信息分类、信息共享、信息组织、信息管理、信息属性、信息整合、信息质量、信息聚类、信息聚合、信息利用、差错信息管理等；二是与用户研究有关的关键词：信息行为、用户感知、个人信息、信息需求、用户体验、信息素养、用户关系、用户满意度、用户模型、日志挖掘、信息安全、信息伦理等；三是与信息服务系统有关的关键词：信息系统、信息检索系统、信息共享空间、个性化推荐、移动问答、信息传递、信息门户、服务平台、云计算环境、虚拟现实技术等。上述三类关键词分别与实现信息服务的三个关键环节"信源、信宿、信道"高度一致，说明利用 J-NMF 算法对该类团作者的相似性划分结果是有效的。该类作者中，胡昌平做的研究最为全面，既有信息资源的组织、分类、整合研究，也有用户体验、用户满意度、用户交互的研究，还有服务平台、信息共享空间、网络社区、知识社区的研究，另外胡昌平在信息服务类型、信息组织形式、信息检索方式等方面也有较为细致深入的研究，在知网中检索到胡昌平的相关文献有 37 篇，被引量达 309 次。以上事实证明由 J-NMF 算法识别出的核心作者是可信的。

3. 结果对比

为对比说明 J-NMF 算法的优势，将表 8-8 作者合著矩阵与表 8-11 融合矩阵分别通过 UCINET 转换为 . net 文件，并在 Vosviewer 中分别对作者进行聚类。在 clustering 中设置最小聚类大小为 2.00，其他参数为软件默认值，运行得到与作者合著矩阵、融合矩阵分别对应的作者网络，在作者合著网络中 154 位作者被划分为 7 个类团，在融合网络中 154 位作者被划分为 9 个类团。划分结果如表 8-17、表 8-18 所示。

表 8-17　由作者合著矩阵划分的作者类团

类团研究方向	作者
1. 智慧城市与突发事件应急决策	李纲、许鑫、谢阳群、马费成、夏立新、李阳、叶光辉、李晶、王萍、毛进、王文韬、张斌
2. 科学计量与网络计量	孙建军、郑彦宁、陈峰、潘云涛、武夷山、俞立平、赵筱媛、刘志辉、丁堃、袁军鹏、魏瑞斌
3. 关联数据与科学数据管理	张智雄、张晓林、顾立平、祝忠明、钱力、李麟、洪娜、吴新年、谭宗颖、吴振新

续表

类团研究方向	作者
4. 知识组织与智能处理	王东波、徐绪堪、苏新宁、郑德俊、郑建明、黄水清、何琳、王昊、邓三鸿、杨建林
5. 文献计量与科学评价	邱均平、余厚强、赵蓉英、马海群、吕红、王菲菲、杨思洛
6. 社会化信息处理与用户行为	朱庆华、朱恒民、赵宇翔、段宇峰、袁勤俭、宗乾进
7. 语义本体与知识可视化	毕强、王伟军、滕广青、黄微、彭洁、曹锦丹

表 8-18   由融合矩阵划分的作者类团

类团	作者
1. 文献计量、科学计量与网络计量	丁堃、余厚强、俞立平、冷伏海、刘萍、吕红、宗乾进、张志强、方曙、李秀霞、李长玲、杨建林、杨思洛、武夷山、潘云涛、王昊、王菲菲、袁军鹏、许海云、谭宗颖、赵蓉英、邓三鸿、邱均平、韩毅、魏瑞斌、黄水清
2. 语义本体与文本挖掘	丁晟春、乔晓东、何琳、何超、刘怀亮、吕学强、周磊、唐晓波、常春、张晓娟、张玉峰、徐宝祥、朝乐门、毕强、洪娜、王东波、王惠临、王效岳、白如江、秦春秀、章成志、贾君枝、赵捧未、陆伟
3. 信息服务与用户分析	吴丹、夏火松、张敏、徐恺英、曹树金、曹锦丹、朱庆华、李晶、李月琳、李贺、王伟军、王学东、王文韬、胡吉明、胡昌平、袁勤俭、袁红、谢阳群、赵宇翔、过仕明、邓胜利、郑德俊
4. 网络舆情分析	何跃、兰月新、吴鹏、周鹏、彭洁、曾润喜、朱恒民、滕广青、王国华、王曰芬、王知津、王芳、钟声扬、陈福集、韩正彪、黄卫东、黄微
5. 信息资源开放、获取与共享	冉从敬、卢章平、吴新年、吴金红、张兴旺、朱学芳、李晨晖、柯平、段宇锋、盛小平、相丽玲、肖希明、赖茂生、马海群、高波、黄国彬、黄晓斌
6. 智能服务与突发事件应急决策	严贝妮、储节旺、叶光辉、夏立新、孙建军、张斌、徐绪堪、李广建、李纲、李阳、毛进、王萍、苏新宁、许鑫、马费成
7. 竞争情报与专利分析	余翔、刘志辉、刘桂锋、吴菲菲、喻登科、张杰、翟东升、苗红、袁润、赵筱媛、郑彦宁、陈峰、顾新
8. 关联数据与科学数据管理	吴振新、吴鸣、张晓林、张智雄、曾建勋、李书宁、李麟、祝忠明、邓仲华、钱力、顾立平、黄如花
9. 网络信息生态	娄策群、张向先、张文德、张海涛、张连峰、王晰巍、郑建明、马捷

对比表 8-16、表 8-17、表 8-18，结合三个矩阵（A 作者合著矩阵、B 通过融合函数融合主题内容后的矩阵、C 通过 J-NMF 算法输出的目标矩阵）的形成原理，

发现三种不同方法得到的作者相似性划分结果存在较大的差异，对比结果如表 8-
19 所示。为方便对比，后面将三种方法分别简称为方法 A、方法 B、方法 C。

表 8-19　三种方法得到的作者相似性划分结果对比

对比项	方法 A	方法 B	方法 C
能否实现信息融合	否	能	能
能否消噪	否	否	能
给出的聚类作者	部分	部分或全部	全部
类团数目	7	9	10
聚类形式	硬聚类	硬聚类	软聚类
核心作者发现	否	否	能
聚类效果	较差	较好	很好

（1）聚类数目和类内成员数目对比。A 方法通过单一的作者合著关系进行作者
相似性划分，仅能将存在合著关系的作者划分在一起，没有合著关系的作者则视为
无关作者，显然得到的作者类团数目较少（7 个类团），能够划为同一类的作者数
量相对较少，人员最多的类团内有 12 人，最少的类团内有 6 人。B 方法通过融合
函数，根据一定的权值分配将主题内容信息与作者合著信息进行融合，使没有合著
关系的作者因内容相关而建立起相似关系，因此不仅使划分到同一类团的作者数目
增多（人员最多的类团是"文献计量、科学计量与网络计量"一类，含有 26 人），
而且还能因内容相关形成新的类团，使划分出的类团数目增多（9 个类团）。C 方
法因对两个信息源矩阵进行迭代分解，使两种信息实现相互弥补的同时，还能使信
息相互增强，因此作者类团数目以及类团内成员数目都会相对增加，共划分出 10
个类团，每位作者在每个不同的类团上都有贡献值，只是贡献值大小有别。

（2）噪音影响对比。在学科领域作者相似性划分中，一般研究的样本作者数量
较多，而具有合著关系的作者数目却很少，相应的作者合著矩阵属于稀疏矩阵，因
此 A 方法带有很多无意义的噪音信息；在作者主题矩阵中，每位作者都与大量不同

主题对应，而真正有研究贡献的主题却极少，因此作者主题矩阵属于高维小样本稀疏矩阵，仍存在大量噪音（见表13-4），B方法将作者主题内容矩阵融入作者合著矩阵，两种含有大量噪音信息的矩阵融合后噪音更为严重（见表13-5）。C方法通过非负矩阵分解大大降低了矩阵的维度，而且在矩阵分解时，因选取了合适的目标函数和优化更新准则，通过优化算法实现目标矩阵的优化求解，因此相比A、B两种方法，C方法具有很好的降噪效果。

（3）聚类性质对比。A、B两种方法都是在矩阵的基础上，通过嵌入Vosviewer中的聚类算法实现的聚类，内嵌于可视化处理软件中的聚类算法有多种，但一般都是硬聚类，硬聚类将每位作者硬性划分到具体的某一类中，由于作者尤其是学科领域中的权威作者其研究方向不止一个，有的涉猎较多的研究主题，硬性将作者划分到一个类团显然不妥，所以笔者认为硬聚类不适用于学科领域的作者聚类。C方法能够根据主题方向的不同将作者划分到不同的类团中，实现作者软聚类，如作者邱均平主要研究方向是文献计量与知识发现，另一主要研究方向是知识服务，丁堃的主要研究方向是科学计量与科学评价，另外两个主要研究方向是文献计量、竞争情报，同时他们在其他研究方向上也有不同的贡献。

（4）核心作者发现对比。A、B两种方法直接给出了类团作者，如想发现作者在所属类团中的贡献值，需要通过查找后台数据获得，或者通过进一步的主成分提取获得，过程相对复杂；C方法在给出作者聚类结果的同时直接输出作者在不同类团上的贡献值，不仅能够给出不同方向的核心作者，而且还能给出作者在不同方向上的排名，如邱均平教授在文献计量与知识发现研究方向的贡献值为5.704，在该方向的贡献值排名第一，是该方向的权威人士，而他在知识服务研究方向的贡献值为5.344，虽然贡献值不低，但排名并非在前几位；丁堃在科学计量与科学评价研究方向上的贡献值为5.017，在该方向居于核心地位，而在文献计量与知识发现、竞争情报两个研究方向上的贡献值分别为0.689、0.016，在其他方向的贡献值更低。可见，C方法对作者相似性划分的效果更为精细。

（四）小结

基于协同学习的思想，提出通过 J-NMF 算法实现作者相似性划分的方法，并通过对图书情报学领域 154 位高产作者的相似性划分实验证明了该方法的有效性。通过 J-NMF 算法实现作者相似性划分不仅有效融合了作者的合著信息和作者文献的内容信息，而且消除了数据稀疏性带来的干扰信息，增强了作者相似性划分的可靠性；在已有的作者类团划分中，常用的聚类方法如基于划分的算法、基于图论的聚类算法和层次聚类算法等都属于硬聚类，而在学科领域中，很多作者的研究方向不止一个，因此硬聚类方法不适用于作者相似性划分，通过对作者相似矩阵的主成分提取可以实现作者的软聚类[32]，能够将同一位作者按多样的研究方向将其划分到不同的类团中，但该过程需要在相似矩阵的基础上做进一步的处理才能实现；利用 J-NMF 算法可以直接得到作者主题主成分，对作者类团的聚类属于软聚类，使作者相似性划分更合理，结果具有较好的解释性。

网络化、数字化的飞速发展为建立作者相似关系提供了越来越多的信息，包括反映作者间引用关系的信息、合著关系的信息，体现作者研究内容不同表现形式（如文本、图像、视频等）的信息等。在未来的工作中，一方面要在更丰富的数据源上检验 J-NMF 算法在作者相似性划分中的效果，另一方面将继续研究融合多源异构数据、过滤无用噪音信息的更有效方法，提高作者相似性划分的准确性和可靠性，为提高科研合作效率、加强科研管理的科学性提供指导支持。

参考文献

[1] Kessler M M. Bibliographic Coupling between Scientific Papers ［J］. American Documentation，1963，14（1）：10-25.

［2］邱均平. 信息计量学［M］. 武汉：武汉大学出版社，2010：406-407.

［3］Small H. Co-citation in the Scientific Literature：A New Measure of the Relationship between Two Documents［J］.Journal of the American Society for Information Science,1973,24（4）：265-269.

［4］Leydesdorff L. Can Scientific Journals Be Classified in Terms of Aggregated Journal-journal Citation Relations Using the *Journal Citation Reports*?［J］.Journal of the American Society for Information Science and Technology,2006,57（5）：601-613.

［5］Tseng Y H,Tsay M Y. Journal Clustering of Library and Information Science for Sub-field Delineation Using the Bibliometric Analysis Toolkit：CATAR［J］.Scientometrics,2013,95（2）：503-528.

［6］Ni C,Sugimoto C R,Jiang J. Venue-author-coupling：A Measure for Identifying Disciplines through Author Communities［J］.Journal of the American Society for Information Science and Technology,2013,64（2）：265-279.

［7］邱均平,董克.作者共现网络的科学研究结构揭示能力比较研究［J］.中国图书馆学报,2014,40（1）：15-24.

［8］邱均平,刘国徽.国内耦合分析方法研究现状与展望［J］.图书学报作,2014,58（7）：131-136,144.

［9］曾倩,杨思洛.国内外图书情报学科知识交流的比较研究——以期刊引证分析为视觉［J］.情报理论与实践,2013,36（10）：114-119.

［10］王贤文,刘则渊.基于共被引率分析的期刊分类研究［J］.科研管理,2009,30（5）：187-195.

［11］Janssens F. Clustering of Scientific Fields by Integrating Text Mining and Bibliometrics［D］.Belgium：Katholieke Universiteit Leuven,2007.

［12］Zhang L,Janssen F,Liang L M,et al. Hybrid Clustering Analysis for Mapping Large Scientific Domains［C］.2009 Proceeding of ISSI.

［13］Liu X,Yu S,Janssens F,et al. Weighted Hybrid Clustering by Combining Text Mining and Bibliometrics on A Large-scale Journal Database［J］.Journal of the American Society for Information Science and Technology,2010,61（6）：1105-1119.

［14］Boyack K W，Small H，Klavans R. Improving the Accuracy of Co-citation Cluste-ring Using Full Text ［J］. Journal of the American Society for Information Science and Technology，2013，64（9）：1759-1767.

［15］马费成. 情报学的进展与深化［J］. 情报学报，1996，15（5）：338-344.

［16］任红娟. 一种内容和引用特征融合的知识结构划分方法研究［J］. 中国图书馆学报，2013，39（27）：76-82.

［17］刘胜博，丁堃，张春博. 引文分析的新阶段：从引文著录分析到引用内容分析［J］. 图书情报知识，2015（3）：25-34.

［18］李江，伍军红，孙秀坤. 中国科技期刊的"核心区"研究——基于布拉德福定律与二八法则的统计分析［J］. 中国科技期刊研究，2011，22（6）：869-873.

［19］刘军. 社会网络分析导论［M］. 北京：社会科学文献出版社，2004.

［20］谢洪明，王现彪，吴溯. 激励对IJVs知识管理和管理创新的影响：华南地区企业的实证研究［J］. 科学学研究，2009，27（1）：147-153.

［21］刘军. QAP：测量"关系"之间关系的一种方法［J］. 社会，2007，27（3）：164-174，209.

［22］基于期刊耦合的我国图书情报学核心期刊网络特征分析［J］. 中国科技期刊研究，2016，27（3）：133-142.

［23］于琦. 生物医学领域科研合作现状及预测研究［D］. 山西医科大学，2014.

［24］Price D D S. A General Theory of Bibliometric and Other Cumulative Advantage Processes ［J］. Journal of the American Society for Information Science，1976，27（5）：292-306.

［25］Kretschmer H. Author Productivity and Geodesic Distance in Bibliographic Co-authorship Networks，and Visibility on the Web ［J］. Scientometrics，2004，60（3）：409-420.

［26］Newman M E J. Scientific Collaboration Networks. I. Network Construction and Fundamental Results ［J］. Physical Review E, 2001, 64: 0616131.

［27］ Newman M E J. Scientific collaboration networks. II. Shortest Paths, Weighted Networks, and Centrality ［J］. Physical Review E, 2001, 64 (1): 016132.

［28］ Newman M E J. Coauthorship Networks and Patterns of Scientific Collaboration ［J］. Proceedings of the National Academy of Sciences, 2004, 101 (suppl_1): 5200-5205.

［29］ Freeman L C. Centrality in Social Networks Conceptual Clarification ［J］. Social Networks, 1979, 1 (3): 215-239.

［30］ Fiala D, Rousselot F, Jezek K. PageRank for Bibliographic Networks ［J］. Scientometrics, 2008, 76 (1): 135-158.

［31］ Yoshikane F, Nozawa T, et al. Comparative Analysis of Co-authorship Networks Considering Authors' Roles in Collaboration: Differences between the Theoretical and Application Areas ［J］. Scientometrics, 2006, 68 (3): 643-655.

［32］ 孙晓玲. 作者合作网络的结构及其演化与预测研究 ［D］. 大连理工大学, 2014.

［33］ Barabasi A L, Jeong H, Neda Z, et al. Evolution of the Social Network of Scientific Collaborations ［J］. Physica A: Statistical Mechanics and its Applications, 2002, 311 (3): 590-614.

［34］ 张继洋, 李宁. 科学合著网络研究进展分析 ［J］. 情报理论与实践, 2012, 35 (4): 124-128

［35］ 汪丹. 网络结构分析在作者合作关系测度中的实证研究——以图书馆学情报学领域为例 ［J］. 情报科学, 2008 (11): 1735-1739.

［36］ 李亮, 朱庆华. 社会网络分析法在合著分析中的实证研究 ［J］. 情报科学, 2008 (4): 549-555.

［37］ 孟微, 庞景安. 我国情报学科研合著网络特性与集团结构分析 ［J］. 情报理论与实践, 2009 (9): 14-18.

［38］陈定权，朱维凤，莫秀娟．图书情报学论文合著（1999—2002）［J］．情报科学，2009（1）：70-73.

［39］袁润，王慧．基于社会网络分析的图书馆学论文合著现象研究［J］．图书情报研究，2010（3）：37-40.

［40］谢丽斌，董颖，吴德志．基于 Pajek 的科研领域合作关系网络特征分析［J］．图书馆，2016（7）：62-65.

［41］李纲，李岚凤，毛进，叶光辉．作者合著网络中研究兴趣相似性实证研究［J］．图书情报工作，2015，59（2）：75-81.

［42］White H D, Griffith B C. Author Cocitation：A Literature Measure of Intellectual Structure［J］．Journal of the American Society for Information Science, 1981, 32（3）：163-171.

［43］White H D, McCain K W. Visualizing a Discipline：An Author Co-citation Analysis of Information Science, 1972-1995［J］．Journal of the American Society for Information Science, 1998, 49（4）：327-355.

［44］Ahlgren P, Jarneving B, Rousseau R. Requirement for a Cocitation Similarity Measure, with Special Reference to Pearson's Correlation Coefficient［J］．Journal of the American Society for Information Science & Technology, 2003, 54（6）：550-560.

［45］van Eck N J, Waltman L. Appropriate Similarity Measures for Author Co-citation Analysis［J］．Journal of the American Society for Information Science and Technology, 2008, 59（10）：1653-1661.

［46］方小容，高档妮．基于同被引技术的科技人才群体结构特征的比较研究［J］．情报杂志，2010，29（9）：21-24.

［47］朱文龙，邵培基，方佳明等．基于作者同被引分析的中国大陆网络调查现状研究［J］．情报杂志，2012，31（10）：36-41.

［48］Leydesdorff L. A Software for Author Coupling Analysis［EB/OL］．［2019-04-

08〕. http：//www. leydesdorff. net/software/bibcoupl/index. htm.

〔49〕 Zhao D, Strotmann A. Evolution of Research Activities and Intellectual Influences in Information Science 1996 – 2005：Introducing Author Bibliographic – coupling Analysis 〔J〕. Journal of the American Society for Information Science & Techndogy, 2010, 59：2070–2086.

〔50〕 李国俊，肖明，邱小花. 作者引文耦合分析可视化研究 〔J〕. 图书情报工作，2012, 56 (12)：81–84.

〔51〕 沈利华，李红，张辉. 第一作者和全部作者耦合在领域知识结构发现中的比较——基于硅纳米材料领域的实证分析 〔J〕. 情报杂志，2014, 33 (4)：23–28, 51.

〔52〕 步一，王冰璐，徐扬. 结合时间信息的作者耦合分析方法 〔J〕. 情报杂志，2017, 36 (10)：148–151, 158.

〔53〕 Adams J, Jackson L, Marshall S. Bibliometric Analysis of Interdisciplinary Research 〔EB/OL〕. 〔2019 – 04 – 16〕. https：//webarchive. nation alarchives. gov. uk/20100303154703/http：//www. hefce. ac. uk/pubs/rdreports/2007/rd19_ 07/.

〔54〕 刘杰，陆君安. 一个小型科研合作复杂网络及其分析 〔J〕. 复杂系统与复杂性科学，2004, 1 (3)：56–61.

〔55〕 张国栋. 高校科研合作网络演化研究——对天津市 19 所高校的考察 〔J〕. 未来与发展，2015 (10)：53–58, 43.

〔56〕 沈耕宇，黄水清，王东波. 以作者合作共现为源数据的科研团队发掘方法研究 〔J〕. 现代图书情报技术，2013 (1)：57–62.

〔57〕 李纲，李岚凤，毛进，叶光辉. 作者合著网络中研究兴趣相似性实证研究 〔J〕. 图书情报工作，2015, 59 (2)：75–81.

〔58〕 孙海生. 作者关键词共现网络及实证研究 〔J〕. 情报杂志，2012, 31 (9)：63–67.

〔59〕 刘志辉，张志强. 作者关键词耦合分析方法及实证研究 〔J〕. 情报学报，

2010, 29（2）：268-275.

［60］刘萍，郭月培，郭怡婷．利用作者关键词网络探测作者相似性［J］．现代图书情报技术，2013（12）：62-69.

［61］刘萍，黄纯万．基于 SimRank 的作者相似度计算［J］．情报理论与实践，2015, 38（6）：109-114.

［62］袁润，李莹，王婧怡．作者关键词集的文献计量分析——以图情学科为例［J］．图书情报研究，2019，（1）：90-95.

［63］Morris S A, van der Veer Martens B. Mapping Research Specialties［J］. Annual Review of Information Science and Technology, 2008, 42（1）: 213-295.

［64］许海云，董坤，隗玲等．科学计量中多源数据融合方法研究述评［J］．情报学报，2018, 37（3）：318-328.

［65］化柏林．多源信息融合方法研究［J］．情报理论与实践，2013, 36（11）：16-19.

［66］常振超，陈鸿昶，刘阳．基于联合矩阵分解的节点多属性网络社团检测［J］．物理学报，2015, 64（21）：1-10.

［67］Pan W, Yang Q. Transfer Learning in Heterogeneous Collaborative Filtering Domains［J］. Artificial Intelligence, 2013, 197: 39-55.

［68］Shi Y, Serdyukov P, Hanjalic A, et al. Personalized Landmark Recommendation Based on Geotags from Photo Sharing Sites［C］//International Conference on Weblogs&Social Media. Barcelona, Catalonia, Spain：DBLP, 2011：622-625.

［69］Cao B, Shen D, Sun J, et al. Detect and Track Latent Factors with Online Nonnegative Matrix Factorization［C］//Proc of the 20th International Joint Conference on Artificial Intelligence, 2007：2689-2694.

［70］杨东芳，王丹，张治斌等．基于联合矩阵分解的话题发现与追踪模型［J］．计算机应用研究，2016, 33（8）：2307-2310.

［71］黄瑞阳，吴奇，朱宇航．基于联合矩阵分解的动态异质网络社区发现方法

[J]．计算机应用研究，2017，34（10）：2989-2992.

[72] 李秀霞，邵作运．融入内容信息的作者共被引分析——以学科服务研究主题为例［J］．图书情报工作，2016，60（1）：98-104，141.

第九章　学科领域知识演化路径识别

随着数据科学时代的来临，学术文献数量急剧增多，海量的研究文献在带给人们丰富资源的同时，也为获取知识带来挑战。仅靠传统的引文网络已不能清晰地展示知识的发展规律，因此识别关键文献的引文路径、提炼文献的核心主题，梳理知识的演化方向和趋势，成为知识服务研究的重要命题。本部分在分析引文网络主路径识别方法的基础上，提出结合主题提取和文本相似度计算的主路径识别法，有效识别出图书情报领域的"粗糙集"研究方向的主路径；提出基于主题词的后向主路径（Backward Local Main Path based on Topics，BLMP-T）与基于主题词的前向主路径（Forward Local Main Path based on Topics，FLMP-T）结合的主路径识别法，并以 BLMP 主路径识别出 NSFC 资助的国际 ISLS 领域研究的热点主题，以 FLMP 主路径识别出该领域的知识传播路径。

一、学科领域知识演化路径识别研究综述

学术文献作为科研活动知识产出的主要形式，反映了科学研究演化发展、相关技术更新换代的具体过程。随着科学技术的迅猛发展和科学研究的不断深入，科研文献数量急剧增长，及时、深入地了解并掌握特定学科领域的发展方向和关键节点变得日益困难。知识演化路径为呈现学科知识的发展与演化过程提供了帮助，通过

构建知识演化路径能够深入揭示学科领域知识传递和扩散的过程，识别学科领域的研究热点和演化趋势，可有效支持未来的科研创新与科技决策。因此，识别学科领域的知识演化结构，从整体上追踪学科领域概念的发展脉络，成为情报学科研人员和科技管理决策者关注的焦点。

下文先对引文网络主路径识别方法的研究现状做一个较为完整的梳理，总结已有的研究重点和研究方法，剖析其研究不足，并指出未来的发展方向。

（一）引文网络及其结构特点

引文网络是指文献与文献间通过引用关系构成的复杂网络，这里的文献包括期刊文献、专利技术、会议论文、科技报告和学位论文等。文献间的引用关系代表着知识在文献间的传递方向，反映了学科领域的发展态势、学科之间的关联等。原始的引文网络中其节点代表文献，边代表文献间的引用关系。后来，引文网络中的节点有的代表作者、期刊、机构等知识单元，有的是上述知识单元的不同组合。按照网络中节点代表知识单元对象的不同将引文网络分为同构网络（Homogeneous Academic Networks）和异构网络（Heterogeneous Academic Networks）。同构网络是指具有单一节点和关系的网络，相应地，异构网络则是指包含多种类型的知识单元及关系的网络[1]。

无论是同构网络还是异构网络，都具有以下特点：

（1）引用关系的复杂性。由于引文网络表征知识单元之间的引用关系，随着时间的推移，引文关系越来越多，使引文网络变得日趋复杂。在复杂引文网络中发现学科领域内的重要文献、把握学科领域内文献的演化结构正是主路径分析方法研究的目的。

（2）引用关系的静态性。在学科知识发现中，一旦确定了学科领域，各种知识单元所处的学术环境随之确定，由其间的引用关系构成的学术网络结构就确定下来了，具有静态特征。

（3）引用路径的时序性。学术文献发表的时间不同，各种引用是在具体时间点引用的，因此，在引文网络中，知识单元间的引用路径具有一定的时序性。

（二）引文网络主路径及其应用

19 世纪 60 年代末 70 年代初，Goffman[2]、Jahn 等[3] 指出，一个学科的发展轨迹是由少数极其重要的人或事决定的，这是引文网络主路径构建的理论基础。引文网络中入度为零的点为源点，出度为零的点为汇点，源点、汇点之间通过反映链接关系的边连成复杂的通路，通路上的边都有一定的遍历权重，其大小一般用遍历数与所有从源点到汇点的路径数之比来表示[4]，源点到汇点之间的节点代表着特定学科领域的关键文献或关键事件。引文网络主路径分析（Main Path Analysis，MPA）法一般包括 4 个关键步骤：选择主路径上的源点、确定从源点到汇点方向的网络拓扑次序、计算从源点到汇点所有边的遍历权重、确定主路径上的边[5]。

1. 已有研究的应用类型

前文提到引文网络中的文献一般包括期刊文献、专利技术、会议论文、科技报告和学位论文等，这里特指期刊文献、专利技术两种。按主路径上"节点元素"（期刊文献、专利技术）的不同将引文网络主路径分析的应用类型分为期刊文献主路径分析和专利技术主路径分析两大类。在 CNKI 中分别以"主路径"并含"文献"和"主路径"并含"专利（或专利技术）"进行检索，检索到与文献主路径分析有关的论文有 74 篇，与专利技术主路径分析有关的论文有 18 篇。国内对文献主路径分析的论文多于对专利技术主路径分析的论文，且发文量呈逐年递增的趋势，如图 9-1 和图 9-2 所示。其主要原因是文献主路径分析的论文设计的学科领域、研究方向较广，既有社会科学的文献也有自然科学的文献，而专利技术主路径分析的论文研究对象基本是自然科学领域的关键专利技术，所以后者的发文量明显少于前者。两者的发文量都是在 2016 年达到高峰，分别有 13 篇和 8 篇，说明 2016 年是国内对主路径分析法研究最热的一年；之后，研究量均出现递减趋势。

（篇）

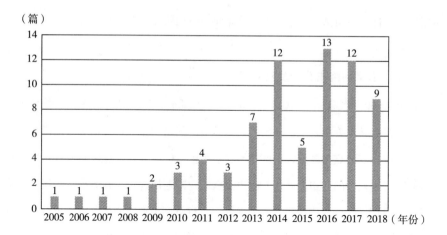

图 9-1　2005—2018 年与文献主路径分析有关的论文

（篇）

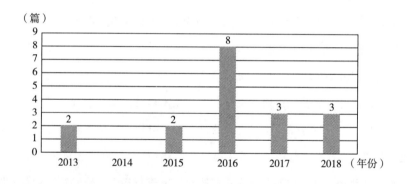

图 9-2　2013—2018 年与专利技术主路径分析有关的论文

　　为推动主路径分析法的进一步发展、拓展其应用领域和应用范围，深入分析影响主路径分析法研究量递减的原因是一个值得人们研究的问题。

2. 已有研究的应用目的

　　引文网络主路径分析的应用范围广泛，目的不外乎以下几个方面：

　　（1）识别特定领域主路径，揭示其知识结构。领域主路径识别主要是根据大量的文献集构建引文网络，并从其复杂的网络体系中分离出主要的发展演化路径，从中识别特定领域的关键发展路径；关键路径不仅展示了一段时间以来特定领域的知识演化过程，同时，由于关键路径上文献之间共享特定的知识内容，相邻的节点具有内容上的相似性，而且路径上的节点是特定领域的核心内容，因此通过关键路径上文献的链接关系可以深层次揭示特定领域的知识结构。

（2）识别特定领域的知识单元。引文网络主路径是由一个个节点链接起来的，节点一般代表着一篇关键文献、一位关键作者、一个特定的时间，或关键事件，或几个特定的术语等，因此通过引文网络主路径能够方便地识别特定领域的知识单元。

（3）加快知识传播的进程。引文网络本身是知识的流动网络，文献间的引用关系由引文网络展示了特定学科领域的知识生产、交流、传播和利用的过程，引文网络主路径上的文献是学科领域的关键文献，这些文献多是在该领域中具有重大影响力且具有核心地位的文献，对知识的交流起到关键的枢纽作用，因此识别主路径上的关键文献能够降低该领域内知识传播的不确定性，加快知识传播的进程。

（三）引文网络主路径分析法以及发展演化

1. 基本的引文网络主路径分析法

1989 年，Hummon 和 Dereian[6] 首次提出主路径分析法，他们为了探寻引文网络分析的新方法，从引文间的关系而非节点的相似性来研究学科或专业的主要事件、主要理论与主要人物，并在后续研究中基于引文网络的整体连通性设计了三种主路径的生成方法，即节点对投影数（Node Pair Projection Count，NPPC）、搜索路径链接数（Search Path Link Count，SPLC）和搜索路径节点对（Search Path Node Pair，SPNP）[7][8]，用以研究学科领域发展演化过程中的核心文献、主要人物和关键事件；1991 年，Batagelj 开发了主路径分析的算法程序[9]，并于 1997 年将主路径分析方法（Paths Count Method 和 SPLC）集成到大型社会网络分析工具 Pajek 中[10]；2003 年，V. Batagelj 提出搜索路径数（Search Path Count，SPC），通过在复杂的引文网络中搜寻主路径展示 SPC 独特的优势。随着主路径分析算法在可视化工具中的集成，主路径分析法逐渐成为识别引文网络核心元素的一种重要方法[11]。2007 年，Verspagen[12] 使用穷举法抽取出所有源点到汇点的路径，选择边权重之和最大的路径作为主路径；2012 年，Liu 等[13] 将 SPC、SPLC、SPNP 等称为局部主路径（Local Main Path）、将 Verspagen 提出的主路径称为全局主路径（Global Main Path），并提出多主路径分析方法（Multiple Main Path）、关键路径分析方法（Key-route Main Path）、后向局部主路径分析方法（Backward Local Main Path，BLMP），上述对主路径的界定方式得到领域内广大学者的关注。2012 年，Liu 等[13] 提出：已有的主路径分析方法均是按照时间序列从源点开始向汇点搜寻，也称为前向主路径分析方法（Forward Main Path），FLMP 从局部的角度出发，就像寻找核心文献的"后代"一样，由源点向汇点搜索遍历计数较高的路径，FLMP 能够建立引文网络中关键文献的结构骨架，揭示学科领域的核心文献、主要人物以及重要文献间的引用关系，进而展示领域知识正向引用和扩散的过程。与 FLMP 不同，BLMP 是从最新发表的文献向最早的文献进行搜索，通过在非循环网络中搜寻向内的链接快速地构建路径，并为同时拥有多条路径链接的文献赋予更高的权重，以追溯当前文献的研究来源。因此，BLMP 能够反映当前主要的研究主题，便于发现主题研究的历史。

总之，主路径分析法一般包括局部主路径分析（Local Main Path Analysis，LM-PA）、全局主路径分析（Global Main Path Analysis，GMPA）、多主路径分析三种分析方法，各种主路径分析方法有一定的交叉，每种分析方法的内涵以及三种分析方法的逻辑关系如图 9-3 所示。

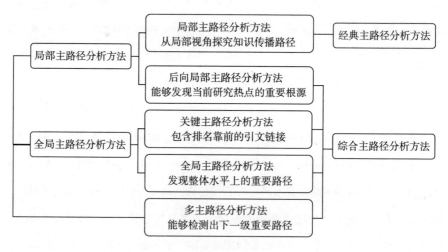

图 9-3　主路径分析方法结构

2. 引文网络主路径分析法与其他方法的结合

随着引文分析、知识图谱、多源信息融合技术的发展，引文网络主路径分析法的研究维度不断拓展，表现在不断与可视化技术结合、多路径方法结合、与文献内容信息的结合等，使主路径上能够展示更丰富、更完整的知识结构。

（1）与可视化技术结合。引文网络主路径分析关键就是以路径的形式展示学科领域知识发展的脉络、识别知识演化的结构，其主要特点是知识的可视化。因此，近年来可视化技术的成熟，有力地推动了该方法的发展。如利用寻径网络算法（Pathfinder Network，PFNET）构建主路径，有效地解决了引文网络分析中最短路径的计算问题，如 Demaine[14] 利用 SISTI 的数据实证研究发现，利用寻径网络算法能够有效展示研究领域的发展演化特征，而且便于用户对科学文献内容的理解；Lucio-Arias 等[15] 利用 HistCite 生成碳纳米管与富勒烯研究文献的引文网络结构图；也有将多种可视化工具结合识别引文网络主路经的研究，如吴菲菲等[16] 借助 HistCite 和 Pajek 软件分析 3D 打印技术引文编年图和研究主路径，探寻 3D 打印技术的研究主题发展趋势；韩毅等[17] 利用 HistCite™ 与 Pajek 软件识别出样本文献引文网络的主路径，并以主路径为种子文献提取与主路径关联的最大核心组分及凝聚子群。由于主路径分析法便于处理大型的网络，而 HistCite™ 与 Pajek 等可视化工具生成的结构图注重节点间的相似性，因此上述结合研究能够实现优势互补，使引文网络主路径更加可靠。

（2）多路径结合。早期的引文网络主路径研究主要通过单一路径实现，如按照时间序列从源点到汇点搜寻的前向主路径（FLMP）方法，之后人们发现从 FLMP 的反向路径也能够识别主路径，而且还能够反映最新研究主题，因此后向主路径被提出并得以应用（BLMP）。da Silva 等[18] 综合考虑时间线、图表和距离多要素，利用 FLMP 与 BLMP 结合的方法识别样本领域的主要文献与核心作者；另有王晓红等[19] 结合 SPC、SPLC、SPNP 三种主路径算法，分析不同节点规模的主路径成分差异，发现核心文献集和关键知识节点，进而揭示移动图书馆领域知识演化的主体脉络。已有研究证明，多种方法结合能够从不同的视角发现不同的知识结构，避免单一路径识别中信息遗漏的现象，使知识展示更加全面、完整。

（3）与文献内容信息的结合。基于引文链接发现学科领域的关键文献实质是以文献集合来反映学科领域的研究主题，对文献集合的解释需要借助人工进行，得到的研究主题仅通过外部使用角度来体现文献的相似性，导致引文网络主路径缺乏语义结构，揭示结果存在较大的语义误差。为弥补此不足，人们开始将引文内容信息如文献关键词、主题词等纳入主路径中，大大丰富了路径信息。如周源等[20] 提出一种将科技文献文本信息和引用信息相结合的技术演化路径的分析方法，该方法通过对引用网络进行拓扑聚类、对网络社区进行主题提取，结合不同时间段网络社区之间的主题联系，发现了增材制造学科领域的三种类型的技术演化路径；章小童等[21] 结合引文编年图法、主路径分析法和内容分析法，对引文网络主路径分析法的演化脉络、研究现状以及核心文献主题进行梳理和分析。

（四）引文网络主路径分析尚存的问题及未来展望

目前，国内外对引文网络主路径的研究成果颇为丰富、应用领域广泛，为通过主路径网络实现学科领域知识发现奠定了坚实的理论基础，为探测学科领域的重要文献提供了强有力的支持。国内对引文网络主路径的研究主要是对国外新方法、新技术的介绍与实践应用，少量研究通过结合内容分析法详细分析主路径，其研究为丰富主路径分析法提供了很好的借鉴。但分析发现，已有研究尚存以下不足：

（1）路径方向选择简单。已有的引文网络主路径分析法多从"源点"文献开始，基于引用关系生成相互链接的关系图，再以新链接的文献节点为基础，通过引用关系不断扩展，从而生成相互间的引用关系结构图[22]。显然，从不同的"节点"文献开始，得到的网络结构是不一样的；目前，有利用 FLMP 与 BLMP 结合的方法识别主路径上关键节点的研究，但从其他关键"节点"文献出发的研究尚未发现；另外，对主路径终止的"汇点"设置，以及"汇点"终止条件的设置问题等都有待解决；可见，相关研究仍有较大的拓展空间。

（2）路径节点内容简单。当前引文网络主路径主要是从引文关系获取，属于

"内容无涉"的分析范式,对学科知识结构的揭示需要借助人工进行;也有将文献关键词或主题词引入引文网络主路径中的研究,但由于主路径上样本数量少,即使主路径上的关键节点是关键词或主题词,主路径上内容信息仍然不足,难以反映一个学科领域的复杂知识结构。因此,还需要考虑与节点相似的引文信息和内容信息,通过一定的方式将相似信息纳入节点,丰富主路径上的内容,以便更深入、全面地展示学科领域的知识结构。

(3)路径对应的网络结构简单。引文网络主路径主要根据引文网络结构生成主路径,影响引文网络结构的因素除了基于文献的耦合分析、共引分析方法因素外,还有基于作者的耦合分析、共引分析方法因素、文献作者的合作因素、引文的时间因素等,从不同因素出发,构建的引文网络结构也不同,由此得到的引文网络主路径反映的知识结构各异。因此,从不同的角度构建引文网络,是拓展与深化引文网络主路径分析方法的一个突破口。

目前引文网络主路径分析方法虽然已形成了一定的方法体系,但仍有拓展和丰富的空间,将引文网络分析与其他技术如关联规则算法、特征提取技术等整合,研究构建引文网络主路径的新方法将是未来的一个重要发展方向。

二、基于主题词的学科领域知识演化路径识别

传统的主路径分析存在明显的不足。主路径结构简单,主路径上节点包含内容较少。路径节点仅展示核心文献,边表示文献间的引用关系,但其析出的学科领域演化脉络是粗线条的,仅能表现形式上的"知识",难以发现文献的具体研究内容,无法细致地展示知识演变的细节过程。虽然基于关键词的知识演化路径融入了核心文献的关键词,与单纯的主路径图相比,研究结果具有一定的"可读性",但是仍存在明显的局限性。例如,仅以关键词代表文献的内容信息尚不能全面、准确地反映文献的主题内容。关键词由作者定义,其主观性较强,而且存在关键词定义不规范的现象;另外,有些文章由于作者的自身原因、文献发表时间较早或者期刊

本身的发表格式等问题，可能出现没有关键词字段的现象，这都会导致基于关键词的演化路径上的知识内容与实际内容有偏差，难以准确反映学科发展的内容演化过程，不能满足知识管理、知识服务的情报支持作用。

将主路径分析方法与文本挖掘技术相结合，同时基于向量空间模型对核心文献进行补充，并利用主题模型提取主题，继而绘制知识演化路径图。以图书情报领域的粗糙集研究方向为例，构建基于研究主题的知识演化路径，用以识别其核心文献，展示其主题知识的演化趋势，帮助研究人员快速发现学科领域中的核心文献和关键主题，把握学科领域研究主题的演变趋势。

（一）研究思路

本书的研究思路如图9-4所示。其知识演化路径分为四个部分：数据收集、主路径分析、合并概念、构建知识演化路径。

图9-4　知识演化路径分析模型

（1）数据收集。首先提取文献的"关键词""标题"和"摘要"数据。然后去除数据中的停用词并进行词干化，同时删除高频出现但对本书没有研究意义的词语，形成后续研究所需的语料库。

（2）主路径分析。本部分选择集成于 Pajek 中的全局主路径方法（GMP）识别主路径[12][23]，该方法使用穷举法抽取所有源点到汇点的路径，并选择弧权重之和最大的路径作为主路径，路径节点上的文献被视为核心文献。

（3）合并概念。构建文献—关键词矩阵，利用向量空间模型计算文献间的相似度，并按照与核心文献相似度的大小将非核心文献合并到与之相应的核心文献节点中。

（4）构建知识演化路径。利用 SATI（文献题录信息统计分析工具）按照节点抽取核心文献与非核心文献的"关键词""标题"和"摘要"数据并形成集合，经过处理后利用主题模型提取代表每个节点主题的词语，用主题词表示每个节点内文献的主要研究内容，构建基于研究主题的知识演化路径。

（二）构建引文网络主路径

1. 数据收集与处理

本书数据源于 Web of Science（WOS）的科学引文数据库，以"Rough Set"（粗糙集）为样本领域，以"Information Science & Library Science"为学科类别，时间范围是 1900 年及之后的所有年份，语种为英语，检索时间是 2018 年 5 月 2 日，共检索到 89 篇文献。

利用 isi. exe 和 CitNetw. exe 对下载的数据进行格式转换。isi. exe 和 CitNetw. exe 是由荷兰阿姆斯特丹大学 Leydesdorff 教授[24] 开发的程序。其中，isi. exe 用于将 WOS 数据转换为数据库文件格式，CitNetw. exe 可直接生成引文网络，命名为"lcs. net"。"lcs. net"使用 WOS 数据中参考文献的格式（"第一作者简写名，发表年份，发表期刊，卷期，起始页码"）与 WOS 输出字段标识"AU，PY，SO，VL，PB"（如"Zhang CL，2002，CLIN CANCERRES，V8，P1234"）相匹配，并生成引文网络，以此引文网络中的标识作为后续研究中的节点名称。

使用 SATI 从 WOS 数据中提取"关键词"字段，经过去重、合并，加入词库。有些文献因为发表年份过早或者作者自身原因没有"关键词"字段，因此我们利用 LDA 主题模型从"标题""摘要"字段中抽取有意义的主题词以丰富词库。

2. 创建引文网络

将"lcs. net"文件导入 Gephi 0. 8. 2 中绘制原始引文网络图，图中共有 89 个节点和 63 条有向边，包括由 42 个节点和 63 条有向边组成的网络图以及 47 个孤立节点，以不同的颜色区分点度中心度，如图 9-5 所示。

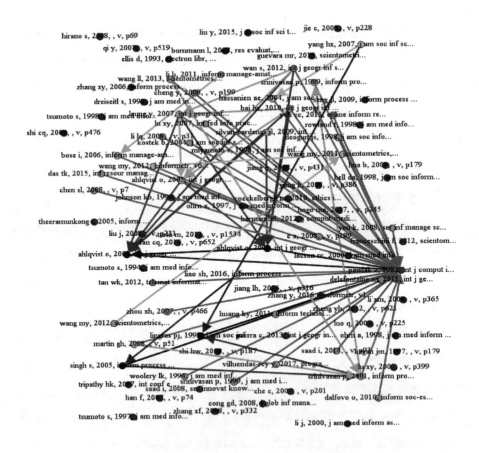

图 9-5　图书情报学领域"粗糙集"引文网络图

图 9-5 中每个节点代表一篇文献，每条边代表文献间的一次引用关系，箭头由施引文献指向被引文献。表 9-1 给出图书情报学领域"粗糙集"引文网络图中的相关数值。从图 9-5 和表 9-1 中可看出，该引文网络图的孤立节点较多，图密度相对较小，网络直径较短。

表 9-1　图书情报领域粗糙集引文网络图数值统计

平均度	网络直径	图密度
0. 708	3	0. 008

3. 识别全局主路径

图 9-5 显示的引文网络比较杂乱，难以识别核心文献。为清晰展示图书情报学领域"粗糙集"研究的发展演化脉络，将 lcs. net 文件导入 Pajek 中，利用 GMP 方法识别主路径，并使用 Louvain 算法划分节点，得到如图 9-6 所示的全局主路径图。图 9-6 路径上的每个节点代表一篇文献，每一条边代表一次引用关系。为了符合基于时间序列的文献引用过程，利用 Pajek 调整箭头方向，使箭头由被引文献指向施引文献。

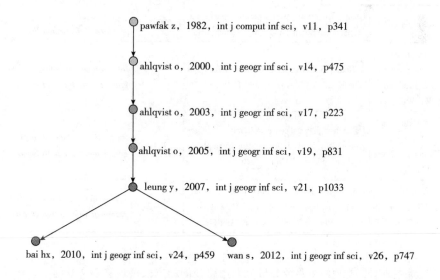

图 9-6　图书情报学领域"粗糙集"全局主路径

图 9-6 展示了基于核心文献的图书情报学领域"粗糙集"研究的主路径, 路径中标注出"第一作者简写名, 发表年份, 发表期刊, 卷期, 起始页码"等信息。主路径上包含 7 篇文献, 其中有 3 篇是同一作者——Ahlqvist。文献发表年份从 1982 年开始, 止于 2012 年。表 9-2 是核心文献的具体信息, 能够看出, 除第一篇关于"粗糙集"研究的文献发表在 *International Journal of Computer & Information Sciences* 期刊, 其他 6 篇文献都发表在 *International Journal of Geographical Information Science* 上。

表 9-2   全局主路径上的核心文献

作者	文献标题	发表年份	发表期刊
Pawlak Z	Rough Sets	1982	*International Journal of Computer & Information Sciences*
Ahlqvist O Keukelaar J Oukbir K	Rough Classification and Accuracy Assessment	2000	*International Journal of Geographical Information Science*
Ahlqvist O Keukelaar J Oukbir K	Rough and Fuzzy Geographical Data Integration	2003	*International Journal of Geographical Information Science*
Ahlqvist O	Using Uncertain Conceptual Spaces to Translate Between Land Cover Categories	2005	*International Journal of Geographical Information Science*
Leung Yee Fung Tung Mi Ju-Sheng Wu Wei-Zhi	A Rough Set Approach to the Discovery of Classification Rules in Spatial Data	2007	*International Journal of Geographical Information Science*
Bai Hexiang Ge Yong Wang Jin-Feng Liao Yi Lan	Using Rough Set Theory to Identify Villages Affected by Birth Defects: the Example of Heshun, Shanxi, China	2010	*International Journal of Geographical Information Science*
Wan Shiuan Lei Tsu-Chiang Chou Tein-Yin	A Landslide Expert System: Image Classification Through Integration of Data Mining Approaches for Multi-Category Analysis	2012	*International Journal of Geographical Information Science*

综上来看, 常规的主路径分析只能用路径图的方式展现核心文献间的引用关系, 并未做出更加深入的分析, 存在如下较为明显的不足:

首先，节点数量相对较少。主路径分析选择所有源点到汇点的路径中弧权重之和最大的路径作为主路径，路径节点仅显示核心文献，使主路径分析忽视了大量的非核心文献，这会导致有用信息的丢失。

其次，节点包含内容较少。从图9-6中可以看出，主路径节点以"第一作者简写名，发表年份，发表期刊，卷期，起始页码"标注，虽然节点包含了很多半结构化信息，但是研究人员很难从中获取有关文献的内容信息。因此，上述主路径分析无法细致地展现学科领域研究主题的发展演化过程。

（三）合并相似文献

1. 建立相似度矩阵

将词库中的主题词定义为"t_1，t_2，t_3，t_4，$\cdots$，t_n"；同时定义文献为"A_1，A_2，$\cdots$，A_p，$\cdots$，A_q，$\cdots$"。构建文献—主题词矩阵，当主题词出现在 A 时，交叉单元格的布尔值为 1；否则为 0（见表9-3）。

表9-3　文献-主题词矩阵

	t_1	t_2	t_3	$\cdots$	t_{n-1}	t_n
A_1	0	0	1	$\cdots$	1	0
A_2	1	0	1	$\cdots$	0	0
$\vdots$	1	1	0	$\cdots$	1	1
A_p	$\vdots$	$\vdots$	$\vdots$	$\vdots$	$\vdots$	$\vdots$
$\vdots$	0	1	0	$\cdots$	1	1
A_q	1	1	0	$\cdots$	0	1

根据表9-3文献-主题词矩阵构建文献-主题向量，利用余弦相似度公式（9-1）计算核心文献与非核心文献之间的相似度，相似度在0~1。相似度越趋近1，说明两篇文献间的相似度越高。

$$Cosine\ similarity(A_p,\ A_q)\ =\ \frac{a\cdot b}{|a||b|}\ =\ \frac{\displaystyle\sum_{i=1}^{n}a_i b_i}{\sqrt{\displaystyle\sum_{i=1}^{n}a_i^2}\sqrt{\displaystyle\sum_{i}^{N}b_i^2}} \tag{9-1}$$

式（9-1）中，A_p，A_q 分别代表一篇文献，都有 n 维向量，文献 A_p 的向量是 $A_p=(a_1,\ a_2,\ a_3,\ \cdots,\ a_n)$，文献 A_q 的向量是 $A_q=(b_1,\ b_2,\ b_3,\ \cdots,\ b_n)$。其中，$a_n$、$b_n$ 分别代表文献 A、B 中的主题词。

然后，构造核心文献与非核心文献之间的相似度矩阵。定义核心文献为 $C_j=(c_1,\ c_2,\ c_3,\ \cdots,\ c_j)$，非核心文献为 $D_k=(d_1,\ d_2,\ d_3,\ \cdots,\ d_k)$，如表9-4所示。

表9-4　相似度矩阵

	d_1	d_2	$\cdots$	d_{k-1}	d_k
c_1	0.86	0.77	$\cdots$	0.45	0.33
c_2	0.36	0.21	$\cdots$	0.78	0.12
$\vdots$	$\vdots$	$\vdots$	$\vdots$	$\vdots$	$\vdots$
c_{j-1}	0.26	0.54	$\cdots$	0.06	0.11
c_j	0.21	0.09	$\cdots$	0.11	0.65

2. 合并相似文献

根据表9-4中文献相似度的大小，设定阈值为0.3，将非核心文献分配到与之相似度最高的核心文献中。图9-7为图书情报学领域与"粗糙集"相关的文献合并结果。每个节点以"第一作者"和"发表年份"为标识，主路径节点上的核心文献加粗显示，如Pawlak_1982。如果文献具有相同的作者和发表年份，则在第一作者后加第二作者，以示区别，有前两位作者相同的情况以此类推。图9-7中分配给 C_1 的非核心文献数量最多，C_1 是Pawlak教授的文献，分析图9-5中的引文关系网络发现，与"粗糙集"研究有关的文献大多引用了Pawlak_1982，表明图9-7中的文献合并结果与实际情况相符，也说明该方法能够客观、有效地将非核心文献合并到核心文献中。

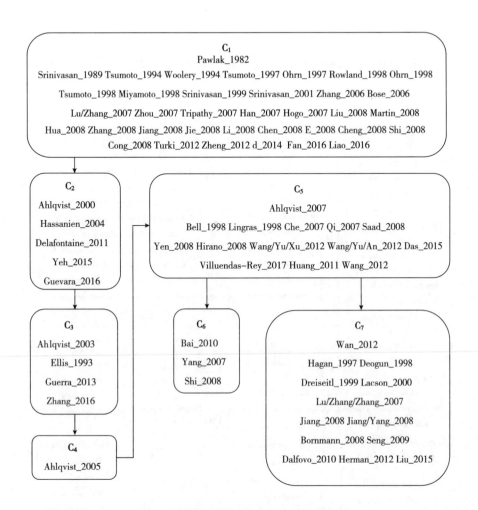

图 9-7　图书情报领域"粗糙集"文献合并结果

（四）构建基于主题词的知识演化路径

利用 SATI 抽取 89 篇文献的"关键词""摘要"和"标题"数据。根据文献合并结果将属于同一节点的数据归类。然后使用 En Stemmer（自然语言处理工具）去除数据中的停用词并进行词干化，将结果导入 Excel 中，同时删除高频出现但对本书没有研究意义的词语，最终获得与前文主路径上的 7 篇文献相对应的 7 个词语集合。基于开源包 JGibbLDA[25] 实现对 LDA 主题模型的参数训练，依据学科特征和实践经验将抽取的主题数 K 设为 1，迭代次数设置为 500，超参数 $\alpha = 50$（50 K）、

β=0.1。图书情报学领域"粗糙集"研究的知识演化路径如图9-8所示。图中粗体人名加发表年份对应核心文献，括号中的数字表示合并到该节点的非核心文献数量，节点下为主题词。

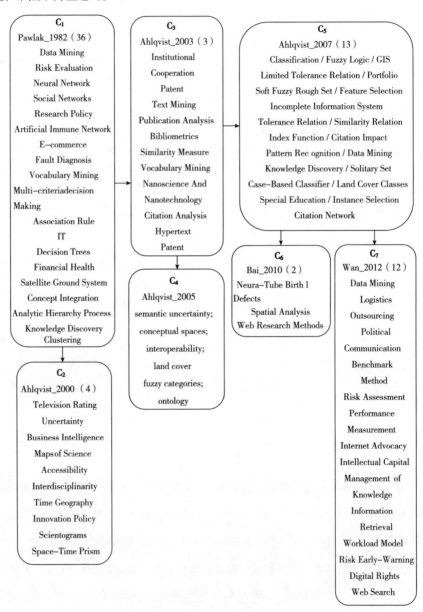

图 9-8 基于主题词的图书情报学领域"粗糙集"的知识演化路径

（五）基于主题词的知识演化路径分析

分析图 9-8 的知识演化路径，可以发现：

（1）路径节点展现了不同的研究主题。如节点 C_1 含有"政策研究"（Research Policy）、"故障诊断"（Fault Diagnosis），节点 C_3 中有"文献计量学"（Bibliometrics），节点 C_5 有"风险评估"（Risk Evaluation），节点 C_7 中包含"数据挖掘"（Data Mining）和"知识管理"（Management of Knowledge）等主题，而在原始路径图中，研究人员仅能通过标题确定研究主题。

（2）节点主题中呈现了热点主题。在 7 个节点主题中，"数据挖掘"（Data Mining）或"文本挖掘"（Text Mining）出现 4 次，说明"数据挖掘"（Data Mining）是一个经典、持久的研究方向。"数据挖掘"（Data Mining）和"知识发现"（Knowledge Discovery）共现 3 次，说明"数据挖掘"（Data Mining）和"知识发现"（Knowledge Discovery）是情报分析中研究人员经常一起讨论的主题。

（3）节点间的关联展示了主题内容的演化趋势。从图 9-8 中可以看出，节点 C5 中的内容十分广泛，既包括"公差关系"（Tolerance Relation）、"指数函数"（Index Function）、"特殊教育"（Special Education）等比较独特的主题，也包括"数据挖掘"（Data Mining）、"分类"（Classification）、"知识发现"（Knowledge Discovery）等较为经典的主题，因此继 C_5 之后出现 C_6 和 C_7 两条分支。节点 C_7 继承了经典主题，并在其基础上与时俱进，例如"数据挖掘"（Data Mining）是经典主题，"智力资本"（Intellectual Capital）是新兴主题；节点 C_6 中的主题比较特别，如"神经管出生缺陷"（Neural-Tube Birth Defects）。随着时间的推移以及现代网络技术的进步，对"粗糙集"的研究开始与网络相结合。例如，在节点 C_6 中的"网络研究方法"（Web Research Methods）、节点 C_7 中"互联网宣传"（Internet Advocacy）和"网络搜索"（Web search）。此外，从节点 C_3 到节点 C_7，还展示了传统研究主题"专利"（Patent）研究到"数字版权"（Digital Rights）新兴研究主题的演变过程。

（4）节点主题显示了主题研究方法的演化过程。如节点 C_1 中的研究方法仅有"概念整合"（Concept Integration）、"层次分析法"（Analytic Hierarchy Process）、"聚类"（Clustering）等，随着时间的推进，研究方法更加丰富，如节点 C_3 中出现了"引文分析"（Citation Analysis），节点 C_6 加入了"网络研究法"（Web Research Methods）和"空间分析法"（Spatial Analysis），随后，节点 C_7 的"专家系统"（Expert System）研究方法也运用于"粗糙集"研究中。原始路径图则无法细致地展示研究方法的演化过程。

（5）节点主题还展现了"粗糙集"的多学科特征。图 9-8 中涉及的学科有计算机科学与技术（"IT""Hypertext""Interoperability"）、经济学（"E-commerce""Financial Health""Risk Assessment"）、数学（"Index Function""Similarity Measure""Workload Model"）、地理学（"GIS""Time Geography""Land cover"）、管理学（"Bibliometrics"）、法学（"Digital Rights"）、文学（"Publication Analysis"）、医学（"Neural-Tube Birth Defects"）等，而且在节点 C2 中还出现了跨学科（"Interdisciplinarity"）这一主题词。在原始路径图中，对"粗糙集"的研究涉及的学科仅有数学（"Accuracy Assessment"）、医学（"Birth Defects"）、地理学（"Geographical Data Integration"）。

（六）小结

在主路径分析的基础上，将文本挖掘技术与文献相似度分析相结合，提出基于研究主题的学科领域知识演化路径识别方法。通过构建情报学领域"粗糙集"研究主题的演化路径，展示了该学科领域不同的研究主题、热点主题、核心文献间的关联、研究主题和研究方法的演化趋势，以及该学科的跨学科特征。

本部分研究的意义在于：

（1）将文本挖掘技术和文献相似度分析相结合，实现了非核心文献与核心文献的合并，避免了重要信息的丢失，更全面地展示了学科领域研究文献的内容。

（2）将文献主题纳入知识演化路径中，从研究主题角度呈现了核心文献间的关联，能够细致地把握主题的发展轨迹。

（3）实证研究部分给出了情报学领域"粗糙集"的知识演化路径，该路径展示了文献间主题的演化状态和演化趋势。研究能够帮助相关学者识别该领域的经典主题和新兴主题、发现研究主题和研究方法的演化趋势，确定"粗糙集"的多学科特征等。

三、基于主题词的引文网络前向、后向主路径识别

传统主路径分析方法只是用路径图展现核心文献间的引用关系，除存在节点缺少内容信息、主路径结构简单的不足外，还有主路径方向单一的不足，传统的主路径分析多是按照时间序列从源点开始向汇点搜寻，称为前向局部主路径（Forward Local Main Path，FLMP）分析。Liu 等[26] 2004 年提出，也可以从汇点出发向源点搜寻，从最新发表的文献逆向搜索早期的核心文献，称为后向局部主路径（Backward Local Main Path，BLMP）分析。BLMP 分析法与 FLMP 分析法相结合，能够互补各自的不足，提供多途径、多视角的分析方法，以从多角度揭示目标学科的关键发展，目前国内相关研究较少。

以国际图书情报学（Information Science and Library Science，ISLS）领域中国自然科学基金（Natural Science Foundation of China，NSFC）资助的文献为例，在文献合并的基础上，借用文本挖掘技术获取文献主题词，将文献主题词分别融入 BLMP 和 FLMP 主路径中，构建基于主题词的后向主路径（Backward Local Main Path based on Topics，BLMP-T）和基于主题词的前向主路径（Forward Local Main Path based on Topics，FLMP-T），以探测 NSFC 资助的国际 ISLS 领域学术研究的演化路径，发现不同时间段的关键研究主题，以更精准地把握 ISLS 领域研究主题的发展历史与演化脉络。

（一）数据来源与处理

以 Web of Science 的科学引文（SCI-EXPANDED）数据库为数据来源，检索方

式采用高级检索，以国际 ISLS 领域的 NSFC 文献为检索对象，保存数据的全记录和参考文献。数据检索式为："WC＝（Information Science AND Library Science）AND FO＝（National Natural Science Foundation Of China）"，以"Article"为文献类型，时间范围是 2008～2018 年，语种为英语，检索时间是 2018 年 9 月 14 日，共检索到 747 篇文献。继而利用 isi. exe 和 CitNetw. exe 对下载的数据进行格式转换，得到"lcs. net"文件。

构建词库的语料来自文献的标题、关键词、扩展关键词和摘要。首先，使用 SATI 从 Web of Science 数据中提取"关键词"字段，将其加入实验数据集中。有些文献因为发表年份过早或者作者自身原因没有"关键词"字段，因此从"标题""摘要"字段中抽取有意义的词语以丰富实验数据集。其次，对实验数据集进行预处理，利用英文单词与单词间的空格进行分词，然后使用 En Stemmer（自然语言处理工具）去除数据中的停用词并进行词干化，将结果导入 Excel 中，经过单词的去重、合并、删除等处理，最终获得后续研究所需的词库。词库的部分内容如表 9-5 所示。

表 9-5 主题词（部分）

Scientific collaboration	Co-word analysis	Perspective	Methodology	Knowledge transfer	HIV
Structural hole	H-index	Obsolescence	Europe	Uncitedness	Policy
Bibliometric analysis	Absorptive capacity	Chemistry	Prematurity	Wind energy	Co-publication
Collaboration network	Intraorganizational network	Korea	Weak tie	Dynamic evolution	Science policy
Collaboration network	Decision analysis	Discipline	Economics department	Gravity model	Beauty coefficient
Diffusion	Knowledge network	Spillover	Competition	Innovation	Health

（二）构建引文网络

首先，将"lcs. net"文件导入 Pajek 中构造引文网络，提取其最大连通子网作为研究对象，该子网包含 72 个节点，图 9-9 展示了子网中部分节点的信息。具体提取步骤如下：

（1）从引文网络中提取最大组件。

a. Network>Create partition>Component>Weak

b. Operations>Network+Partition>Extract subnetwork>Choose cluster

（2）从最大的组件中提取最大连接成分。

a. Network>Create partition>Component>Strong

b. Operations>Network+Partition>Shrink network>［use default values］

（3）删除循环。

Network>Create new network>Transform>Remove>Loops

其次，根据结果从数据集中提取最大连通子网节点文献，形成最大连通子网文献集合；然后，利用 isi. exe 和 CitNetw. exe 对最大连通子网文献进行格式转换，得到"lcs（1）. net"。将"lcs（1）. net"导入 Gephi 0. 8. 2 中绘制引文网络图，引文网络图中有 72 个节点和 106 条有向边，如图 9-9 所示。图中以"第一作者简写名，发表年份，缩写期刊名，卷号，开始页码"为节点标识，使用不同的颜色区分度中心性。

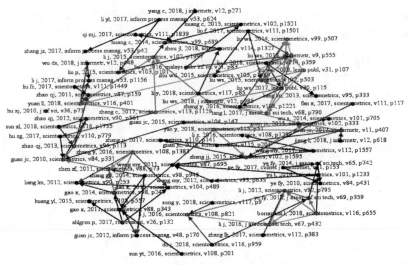

图 9-9　最大连通子网引文网络图

（三）构建 FLMP、 BLMP

将 lcs. net 文件导入 Pajek，得到最大连通子网 FLMP 和 BLMP，如图 9-10 和图 9-11 所示。其中，路径上的节点代表一篇文献，每篇文献以"第一作者简写名，发表年份，缩写期刊名，卷号，开始页码"格式标识。

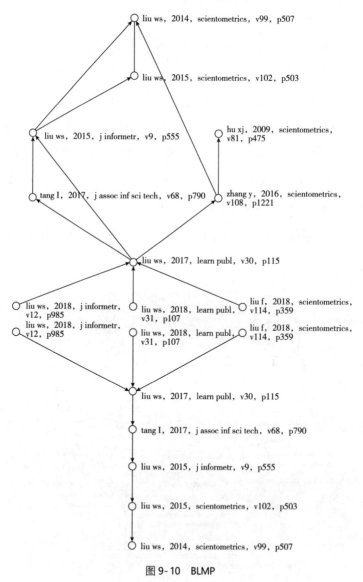

图 9-10　BLMP

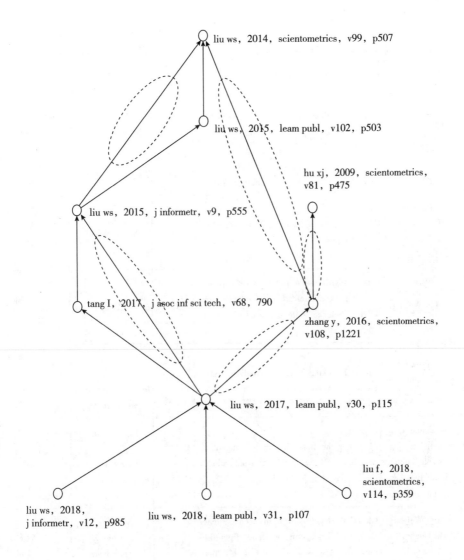

图9-11　FLMP

由图9-10和图9-11中可知，FLMP和BLMP两条主路径具有相似的节点顺序，也有较大的差异。在图9-11中用虚线椭圆标示路径的不同，以实线矩形框标示节点的不同。

最大连通子网的局部主路径上核心文献的具体信息如表9-6所示。

表9-6　最大连通子网的局部主路径上核心文献的相关信息

作者	文献标题	发表年份	发表期刊	被引频次	位置
Liu Weishu Hu Guangyuan Tang Li	Missing Author Address Information in Web of Science an Explorative Study	2018	*Journal of Informetrics*	0	后向 前向
Liu Weishu Li Yanchao	Open Access Publications in Sciences and Social Sciences：A Comparative Analysis	2018	*Learned Publishing*	0	后向 前向
Liu Fang Hu Guangyuan Tang Li Liu Weishu	The Penalty of Containing More Non-English Articles	2018	*Scientometrics*	2	后向 前向
Liu Weishu	The changing role of non-English papers in scholarly communication：Evidence from Web of Science's three journal citation indexes	2017	*Learned Publishing*	9	后向 前向
Tang Li Hu Guangyuan Liu Weishu	Funding Acknowledgment Analysis：Queries and Caveats	2017	*Journal of the Association for Information Science and Technology*	12	后向 前向
Zhang Yi Kou Mingting Chen Kaihua Guan Jiancheng Li Yuchen	Modelling the Basic Research Competitiveness Index（Br-Ci）with an Application to the Biomass Energy Field	2016	*Scientometrics*	2	前向
Liu Weishu Hu Guangyuan Tang Li Wang Yuandi	China's Global Growth in Social Science Research：Uncovering Evidence from Bibliometric Analyses of SSCI Publications（1978-2013）	2015	*Journal of Informetrics*	33	后向 前向
Liu Weishu Tang Li Gu Mengdi Hu Guangyuan	Feature Report on China：A Bibliometric Analysis of China-Related Articles	2015	*Scientometrics*	15	后向 前向

续表

作者	文献标题	发表年份	发表期刊	被引频次	位置
Liu Weishu Gu Mengdi Hu Guangyuan Li Chao Liao Huchang Tang Li Shapira Philip	Profile of Developments in Biomass-Based Bioenergy Research: A 20-Year Perspective	2014	*Scientometrics*	19	后向 前向
Hu Xiaojun Rousseau Ronald Chen Jin	In Those Fields Where Multiple Authorship is the Rule, the H-Index Should be Supplemented by Role-Based H-Indices	2009	*Journal of Information Science*	26	前向

从表9-6中可以看出，BLMP 和 FLMP 上都有 10 篇文献，其中大部分文献相同，但也存在一定的差异。

（四）　FLMP、　BLMP 识别效果对比

1. BLMP 和 FLMP 相同的识别效果

（1）相同的作者。高被引文献的作者分别是刘维树（在表 9-6 中标注为 Liu Weishu）、唐莉（表 9-6 中标注为 Tang Li）、胡光元（表 9-6 中标注为 Hu Guangyuan），刘维树的文献在路径上共出现 8 次，其中 6 篇为第一作者。刘维树为浙江财经大学信息管理学院讲师，主要从事知识管理、科技文本挖掘、科学学与情报学方面的研究。局部主路径识别出唐莉的 6 篇文献，只有 1 篇为第一作者，唐莉为复旦大学国际关系与公共事务学院教授，研究领域为科技创新政策、科技评价、政策评估、信息计量。胡光元是上海财经大学公共经济与管理学院副教授，研究方向为教育评估、教育统计、教育政策、研究方法论等，胡光元在路径上出现了 6 次，都不是第一作者。刘维树、唐莉和胡光元 3 人有共现现象，在路径上共现次数为 6 次，并且共现的文献同时出现在 BLMP 和 FLMP 主路径上，说明刘维树、唐莉和胡光元的合著提高了科研生产力，并且其合著文献互相引证的密切程度要高于其他文

献。查阅资料发现，刘维树和唐莉的共同导师是 Philip Shapira 教授，可见 NSFC 为 3 位学者提供了科研合作的环境。

（2）相同的来源期刊。在 BLMP 和 FLMP 主路径上的 10 篇文献中，有 6 篇文献所在的期刊相同，其中 4 篇文献发表在 *Scientometrics* 上。2017 年该期刊总被引数为 8766，期刊影响因子为 2.173，位于 JCR 中的 2 区，主要研究领域为计算机科学和 ISLS 领域；文献发表最多的国家和地区是中国大陆；发表量最多的研究机构为比利时的鲁汶大学。另有 2 篇文献收录于 *Journal of Informetrics* 和 *Learned Publishing*。*Journal of Informetrics* 的期刊影响因子为 3.484（2017 年），位于 JCR 中 JCR 的 1 区，主要研究领域为计算机科学和 ISLS 领域，文献发表最多的国家和地区是美国，中国大陆位于第二，发表量最多的研究机构是比利时的鲁汶大学。*Learned Publishing* 的期刊影响因子为 1.632（2017 年），JCR 中处于 2 区期刊，主要研究领域为 ISLS 领域，文献发表最多的国家和地区是英国，其次是美国，中国大陆位于第三，发表量最多的研究机构为位于英国的国际商务教育与研究中心。统计发现，上述 3 种期刊都刊载了我国学者较多的学术研究成果，说明这 3 种期刊为我国计算机科学和 ISLS 领域的学者提供了广泛交流的平台。

2. BLMP 和 FLMP 不同的识别效果

与 BLMP 主路径相比，在 FLMP 主路径上，①Liu WS（2017）和 Liu WS（2015，*Journal of Informetrics*）存在直接的引用关系；②Liu WS（2015，*Journal of Informetrics*）直接引用了 Liu WS（2014）；③Liu WS（2017）与 Liu WS（2014）间出现一条新的路径，Zhang Y（2016）是一个只出现在 FLMP 上的节点，该节点连接 Liu WS（2017）与 Liu WS（2014）两篇文献，并且引用了另一篇新的文献 Hu XJ（2009）。

对比发现，Zhang Y（2016）和 Hu X J（2009）对该领域的知识传播起着重要作用，但两篇文献并未出现在 BLMP 上，说明它们不是当前热点主题的重要根源文献。也就是说，最大连通子网在研究热点与知识传播路径方面有较大的差别，学科领域的核心文献不一定能提高相关研究的热度，热点文献也不一定是该领域的经典文献。研究发现，（BLMP 主路径更适用于识别领域研究的热点主题，而 FLMP 主路径更适用于知识传播路径的识别），这与 Liu 等[13] 得出的结论 "BLMP 能够反映当前主要的研究主题，FLMP 能够展示领域知识正向引用和扩散的过程" 是一致的。基于上述结论，接下来在 "（五）合并相似文献" 一节分别通过 BLMP-T 和 FLMP-T 分别探析 ISLS 领域 NSFC 的研究热点演化路径和知识传播路径。

（五）合并相似文献

为丰富主路径上节点的信息内容，全面展示国际 ISLS 领域 NSFC 支助文献的研究主题和发展脉络，将与主路径上节点文献内容相似的文献合并到主路径的节点中。

1. 建立文献-主题词相似矩阵

利用 Java 编程，首先对 72 篇文献编码，其次将主题词映射到文献上，构建文献-主题词矩阵。当主题词出现在某一文献中时，矩阵中交叉单元格的布尔值为 1，否则为 0（见表 9-7）。

表 9-7　文献-主题词矩阵（部分）

	Scientific collaboration	Structural hole	Bibliometric analysis	Collaboration network	Methodology	Social science	Institutional distance	Nano
1	0	0	0	0	0	0	0	0
2	1	0	0	1	0	0	0	0
3	0	0	0	0	0	0	0	0
4	0	0	0	0	0	0	1	1
5	0	0	0	0	0	0	0	0
6	0	0	1	0	0	0	0	0
7	0	0	0	0	1	1	0	0
8	1	0	0	0	1	0	0	0
9	0	0	0	0	0	0	0	0
10	0	0	0	0	0	1	0	0

根据表9-7文献-主题词矩阵构建文献-主题向量，利用余弦相似度公式计算文献间的相似度，值在0~1，越趋近1，表示两篇文献的相似度越高。根据文献相似度的大小，设定阈值为0.2，当相似度小于0.2时，设定程序输出结果为"0.0"，如表9-8所示。表9-8给出部分核心文献与非核心文献的相似度，其中5、10、16、27、29、44、51、55为核心文献。

表9-8　BLMP-T核心文献与非核心文献的相似度矩阵（部分）

	1	2	3	4	6	7	8	9	11	12	13	14
5	0.0	0.0	0.0	0.0	0.0	0.0	0.218	0.0	0.0	0.0	0.0	0.204
10	0.0	0.292	0.0	0.0	0.0	0.0	0.218	0.0	0.0	0.0	0.0	0.0
16	0.0	0.267	0.0	0.0	0.0	0.0	0.289	0.0	0.0	0.307	0.0	0.0
27	0.0	0.236	0.0	0.0	0.0	0.0	0.254	0.308	0.0	0.0	0.204	0.0
29	0.0	0.272	0.308	0.0	0.0	0.0	0.0	0.0	0.0	0.0	0.282	0.244
44	0.0	0.0	0.267	0.0	0.254	0.0	0.309	0.204	0.0	0.244	0.0	0.0
51	0.0	0.0	0.204	0.0	0.0	0.0	0.288	0.0	0.0	0.274	0.0	0.0
55	0.0	0.272	0.266	0.0	0.0	0.0	0.308	0.0	0.236	0.244	0.0	0.244

表9-9给出编号为44的核心文献（Liu WS（2015））与非核心文献的相似度。

表9-9　核心文献44与非核心文献的文献相似度（部分）

文献编号	相似度	文献编号	相似度	文献编号	相似度	文献编号	相似度	文献编号	相似度
1	0.0	8	0.204	15	0.267	22	0.0	29	0.244
2	0.0	9	0.0	16	0.0	23	0.0	30	0.408
3	0.267	10	0.244	17	0.0	24	0.0	31	0.0
4	0.0	11	0.0	18	0.218	25	0.0	32	0.0
5	0.254	12	0.244	19	0.204	26	0.244	33	0.0
6	0.0	13	0.0	20	0.254	27	0.0	34	0.0
7	0.309	14	0.0	21	0.0	28	0.0	35	0.254

2. 合并文献

根据表 9-9 中文献相似度的大小，将非核心文献分配到与之相似度最高的核心文献中。图 9-12 为 ISLS 领域 NSFC 文献最大连通子网的 BLMP 文献合并结果，将其命名为 BLMP-A（Backward Local Main Path based on Articles）。图 9-13 为 ISLS 领域 NSFC 文献最大连通子网的 FLMP 文献合并结果，将其命名为 FLMP-A（Forward Local Main Path based on Articles）。每个节点以"第一作者"和"发表年份"为标识，核心文献加粗显示，如 Liu WS_2018。如果文献具有相同的作者和发表年份，则在发表年份后加下角标，以示区别，如 Liu WS_2018_1。

对比图 9-12 和图 9-13 可以看出，即使一篇核心文献同时出现在 BLMP-A 和 FLMP-A 上，根据相似度得到的文献合并结果也并不相同。例如，C_6 节点中，BLMP-A 中有 Guan JC_2010 文献，而该文献并未在 FLMP-A 中的 C_6 节点中出现。

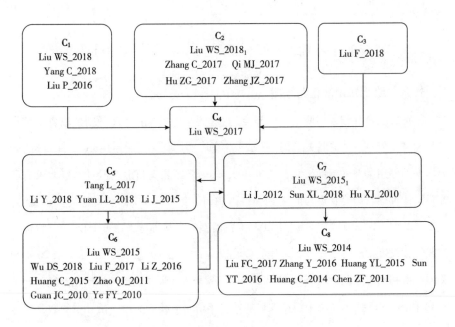

图 9-12　BLMP-A

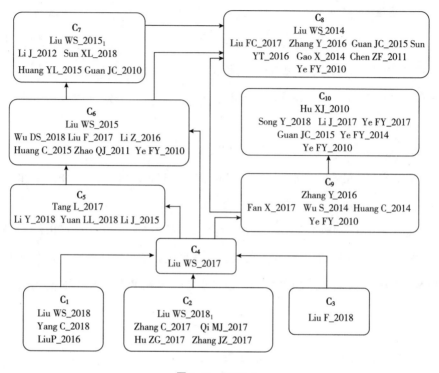

图 9-13   FLMP-A

（六）绘制知识演化路径图

根据文献合并结果将属于同一节点的数据归类，利用 SATI 分别抽取各个节点文献的"关键词""扩展关键词""摘要"和"标题"。然后使用 En Stemmer 去除数据中的停用词并进行词干化，结果导入 Excel，删除高频出现但对本研究没有研究意义的词语，最终获得与前文 BLMP 和 FLMP 上的核心文献相对应的词语集合。基于开源包 JGibbLDA[26] 实现对 LDA 主题模型的参数训练，依据 ISLS 学科特征和实践经验设置抽取的主题数，迭代次数设置为 500，$\beta = 0.1$，每个主题提取 20 个相关词，得到基于主题词的 ISLS 领域 NSFC 文献最大连通子网的知识演化路径，如图 9-14 和图 9-15 所示。图中粗体人名加发表年份对应核心文献，括号中的数字表示合并到该节点的非核心文献数量，节点下为主题词，为了符合基于时间序列的文献引用过程，调整路径上的箭头方向，使箭头由被引文献指向施引文献。

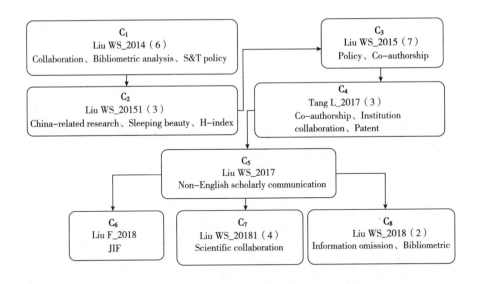

图9-14　BLMP-T

根据前面得出的结论"BLMP 主路径适用于识别领域研究的热点主题，而 FLMP 主路径适用于知识传播路径的识别"，下面分别通过 BLMP 主路径识别学科领域的研究热点演化路径、通过 FLMP 主路径识别学科领域的知识演化路径。

1. 基于主题词的研究热点演化路径

图9-14 为基于主题词的 ISLS 领域 NSFC 文献的研究热点知识演化路径，命名为 BLMP-T。图中展示了 LDA 分配给每个节点集合的主题：C_1 的主题有合作（"Collaboration"）、文献计量分析（"Bibliometric analysis"）、科技政策（"S&T policy"）；C_2 的主题中包含中国相关研究（"China-related research"）、睡美人（"Sleeping beauty"）、H 指数（"H-index"）；C_3 内有政策（"Policy"）与作者合著（"Co-authorship"）主题；C_4 的主题有作者合著（"Coauthorship"）、机构合作（"Institution collaboration"）和专利（"Patent"）；C_5 文献集合的主题是非英语学术交流（"Non-English scholarly communication"）；C_6 的主题是期刊影响因子（"Journal Impact Factor，JIF"）；C_7 集合的主题是科学合作（"Scientific collaboration"）；C_8 的主题包括信息遗漏（"Information omission"）和文献计量学（"Bibliometric"）。研究热点演化路径文献集合与每个主题的特征词如表9-10 所示。

　　根据表9-10将ISLS领域NSFC文献中最大连通子网的研究热点分为研究内容和研究方法。

表9-10   研究热点演化路径文献集合各主题的相关特证词

文献号	核心文献	位置	主题	特征词
5	Liu WS_ 2018	前向 后向	Information omission	Author address、Graphene、Evaluation
			Bibliometric	SAO、ANT、Patent analysis、HIV/AIDS Text mining
10	Liu WS_ 2018₁	前向 后向	Scientific collaboration	Gravity model、Scientometrics、Geography、Prediction、Similarity、OA、Preference、Hybrid
16	Liu F_ 2018	前向 后向	JIF	Non-English journal、communication、language
27	Liu WS_ 2017	前向 后向	Non-English scholarly communication	Bibliometric analysis、social-science、communication、collaboration
29	Tang L_ 2017	前向 后向	Coauthorship	Research funding、Social-science、Bibliometric analysis International collaboration、Triple-helix
			Institution collaboration	Materials science、Collaboration preference、Bibliometric、Citation impact、Productivity、Government、Interinstitutional
44	Liu WS_ 2015	前向 后向	Policy	Bibliometric analysis、S&T policy、Co-word analysis、Network analysis、Institutional assessment、R&D Evaluation、Optimisation、Chemistry、Decision analysis
			co-authorship	H-index、PageRank、Small world、Ranking
			Patent	Nanoscience、Bibliometric analysis
51	Liu WS_ 2015₁	前向 后向	China-related research	Bibliometric analysis、Nanotechnology research、Collaboration、Patent、S&T、Evaluation
			Sleeping beauty	Delayed recognition、Citation analysis

续表

文献号	核心文献	位置	主题	特征词
55	Liu WS_ 2014	前向后向	Collaboration	Interorganizational、international、IUR、Centrality、interaction、Innovation、Ego-network analysis、Proximity effect、Social network analysis
			Bibliometric analysis	Biomass-based bioenergy、patent、biotechnology、Nanotechnology、R&D

（1）研究内容。将研究内容细分为五类：①研究因素：期刊影响因子（Journal Impact Factor，JIF）、语言、生产力。②研究领域：石墨烯、艾滋病毒/艾滋病、地理学、社会科学、材料科学、纳米科学、化学、纳米技术、科学和技术（Science and Technology，S&T）、生物质生物能源、生物技术。③研究对象：办公自动化（Office Automation，OA）、作者地址、非英语期刊、非英语学术交流、作者合著、研究经费、政府、政策、专利、睡美人、小世界、中国相关研究、中国产学研合作促进会（Industry-University-Research，IUR）。④研究目的：交流、合作（作者合作、组织机构合作）、评估（组织机构评估、研发评估）、预测、优化、排名、创新。⑤研究现象：邻近效应、协作偏好、信息遗漏。

（2）研究方法。研究方法分为：①方法：文献计量学、科学计量学、专利分析、SAO（Subject-Action-Object）、共词分析、网络分析、决策分析、延迟识别、引文分析、社会网络分析、自我网络分析。②模型：重力模型。③算法：相似性、PageRank。④理论：行为者网络理论（Actor-network theory，ANT）、三螺旋。⑤技术：文本挖掘。⑥指数：H指数。⑦指标：中心性。

统计研究内容和研究方法发现，研究内容中"合作"是热点主题，"文献计量"是热门研究方法。其中，合作包括作者间合作，组织、机构间合作，国内、国际合作，其他研究内容也与之相关联，比如交流、作者合著。另外，通过文献热点主题发现，大部分研究主题均涉及中国问题，分析出现该现象的原因发现：除作者的国别属性之外，21世纪以来，随着中国经济的快速发展和国际地位的不断提升，国际学术界对中国问题的关注和重视程度越来越高，尤其是美国、英国等在国际学术界有话语权的发达国家，这也为我国学者的文献在国际上发表提供了优良环境，研究的视角也开始从最初的社会科学转变到自然科学，最近几年开始更多的关注中国环境问题、公共健康以及中国经济等[28]。

2. 基于主题词的知识演化路径识别

图 9-15 为基于主题词的 ISLS 领域 NSFC 文献最大连通子网的知识演化路径，命名为 FLMP-T，图中展示了每个节点集合的主题：C_1 的主题包括信息遗漏（"Information omission"）和文献计量学（"Bibliometric"）；C_2 集合的主题是科学合作（"Scientific collaboration"）、C_3 的主题是期刊影响因子（"Journal Impact Factor, JIF"）；C_4 文献集合的主题是非英语学术交流（"Non-English scholarly communication"）；C_5 的主题有作者合著（"Coauthorship"）、机构合作（"Institution collaboration"）；C_6 内有机构评估（"Institutional assessment"）与文献计量分析（"Bibliometric analysis"）；C_7 的主题中包含出版物（"Publication"）、专利（"Patent"）；C_8 的主题有社会网络分析（"Social network analysis（SNA）"）、中国（"China"）；C_9 的主题是基础研究（"Basic research"）；C_{10} 的主题分为影响指标（"Impact indicator"）、H 指数（"H-index"）。该领域的知识演化路径文献集合与每个主题的特征词如表 9-11 所示。

从图 9-15 中可以看出，节点 C_6、节点 C_9 以及节点 C_4 在该领域的知识演化路径上处于结构洞的位置，它们是网络信息演化的核心通道，控制着 ISLS 领域的知识扩散，因而在知识演化过程中起到承上启下的作用。根据知识演化路径上结构洞的位置，将研究演化趋势划分为以下三个阶段：

（1）节点 C_6 控制了节点 C_8 和节点 C_7 向节点 C_5 以及节点 C_4 输送知识的路径。节点 C_7 的研究内容沿袭了节点 C_8 关于纳米技术的相关研究，分析方法继续选择引文网络分析法。节点 C_6 则在纳米技术和引文分析方法的基础上，增加了节点 C_8 关于科技政策的研究内容以及 C_7 的文献计量分析方法。

节点 C_5 和节点 C_4 延续节点 C_6 中有关文献计量分析、合作的研究，并引发节点 C_5 对引文影响和政府的研究；另外，节点 C_4 在节点 C_5 中继承了关于社会科学的研究。

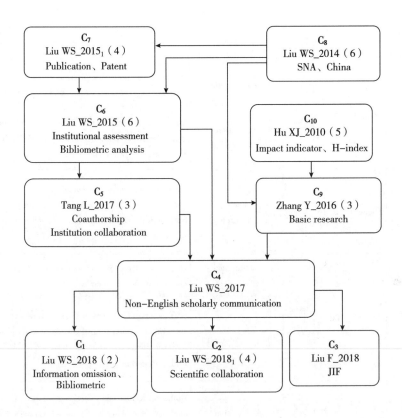

图 9-15 FLMP-T

表 9-11 知识传播路径文献集合各主题的相关特征词

文献号	核心文献	位置	主题	特征词
5	Liu WS_ 2018	前向 后向	Information omission	Author address、Graphene、Evaluation
			Bibliometric	SAO、ANT、Patent analysis、Semantic－triz、HIV/AIDS、Text mining
10	Liu WS_ 2018₁	前向 后向	Scientific collaboration	Gravity model、Scientometrics、Geography、Prediction、Similarity、OA、Preference、Hybrid
16	Liu F_ 2018	前向 后向	JIF	Non－English journal、communication、language
27	Liu WS_ 2017	前向 后向	Non－English scholarly communication	Bibliometric analysis、social－science、communication、collaboration

续表

文献号	核心文献	位置	主题	特征词
29	Tang L_ 2017	前向 后向	Coauthorship	Research funding、Social-science、Bibliometric analysis International collaboration、Triple-helix
			Institution collaboration	Materials science、Collaboration preference、Bibliometric、Citation impact、Productivity、Government、Interinstitutional
34	Zhang Y_ 2016	前向	Basic research	Comparison、competitiveness index、Biomass energy、Innovation、Solar、Population ecology、S&T policy、China、Research performance、Innovation
44	Liu WS_ 2015	前向 后向	Institutional assessment	H-Index、R&D project evaluation、Optimisation、Compare、Economics、Ranking
			Bibliometric analysis	S&T policy、Co-word analysis、Network analysis、Collaboration、Small world、Nano-biopharmaceutical、decision analysis、Citation network、PageRank
51	Liu WS_ 2015₁	前向 后向	Publication	Bibliometric analysis、Sleeping beauty、Citation analysis、Graphene、Traditional Chinese medicine
			Patent	Nanotechnology research、Collaboration
55	Liu WS_ 2014	前向 后向	SNA	Collaboration、Ego-network analysis、IUR、Policy、Government、Biomass-based bioenergy、Innovation
			China	Patent、Centrality、Evolution、Nanotechnology
72	Hu XJ_ 2010	前向	Impact indicator	I3、Bibliometric、Productivity、Assessment、Information management
			H-index	Rediscovering paper、Collaborative、Economics、Co-authorship networks、Structural hole、Research performance、Innovation

（2）节点 C_9 控制着节点 C_4 到节点 C_{10}、节点 C_8 的路径。节点 C_9 吸收节点 C_8 中生物能源、创新、科技政策等研究内容，以及节点 C_{10} 中关于研究表现、创新的

探索。随后，节点 C_9 的研究内容中对中国问题的研究扩展到节点 C_4 中对非英语学者的交流与合作的研究，并且从自然科学研究扩展到对社会科学的研究。

（3）节点 C_4 控制着节点 C_6、节点 C_5 和节点 C_9 的知识流向节点 C_1、节点 C_2、节点 C_3 的通道。节点 C_1、节点 C_2、节点 C_3 均借鉴了节点 C_4 的研究方法和研究内容，并各有侧重。节点 C_1 主要使用文献计量方法并结合主题进行作者研究与评价；节点 C_2 重点利用科学计量学方法研究科学合作以及选择偏好，并在此基础上做出预测。节点 C_3 则延续关于非英语类的研究，这个集合关注的领域是期刊的影响因素以及对知识交流的影响。

纵观 ISLS 领域 NSFC 文献最大连通子网的研究演化过程，发现：①对该领域知识传播有重要贡献的文献都是结合多种技术和模型进行文献计量分析，分析对象涉及自然科学和社会科学领域。②研究具有阶段性特征：节点 C_6 期间的文献注重对中国自然科学的探索；在节点 C_9 连通路径上，学者已重点关注用情报学研究方法研究社会科学领域；结构洞节点 C_4 则更注重学者与学者间的交流与合作、机构与机构间的交流与合作、机构与机构间的交流与合作，并积极构建适合我国国情的学者和机构的科学评价体系。③研究主题呈现"分化—集中—分化"的趋势：在研究初期（节点 C_8），学者主要利用社会网络分析方法探究中国的政策、专利、校企合作、创新，主要集中在生物能源和纳米技术领域；自节点 C_8 之后，该领域的研究方向开始分化，细分为三部分，每部分都有更加细致的研究方向，运用的技术和研究的领域也越来越多样化；随后，节点 C_4 对之前的研究进行总结、创新，升华了研究成果，而节点 C_4 又对之后不同的的研究方向有重要的参考借鉴意义，所以研究路径集中在该节点，又在该节点之后分化，呈现分—合—分的研究态势。

另外，在研究初期，对知识传播有重要贡献的文献与研究热点根源文献在研究内容与方法上均有较大的差距，随着 ISLS 领域的不断发展，国家基金支持力度的加大、支持范围的放宽，使对知识传播有重要贡献的文献主题与研究热点根源文献主题出现重合，说明该领域的研究内容与研究方法引起更多学者的关注，出现了新的研究热潮。

（七）小结

在识别 ISLS 领域 NSFC 文献最大连通路径 BLMP 和 FLMP 的基础上，通过主题提取构建 BLMP-T 和 FLMP-T 主路径，在 BLMP-T 主路径上发现了 ISLS 领域 NSFC 的研究热点演化的方向，在 FLMP-T 主路径上发现知识传播的路线。

研究的意义在于：

（1）将 BLMP-T 和 FLMP-T 相结合，在两种主路径上呈现学科领域发展演化的知识图谱，能够更丰富、全面地展示学科领域的研究文献、研究主题。

（2）将引文网络主路径分析和文献相似度分析相结合，实现了非核心文献与核心文献的合并，避免了主路径上重要信息的丢失。

（3）将文献主题词纳入引文网络主路径中，能够从内容层面详细呈现学科领域研究主题的发展轨迹，便于发现研究主题和研究方法的演化趋势。

（4）通过构建国际 ISLS 领域 NSFC 文献的 BLMP-T 和 FLMP-T 最大连通子网的知识演化路径，能够帮助相关学者识别该学科领域研究主题的发展轨迹、发现该学科领域的热点研究主题与研究方法。

参考文献

［1］宁景博. 基于最优路径的学术网络重要文献探测［D］. 吉林大学，2015.

［2］Goffman W. Mathematical Approach to the Spread of Scientific Ideas——The History of Mast cell Research［J］. Nature，1966，212（5061）：449-452.

［3］Jahn M. Changes with Growth of the Scientific Literature of Two Biomedical Specialties［D］. Philadephia：Drexel University，1972.

［4］Nooy D W，Mrvar A，Batagelj V. Exploratory Social Network Analysis with Pajek［M］. New York：Cambridge University Press，2005.

［5］隗玲，方曙. 引文网络主路径研究进展评述及展望［J］. 情报理论与实践，

2016, 39 (9)：128-133.

[6] Hummon N P, Dereian P. Connectivity in a Citation Network：The Development of DNA Theory [J] . Social Networks, 1989, 11 (1)：39-63.

[7] Hummon N P, Doreian P. Computational Methods for Social Network Analysis [J] . Social Networks, 1990, 12 (4)：273-288.

[8] Hummon N P, Carley K. Social Networks as Normal Science [J] . Social Networks, 1993, 15 (1)：71-106.

[9] Batagelj V. Some Mathematics of Network Analysis [EB/OL] . [2018 - 09 - 20] . http：//vlado. fmf. uni-lj. si/pub/networks/Data/cite/report. pdf.

[10] Batagelj V. An Efficient Algorithms for Citation Network Analysis [EB/OL] . [2018 - 09 - 20] . https：//www. researchgate. net/publication/1956732 Efficient Algorithms for Citation Network Analysis.

[11] Batagelj V, Mrvar A. Pajek：Program Package for Large Network Analysis [EB/OL] . [2018-09-22] . http：//vlado. fmf. uni-lj. si/pub/networks/pajek/.

[12] Verspagen B. Mapping Technological Trajectories as Patent Citation Networks：A Study on the History of Fuel Cell Research [J] . Advances in Complex Systems, 2007, 10 (1)：93-115.

[13] Liu J S, Lu L Y Y. An Integrated Approach for Main Path Analysis：The Development of the Hirsch Index as An Example [J] . Journal of the American Society for Information Science and Technology, 2012, 63 (3)：528-542.

[14] Demaine J. A Main Path Domain Map as Digital Library Interface [C] //Is&t/spie Electronic Imaging. International Society for Optics and Photonics, 2009：72430G.

[15] Lucio-Arias D, Leydesdorff L. Main-Path Analysis and Path-Dependent Transitions in HistCite™—Based Historiograms [J] . Journal of the American Society for Information Science and Technology, 2008, 59 (12)：1948-1962.

[16] 吴菲菲，段国辉，黄鲁成等. 基于引文分析的 3D 打印技术研究主题发展趋势

［J］．情报杂志，2014，33（12）：64-70.

［17］韩毅，周畅，刘佳．以主路径为种子文献的领域演化脉络及凝聚子群识别［J］．图书情报工作，2013，57（3）：22-26，55.

［18］da Silva S V，Antonio N，de Carvalho J C. Analysis of the Service Dominant Logic Network，Authors，and Articles［J］．Service Industries Journal，2017，37（2）：125-152.

［19］王晓红，梁玉芳，王福．基于引文网络主路径的移动图书馆研究脉络演化［J］．现代情报，2018（6）：32-39.

［20］周源，杜俊飞，刘宇飞，郑文江．基于引用网络和文本挖掘的技术演化路径识别［J］．情报杂志，2018，37（10）：76-81.

［21］章小童，阮建海．引文网络主路径分析法演化脉络及研究现状的文献计量分析［J］．情报资料工作，2016（5）：61-66.

［22］韩毅，金碧辉．引文网络主路径分析方法的形成与演化［C］//第六届中国科技政策与管理学术年会论文集，2012.

［23］Liu J S，Lu L Y Y. An Integrated Approach for Main Path Analysis：The Development of the Hirsch Index as An Example［J］．Journal of the American Society for Information Science and Technology，2012（3）：528-542.

［24］Leydesdorff L，Comins J A.，Sorensen A A，et al. Cited References and Medical Subject Headings（MeSH）as Two Different Knowledge Representations：Clustering and Mappings at the Paper Level［J］．Scientometrics，2016（3）：2077-2091.

［25］JGibb LDA - v.1.0［EB/OL］．http：//sourceforge. net/projects/jgibblda/，2015：12-11.

［26］Liu W，Tang L，Gu M，et al. Feature Report on China：A Bibliometric Analysis of China-related Articles［J］．Scientometrics，2015，102（1）：503-517.

第十章 学科领域研究主题优先级识别

学科领域研究主题的优先级是决定学科内各主题被研究者视为优先研究的等级参数。优先研究的主题是科学发展的重点和难点，引导科学发展的方向。及时准确地识别并把握学科领域研究主题的优先级对国家和科研机构合理分配科研资源、科研人员的精准选题均具有重大意义。本章在用户需求趋势与发文趋势分析的基础上，利用战略坐标法、Z 分数与 Sen's 斜率相结合的方法分别对情报学、图书馆学领域的研究主题进行优先级识别，进而揭示该学科领域研究主题的发展态势。

一、学科领域研究主题战略坐标及研究优先级排序

以国际图书情报学研究主题在我国的发展趋势为例，采用主题提取与趋势分析相结合的方法，在提取学科主题的基础上，从发文趋势和引文趋势两个维度，绘制含"研究贫乏区、热点区、冷点区、过热区"的我国图书情报学研究主题战略坐标，并利用提出的优先级排序算法对坐标内不同区域的研究主题进行优先级排序。

（一）相关研究概述

1. 战略坐标相关研究

根据生命周期理论，任何一个学科主题的研究一般都会经历发展、成长、成

熟、衰退的发展阶段。在"知识爆炸"的今天,如何迅速、准确、有效地掌握学科领域研究主题的不同发展时期,确定科研选题方向,成为科学研究者面临的巨大挑战[1]。1988年Law、Bauin和Courtial等[2]提出的"战略坐标图"有效解决了这一问题。

Law等提出的战略坐标是以"向心度"和"密度"为参数绘制的二维坐标,向心度的计算一般用某一类团中的关键词与其余类团中的关键词两两出现频次的总和、平方和或者平方根来表示,主题密度的计算一般用本主题类团内所有关键词间两两共现频次总和的均值、中位数或者平方和来表示[3],根据学科领域研究主题在战略坐标中四个象限的位置呈现研究主题的地位以及它们之间的内部关系,揭示学科发展进程与知识结构。分析有关战略坐标应用的大量文献发现,研究多是从文献内容关键词出发,结合其他方法展开,如Jimenez-Contreras等[4]将战略坐标方法与共词分析、多维尺度分析进行组合;Yang等[5]将战略坐标分析和聚类分析、社会网络分析等方法有效整合;王凌燕等[6]将文本聚类技术、共词战略坐标分析、共词网络分析、专利分析等方法相结合;马费成等[7]将战略坐标图与概念网络分析方法相结合等。上述战略坐标的研究主要以聚类分析为基础,这虽然避免了专家分类的主观性,但也存在明显的不足,如:①各类别之间没有主次之分,也未顾及词间概念的逻辑联系,有可能将概念不太相关的词聚在一类[8];②在聚类过程中,一个主题词只能归入一个类目,事实上,一个主题词可能与多个子领域具有联系[9]。也有将发文、引文与文献主题内容相结合来绘制学科领域战略坐标的研究,如崔雷等[10]将共引分析法与战略坐标相结合,提出"引文战略坐标",其创新之处在于从发文和引文两个视角呈现研究主题的发展态势。另有一些改进方法,如李雅等[11]提出已有战略坐标的相关研究存在微观层面研究较少、缺乏系统性的学科文献、知识分类限于聚类分析、缺乏对科学演进态势的探讨等不足,并对各环节进行了优化和改进;储伊力[12]从新颖度、密度、中心度三个维度对战略坐标图进行了改进等。上述对战略坐标的优化和改进,是对战略坐标研究的丰富和完善,能够从战略坐标中形象地表示学科领域的研究结构、研究主题在学科领域中的地位、研究主题的成熟度等，为本书从发文趋势和引文趋势两个视角构建学科领域战略坐标提供了可借鉴的思路。同时也发现，已有研究大多忽视了用户的实际需要，在一个研究主题中，发文数量多只能说明对应研究主题是研究热点，但并非所有的研究热点都是用户所需要的。崔雷等[10] 的研究考虑到了用户的引文量，但由于研究从高被引样本文献出发，研究主题根据文献聚类结果给出，这会导致学科领域的一些研究主题被遗漏，而且主题命名也带有主观性。

2. 主题排序相关研究

随着学科研究的深入和跨学科研究的拓展，学术文献研究主题不断演化更新。目前，不少学者以文献篇章为基本单元，通过文献排序提供信息服务、指导科研工作[13]。文献排序虽然能够给出学科领域有价值的文献、权威作者等信息，但面对学科研究的不断深入与拓展，这种信息服务远远不够。机器学习技术的成熟使其应用领域不断拓展，基于机器学习的主题排序逐渐进入人们的视野。基于机器学习的主题排序是在主题识别的基础上，通过构建排序模型，计算主题的相关度对其进行排序，目前已被应用于文档检索、协同过滤、专家搜索、情感分析、产品评级等。也有对新闻主题、社交媒体主题的排序研究，如 Wang 等[14] 采用媒体聚焦和用户注意力的方式对主题排序；姜晓伟等[15] 根据微博话题的影响力、突发性和相关性，结合 LDA 主题模型实现了对微博重要话题的发现与排序，刘培玉等[16] 对微博文本和主题词的热度进行联合排序，用于微博热点主题词的抽取以及热点话题的发现。对学科主题排序的研究相对较少，代表性的研究有：Cui 等[17] 借助信息检索与数据挖掘中常用的 TF-IDF 加权技术，提出利用 TF-IDF 对主题词排序，该方法对于词语比较少的情况效果较好，面对高维数据集则显得力不从心。之后，出现了一些主题排序模型，解决了对高维数据主题排序的问题，如肖智博[18] 提出一种基于关联关系的排序主题模型算法，该算法利用主题之间的各种关联关系，依照主题的重要性程度排序。后来，肖智博与他的学生[19] 又一起研发了一种基于排序主题模型的论文推荐系统。另有借鉴网页排序的 PageRank 算法实现对科技主题的排序，如蒋卓人等[20] 借助 PageRank 算法对中英文科技主题的重要性进行了度量和排序，由于 PageRank 算法是基于链接分析的，不能很好地基于主题查询，因此计算结果往往会偏离实际的查询主题。可见，目前基于算法模型对学科研究主题的排序研究主要是在文本挖掘的基础上，根据主题词出现的频次或主题词间的关联性实现主题排序，尚未发现有考虑用户需求因素的相关研究。

为此，本书在借鉴已有研究的基础上，首先，对所有文献样本进行主题提取，利用科学的方法确定学科领域的主题数目；其次，从发文趋势和引文趋势两个维度构建学科领域研究主题的战略坐标；最后，通过定义研究主题优先级排序算法实现对战略坐标中不同象限内研究主题的优先级排序。以期全面、细致地呈现学科领域研究主题的研究态势，为学科专业人员和科研管理人员进行科研规划、科研选题提供有效、可靠的决策参考。

（二）研究路线

本章按照"数据获取与处理—主题数目确定—主题提取—引文趋势分析—发文趋势分析—战略坐标绘制—优先级排序—结果分析"的路线进行，研究路线如图10-1 所示。下面仅介绍其中的关键步骤和方法。

其中最优"主题数目"采用困惑度与对数似然值相结合的方法来确定，"主题提取"利用 LDA（Latent Dirichlet Allocation，潜在狄利克雷分配）模型。主题数目的具体确定和利用 LDA 模型产生一篇文档主题的过程见第二章文献知识表示模型部分。

（三）研究方法

1. 研究主题引文趋势、发文趋势

人们往往以发文量、引文量作为考察学科影响力的两个基本指标。由于不同学科、不同研究主题的文献其研究对象、研究内容、研究方法、研究工具、表现形式等均存在较大的差异，而且研究人员数量不同，受众范围不同，致使不同学科领域、不同研究主题的发文量、引文量差异很大，因此发文量、引文量并不能很好地

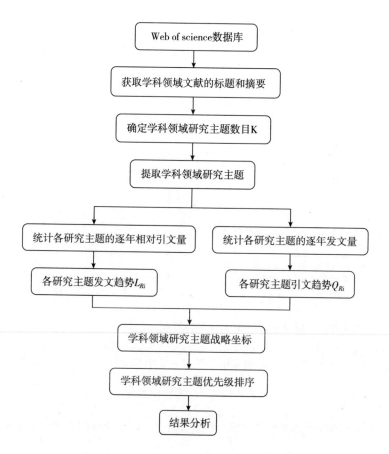

图 10-1　学科领域研究主题战略坐标分析路线图

反映学科领域研究主题的发展态势。为此,本书给出相对引文量、引文趋势、发文趋势的概念。

　　针对某一学科,设某年含 k 个主题,对应某一研究主题共有 N 篇论文。这里定义:

　　(1) 某年某个主题的相对引文量 R_{Cj}: 某年 j ($j=1, 2, \cdots, k$) 主题对应文献的所有引文量与同年该主题对应的所有文献量之比。

$$R_{Cj} = \frac{\sum_{i=1}^{N} C_i}{N}$$

其中，C_i 代表第 i $(i=1, 2, \cdots, N)$ 篇文献的引文量。

（2）某年所有主题上的相对引文量 T_C：某年所有主题对应文献的引文量之和与该年所有主题对应的文献量。

$$T_C = \frac{\sum\limits_{j=1}^{k} \sum\limits_{i=1}^{N} C_{ij}}{\sum\limits_{j=1}^{k} \sum\limits_{i=1}^{N} P_{ij}}$$

其中，P_{ij} 表示第 j 个主题的第 i 篇文献，C_{ij} 表示第 j 个主题的第 i 篇文献的被引量。

（3）某年 k 个研究主题的差异表达值 d：

$$d = \sqrt{\frac{\sum\limits_{j=1}^{k} (R_{Cj} - T_C)^2}{K}}$$

（4）某年第 j 个研究主题的引文等级得分 q_{jm}：

$$q_{jm} = \left(\frac{R_{Cj} - T_C}{d} \right)$$，各研究主题每年都对应一个引文等级。m 代表时间段（$m=1$, $2, \cdots$）。

（5）根据研究主题的引文等级，构建各研究主题 m 个时间段的引文等级向量，即 $Q_{jm} = (q_{j1}, q_{j2}, \cdots, q_{jm})$。

（6）各研究主题对应相同的时间向量，即 $Y = (y_1, y_2, \cdots, y_m)$。

（7）对各研究主题引文等级向量 Q_{jm} 与时间向量 Y 进行 Spearman 相关分析，得到各主题相对时间的 Spearman 相关系数 Q_{Rj}。

Spearman 相关系数表明引文等级向量 Q_{jm} 和引文时间 Y 的相关方向。如果 Y 增加，Q_{jm} 趋向于增加，则 Q_{Rj} 为正。如果 Y 增加，Q_{jm} 趋向于减少，则 Q_{Rj} 为负，Q_{Rj} 为零则表明当 Y 增加时 Q_{jm} 没有任何趋向性。Q_{Rj} 的大小表明对各研究主题的需求增长或减少的趋势，以此记为各研究主题的引文趋势。

（8）统计每个研究主题不同时间段的发文量，以"时间"为行、以"研究主题"为列构建"发文量–时间"矩阵，各研究主题每个时间段的发文量用向量 L_{jm}

表示，$L_{jm} = (l_{j1}, l_{j2}, \cdots, l_{jm})$。

（9）对各研究主题的发文量向量 L_{jm} 与时间向量 Y 进行 Spearman 相关分析，得到各研究主题与时间的 Spearman 相关系数 L_{Rj}。Spearman 相关系数表明 L_{jm} 和发文时间 Y 的相关方向。若 L_{Rj} 为正，说明当 Y 增加时，L_{jm} 有增加的趋势；若 L_{Rj} 为负，说明当 Y 增加时，L_{jm} 有减少的趋势。若 L_{Rj} 为零，表明 L_{jm} 没有任何变化趋向性。也就是说，相关系数 L_{Rj} 的大小表明了各研究主题的研究递增或递减的趋势，以此记为各研究主题的发文趋势。

2. 研究主题战略坐标

以 $L_{Rj} = 0$，$Q_{Rj} = 0$ 为坐标原点，建立以 L_{Rj} 为横轴，Q_{Rj} 为纵轴的研究主题优先级战略坐标，如图 10-2 所示。

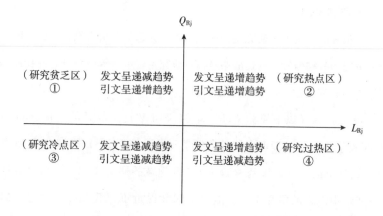

图 10-2　基于发文趋势-引文趋势的战略坐标

研究主题在图 10-2 中四个象限的不同位置反映了其不同的研究级别。第①象限的研究主题发文量呈递减趋势，引文量呈递增趋势，因此相对读者需求而言是研究贫乏的主题，属于最高的研究等级。由于沿 L_{Rj} 轴负方向，发文趋势递减，沿 Q_{Rj} 轴正方向，引文趋势递增，所以在第①象限越是偏左上方的主题其研究等级越高。第②象限的研究主题被引量逐年递增，发文量也是逐年递增，属于学科领域的热点主题，这一象限主题的研究级别低于第①象限。第③象限的研究主题发文趋势和引文趋势都与时间呈负相关，属于学科领域研究主题的冷点区，在第③象限，越是偏右下方的研究主题，越是很少被人问津，该象限研究主题的研究级别又低于第②象限。第④象限的研究主题引文趋势下降，发文趋势递增，即相对逐年递减的读者需求，研究增幅相对较快，说明对这部分主题呈现研究过热的势头，因此该象限研究主题的研究级别最低，需要适当控制其研究量。

3. 研究主题优先级排序

通过对"发文趋势 L_{R_j}"和"引文趋势 Q_{R_j}"的运算实现学科领域研究主题的优先级 r_j 排序。排序依据自定义运算关系 $r_j = L_{R_j} \odot Q_{R_j}$ 进行，其中"$\odot$"是一种自定义运算符，应用时需根据数据的不同分布特点自行定义 L_{R_j} 与 Q_{R_j} 之间的运算关系。

（四）数据来源

下面以国际图书情报学研究主题在我国的研究趋势分析为例，构建我国图书情报学研究主题的战略坐标，通过战略坐标对研究主题进行等级划分，并在此基础上对不同等级的研究主题分别进行优先级排序。

Web of Science（以下简称 WoS）中的 SSCI 数据库收录的"Information Science & Library Science"即图书馆学情报学（以下简称 LIS）类期刊共 85 种，刊载在这些期刊上的研究成果基本涵盖了 LIS 领域的研究主题，提取该数据库中 LIS 领域文献中隐含的研究主题，能够从国际视角审视我国图书情报学的发展态势。

笔者通过 WoS 中的期刊引用报告（JCR）查询 LIS 类目中 2016 年收录的所有 85 种期刊，初步选择影响因子 ≥1 的期刊，参考邱均平等（2013）、苏福等（2017）在相关研究中给出的代表性期刊[21][22]，最后选取 23 种期刊作为本书的数据来源。在 WoS 数据库出版物来源中，分别输入 23 种期刊刊名，设置时间跨度为 2008—2017 年，文献类型为"Article"，语言类型为"English"，进行检索，共检索到 12937 条文献。检索结果如表 10-1 所示。

表 10-1 WoS 中 LIS 领域影响因子 ≥1 的 23 种期刊

期刊	2016 年影响因子	2008—2017 年载文量	期刊	2016 年影响因子	2008—2017 年载文量
MIS QUART	7.268	453	INFORM PROCESS MANAG	2.391	710
J INF TECHNOL	6.953	213	J MANAGE INFORM SYST	2.356	384
INFORM SYST J	4.122	208	SCIENTOMETRICS	2.147	2649
J COMPUT-MEDIAT COMM	4.113	344	J ASSOC INF SYST	2.109	287
INT J INFORM MANAGE	3.872	690	J MED LIBR ASSOC	1.638	402
J AM MED INFORM ASSN	3.698	1493	ONLINE INFORM REV	1.534	523
J STRATEGIC INF SYST	3.486	181	COLL RES LIBR	1.515	373
INT J COMP-SUPP COLL	3.469	194	J INF SCI	1.372	523
INFORM MANAGE-AMSTER	3.317	613	J ACAD LIBR	1.287	648
J INFORMETR	2.92	674	LIBR INFORM SCI RES	1.185	318
EUR J INFORM SYST	2.819	357	J LIBR INF SCI	1.019	234
INFORM SYST RES	2.763	466	合计		12937

（五）图书情报学研究主题数目确定及主题提取

使用 LDA 模型对采集的数据进行主题提取之前，需通过分词、词性过滤和停用词过滤方法对数据进行预处理。首先，本书使用中国科学院计算技术研究所汉语分词系统 NLPIR（又名 ICTCLAS）对论文数据进行分词处理。其次，利用分词结果，使用词性过滤和停用词过滤方法对论文数据中与建模无关的词语进行过滤。最终得到实验所需的文本语料库。

利用困惑度、对数似然值来确定最优主题数目。困惑度和对数似然函数值随主题数目的变化而变化。在不同主题数目下，计算对应的困惑度和对数似然函数值，它们和主题数目的变化趋势如图 10-3 所示。这里利用困惑度和对数似然值随主题数目变化而变化的拐点来确定最优主题数目。图 10-3（a）、图 10-3（b）中均有两个典型的拐点，一个拐点在主题数目为 40 处，该点以后困惑度和对数似然值的变化趋于平缓。另一个拐点在主题数目为 100 处，该点之前，随着主题数目的增加，困惑度不断减小；该点之后，随着主题数目增加困惑度又略有上升；对数似然函数值不断增加，大于 100 时又略有减小。为细致地展示学科领域的研究主题，结合图书馆学情报学学科知识，本书选取最优主题数目为 100 个。之后，基于开源包 JGibbLDA[23] 对 LDA 主题模型的参数训练，通过运行程序，得到 100 主题词词表。

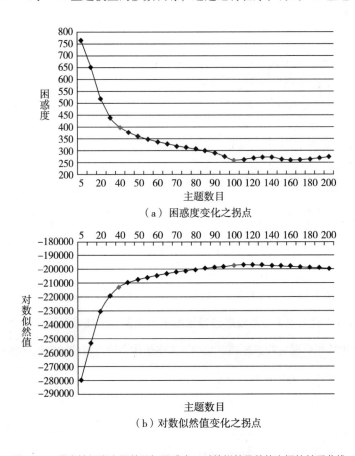

（a）困惑度变化之拐点

（b）对数似然值变化之拐点

图 10-3   图书情报学主题数目与困惑度、对数似然函数值之间的关系曲线

（六）图书情报学研究主题战略坐标

在中国知网主页，检索方式设置为：文献类型选取"文献全部分类"下"信息科技"类目中的"图书情报与数字图书馆"，通过"更多"选择"指数"，逐一输入 100 个主题词，依次检索并记录各主题词每年对应的"学术关注度"（发文

量），"学术传播度"（引文量）。由于文献的引用高峰一般是在发表之后的两年左右，结合主题提取时样本数据检索时间在 2008~2017 年，本书设定发文量的时间为 2006~2016 年，引文量的时间设定为 2008~2017 年。根据前文给出的相对引文量、发文趋势、引文趋势的定义，计算各主题词的"发文趋势 L_{Rj}""引文趋势 Q_{Rj}"并以 $L_{Rj}=0$，$Q_{Rj}=0$ 为坐标原点，建立以 L_{Rj} 为横轴，Q_{Rj} 为纵轴的图书情报学研究主题战略坐标，如图 10-4 所示。

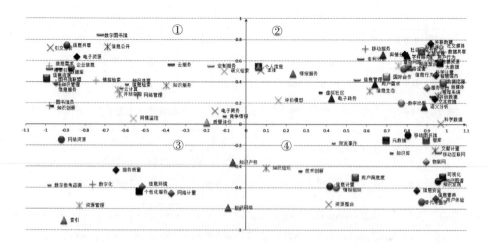

图 10-4 基于趋势分析的图书情报学研究主题战略坐标

（七）图书情报学研究主题优先级排序

利用前文给出的研究主题优先级自定义排序算法，分别对图 10-4 中不同象限的研究主题进行优先级排序。分析四象限战略坐标中发文趋势 L_{Rj}、引文趋势 Q_{Rj} 的特点：第①、④象限 Q_{Rj} 与 L_{Rj} 呈负相关，第②、③象限 Q_{Rj} 与 L_{Rj} 呈正相关；另外，发文趋势的取值在 $-1~+1$，而且多聚集在 $-0.7~-1$、$+0.7~1$ 范围，最大值与最小值差距较大。据此，设计优先级排序算法为：

$$\begin{cases} r_j = 13Q_{Rj} - L_{Rj}，（主题词在第①、④象限时） \\ r_j = 13Q_{Rj} + L_{Rj}，（主题词在第②、③象限时） \end{cases}$$

按照上面的自定义算法，计算图 10-4 中不同象限研究主题的 r_j 值，结果如表

10-2 所示。

表 10-2 图书情报学学科领域不同主题研究优先级排序表（部分）

第①象限（贫乏区）			第②象限（热点区）			第③象限（冷点区）			第④象限（过热区）		
主题词	r值	排序	主题词	r值	排序	主题词	r值	排序	主题词	r值	排序
数字图书馆	11.7145	①_1	关联数据	10.86663	②_1	网络资源	-2.85441	③_1	移动图书馆	-2.1586	④_1
信息共享	10.55928	①_2	社交媒体	10.20004	②_2	知识产权	-4.76664	③_2	元数据	-2.6727	④_2
引文分析	10.38499	①_3	数据共享	9.93042	②_3	服务质量	-6.28152	③_3	突发事件	-2.7559	④_3
信息公开	10.22174	①_4	移动服务	9.890671	②_4	数字化	-8.15373	③_4	智库	-2.8489	④_4
电子资源	9.110552	①_5	科研评价	9.842207	②_5	信息环境	-8.18322	③_5	文献计量	-4.1122	④_5
信息需求	8.136053	①_6	主题发现	9.794476	②_6	数字参考咨询	-8.51019	③_6	知识库	-4.2641	④_6
企业信息	7.775268	①_7	学科服务	9.395378	②_7	个性化服务	-8.77562	③_7	移动互联网	-4.4232	④_7
搜索引擎	7.74694	①_8	社会网络分析	9.302294	②_8	网络计量	-8.84062	③_8	知识组织	-5.4518	④_8
数据库	7.695283	①_9	舆情分析	9.274344	②_9	知识网络	-10.3506	③_9	物联网	-5.4837	④_9
云服务	7.667122	①_10	用户行为	9.193953	②_10	资源管理	-10.8275	③_10	技术创新	-6.015	④_10
定制服务	7.334217	①_11	数据资源	8.757777	②_11	索引	-12.7359	③_11	用户满意度	-7.0934	④_11

（八）结果分析

由图 10-4 和表 10-2 中可以发现，图书情报学学科领域的研究主题广泛化、研究内容精细化，既有适应新技术（数据挖掘技术、移动技术）、新环境（云环境、数字环境）的研究主题，如数据挖掘、移动服务、云计算、云服务等，也有业界传统的研究主题，如资源管理、信息共享、索引、检索等；既有宏观研究，如大数据、信息服务、信息资源等，也有微观研究，如关联数据、定制服务、企业信息等；既有理论研究，也有实践应用研究。战略坐标呈现了图书情报学研究主题的繁荣景象。

同时，图 10-4 更精细地呈现不同研究主题的研究等级。在图 10-4 的战略坐标图中，沿横轴方向，自左向右，发文趋势越来越大，越偏右的研究主题发文递增趋势越明显，是研究者热衷研究的主题。沿纵轴方向，自下至上，引文趋势越来越大，主题所在的位置越偏上，随时间的增长该主题的引文量越来越大，说明读者对该主题的需求量越来越高，是值得研究者未来关注的研究主题。

下面对处于四个象限中的研究主题分别作具体分析：

（1）区为研究贫乏区。该区域含 29 个主题词，这些主题词对应的发文量与时间呈负相关，而相对引文量与时间呈正相关。说明该区研究主题的需求量大于供给量，是图书情报学领域的研究缺口，按研究等级来分，优先级别最高。对该区域的研究主题进行优先级排序，优先级别由高到低依次是：数字图书馆、信息共享、引文分析、信息公开、电子资源、信息需求、企业信息、搜索引擎、数据库、云服务、定制服务、语义检索等。对上述研究主题需要研究人员给予更多的关注。

（2）区为研究热点区。该区的主题词有 39 个。这些主题词对应的发文量、相对引文量均与时间呈正相关。说明该区主题词的需求量、供给量均逐年增多，是图书情报学领域的研究热点。按研究等级来分，该区属于第二级。表 10-2 给出该区域研究主题的优先级别，依次是：关联数据、社交媒体、数据共享、移动服务、科研评价、主题发现、学科服务、社会网络分析、舆情分析、用户行为、数据资源、专利分析、大数据、复杂网络、资源聚合、科学计量、网络谣言等。其中，关联数据、数据共享、数据资源、大数据、数据挖掘、开放数据等属于该学科领域炙手可热的研究主题。在互联网技术、移动技术、物联网技术迅速发展与广泛普及的信息环境下，图书情报学界高度重视大数据价值，积极推动数据开放与数据资源建设，为用户提供优质的移动服务、知识服务，这是上述主题得以迅速、广泛应用的根本原因。但对上述主题的研究，学者应头脑冷静，谨防出现研究过热现象。

（3）区为研究冷点区。该区包括 11 个主题词。该区主题词对应的发文量、相对引文量均与时间呈负相关，即发文和读者需求均出现负增长。该区研究主题的优先级排序为：网络资源、知识产权、服务质量、数字化、信息环境、数字参考咨询、个性化服务、网络计量、知识网络、资源管理、索引等。其中，排在最后的主题词"资源管理、索引"面临乏人问津的局面。原因可能是上述研究主题或者是研究趋于完善，或者在较长一段时间内研究很难寻找到新的创新点。该区研究主题的优先级属于第三级，需要提醒研究者或避开该主题的相关研究，或借鉴其他学科的研究渠道、方法、路线，积极探索创新性、突破性的研究。

（4）区为研究过热区。该区含 21 个主题词，其主题词对应的发文量与时间呈正相关，相对引文量与时间呈负相关。对该区的研究主题，相对读者需求量而言，研究增幅相对较快，属于研究过热的主题区域。根据表 10-2 给出的研究主题的优先级别，该区排在前面的主题词是移动图书馆、元数据、突发事件、智库等。按照研究优先级来分，该区域是最低的研究等级，相关部门机构如科研院所、图书情报学术期刊等需采取相应措施对这部分主题的研究量进行适当控制。

（九）小结

1. 结论

本书采取定量分析与定性分析相结合、理论分析与实证研究相结合的方法，以学科主题的提取和相对引文量、发文趋势、引文趋势的定义为基础，定性给出学科领域研究主题的优先级战略坐标，并根据自定义算法对研究主题进行了优先级定量排序。

本部分研究得到以下结论：

（1）给出相对引文量、发文趋势、引文趋势的定义，相对引文量考虑了发文量对引文量的影响，能够客观地呈现学科领域研究主题的发展态势，突破了单纯从引文量看研究主题发展现状的局限性。发文趋势反映了学科主题的研究现状，引文趋势反映了研究主题被关注的程度，两者结合，能从读者和研究者的不同视角来分析研究主题的发展趋势。

（2）本书是在主题提取的基础上绘制战略坐标的，利用 LDA 主题模型对样本文献进行主题提取，避免了以高频关键词绘制战略坐标的主观性、不完整性，因而本书提出的基于趋势分析的战略坐标能够细致地展示学科领域研究主题的全貌。

（3）给出的研究主题优先级排序方法，不是对所有研究主题统一进行排序，而是根据不同研究级别按不同的算法进行排序，更能具体、详细地展示学科领域研究主题的被研究和被关注的现状、地位。

（4）研究主题战略坐标定性呈现了学科领域的研究趋势，研究主题优先级排序则定量给出不同研究主题的研究级别。两者结合能够直观、具体、全面、完整地展示学科领域的发展与研究态势。

（5）实证研究部分将图书情报学研究主题的研究态势划分成研究贫乏区、热点区、冷点区、过热区四个等级，并细致地进行了研究主题优先级排序。本书对于科研项目选题及申请具有重要的辅助决策作用；对科研人员，尤其是科研积淀不深的年轻学者迅速发现科学前沿、定位研究方向等具有一定的引导作用。

2. 讨论

本书所用数据样本来自两个数据库，在提取学科领域研究主题时用到的是 WoS 数据库，该数据库收录的 LIS 领域的期刊文献基本涵盖了 LIS 领域的所有研究主题，代表着 LIS 领域的国际研究水平。在绘制战略坐标时我们用到的是 CNKI 数据库，该数据库基本囊括了国内 LIS 领域的所有研究主题，该数据库给出的各主题词的"学术关注度""学术传播度"全面反映了国内 LIS 领域不同研究主题的研究态势。两个数据库结合使用能够从国际视角审视我国图书情报学的发展态势。

另外，在战略坐标图中，各研究主题的位置不是一成不变的。随着时间的推移，研究者和读者数量会有变化、研究偏好会发生转移，致使各研究主题的发文量和读者对研究主题的需求量都会发生一定的变化，相应的发文趋势和引文趋势均会发生一定的改变；另外，随着学科自身的不断发展和学科交流愈加频繁，还会有一些新的研究主题不断呈现，上述原因均会使学科领域研究主题在战略坐标中的位置，以及研究优先级排序发生一些细微的变化，本研究仅能向相关部门和研究者展示前期的研究态势，为近期的科研选题提供参考。

二、基于 Z 分数与 Sen's 斜率的学科领域研究前沿主题识别

学科领域的研究前沿是研究者关注的焦点，指引着学科发展的方向，这类研究数量虽少，但却占据学科领域中多数的研究资源[24]。准确把握学科领域的研究前沿能够帮助科研人员特别是新研究人员快速准确地掌握学科领域的发展动态、了解活跃的研究主题、找到研究创新的突破口，从而帮助制订科学合理的研究计划；可以辅助决策者发现科学前沿、部署科技规划；能够帮助科技管理人员有效分配有限资源，扶持重点研究课题。利用 Z 分数代表研究主题的活跃度，用 Sen's 斜率反映研究主题的发展趋势，两种方法结合可用于识别学科领域的前沿主题，并以图书馆学领域为例，分析其研究主题在 2012~2017 年的发文量与引文量，结合 Z 分数和 Sen's 斜率实现对该领域研究前沿主题的识别。

（一）相关研究概述

早在 1965 年，Price[25] 就提出研究前沿（Research Front）的概念，将其定义为学科领域内高被引文献的集合。近些年，学者就如何识别研究前沿进行了广泛的研究，其研究方法可分为两大类：①关键词分析法。该方法主要以词频为基础，结合共词分析、因子分析、层次聚类分析、自组织映射（SOM）等方法，实现学科领域研究前沿的识别。如 1997 年 Dalpé 教授[26] 通过分析 79 个关键词的词频总结了纳米科技论文和专利在全球范围内的产出分布；李姗姗等[27] 从关键词数量、关键词词频、关键词词义三个维度，揭示近五年 ERP 系统的研究前沿；郑军然等[28] 以高频关键词为数据源构建 Netdraw 网络，发现抑郁障碍中医药的研究前沿；郝韦霞等[29] 利用共词分析法，分析中国能源材料领域的研究前沿。马费成等[30] 通过对数字信息资源领域期刊论文的共词分析，借助因子分析法和系统聚类法，研究各主题词间的关系，发现国内数字信息资源的研究前沿；陆伟等[24] 综合运用共词分析和 SOM 方法，通过高频主题词在文献中的共现，借助 SOM Toolbox 进行 SOM 聚类，

得到学科领域研究前沿；丁晟春[31] 等基于词频、主题权重和词频增长率 3 个特征构建有效关键词，利用社区发现方法识别前沿主题。②引文分析法。引文分析法主要通过已发表文献的引用情况探测研究前沿。如 Lee[32] 利用共被引分析法总结韩国图书馆和信息科学领域的研究前沿；张倩等[33] 通过对 23 种图书情报期刊载文的参考文献进行共被引聚类分析，揭示近年来网络计量学方向的热点前沿；陈立新[34] 利用引文分析和多维尺度分析法将力学期刊在引文上的相似性转化为平面距离，探索力学学科的结构和热点研究主题。也有将上述两种方法结合的相关研究，如张琳等[35] 将引文分析和内容词分析法相结合探测心理学、社会学和教育学领域研究前沿。

关键词法、引文分析法在识别研究前沿中发挥了重要作用，但二者仍存在不足之处，如关键词法通常基于高频词分析，易忽略低频突发词代表的新兴研究前沿，导致识别结果不全面，无法准确预测学科发展方向；引文分析法认为引用率高的研究主题往往是该领域的研究前沿，但 Alam[36] 认为，年度发文量也应作为研究前沿识别的参考因素，若该主题的发文量呈现下降趋势，则说明此类主题的研究已趋于饱和，没有更大的研究空间，不再属于研究前沿。综上所述，在前人研究的基础上，拟以用户的引文量代表"需求量"，研究者的发文量代表"供应量"，从研究主题的供需两个维度，结合趋势分析探测学科领域的研究前沿。

（二）研究方法

1. 主题提取

从学术文献中挖掘研究主题一般有两类方法：一是基于共词分析的主题获取方法，共词分析通过统计关键词共现频次，构建共词矩阵进行聚类，利用可视化图展示学科领域的研究热点[37]，但这种方法对关键词的选取带有较强的主观性[38]。二是基于概率模型的主题挖掘方法，如 LSA/PLSA 模型、LDA 模型、HDP 模型等，其中 LDA 模型具有较好的主题识别能力[39]。基于 LDA 模型进行主题挖掘的过程是：利用学术文献的全文或者摘要构建语料库，从狄利克雷分布中抽样产生文档-

主题多项式分布,对主题进行反复抽样,产生与某主题相关的词项,通过这些词项反映学科研究主题[40]。此方法不仅可以克服共词分析中关键词选取的主观性,而且能够深入挖掘主题的语义信息[38]。本书利用 R 语言中 lda 包构建 LDA 模型提取研究主题。

2. 研究主题的活跃度分析

研究主题的被引量反映文献的实际利用程度,代表用户对此主题的需求。某研究主题的被引量高,说明学者对此研究主题对应知识的需求量较大,则该研究主题在其所属学科领域的活跃度相对较高。Z 分数是一个统计学概念,它以总体平均数为零点,以标准差为单位度量原始数据距离平均数水平多少个标准差[41],反映了个体在总体中所占的分量[42][43]。假设给定学科领域共发表 N 篇文献,相对应的被引量用集合 $C = \{c_1, c_2, c_3, \cdots, c_N\}$ 表示,则学科领域的平均引用为:

$$\mu = \frac{\sum_{i=1}^{N} C_i}{N}, \ i \in (1, 2, 3, \cdots, N) \tag{10-1}$$

假设学科领域有 M 个研究主题,每个研究主题的发文量记为 $T = \{t_1, t_2, t_3, \cdots, t_M\}$,相对应的主题被引量为 $Q = \{q_1, q_2, q_3, \cdots, q_M\}$,则每个研究主题的篇均被引量为:

$$X_j = \frac{Q_j}{T_j}, \ j \in (1, 2, 3, \cdots, M) \tag{10-2}$$

学科领域研究主题平均被引量标准差为:

$$\sigma = \sqrt{\frac{1}{M-1} \sum_{j=1}^{M} (X_j - \mu)^2} \tag{10-3}$$

则每个研究主题的 Z 分数表示为:

$$Z_j = \frac{X_j - \mu}{\sigma} \tag{10-4}$$

3. 研究主题发文趋势

研究主题的发文趋势在一定程度上反映了学术研究活动的实时性,可用以表征学科发展的特点和规律[44]。本书利用 Sen's 斜率法进行研究主题的发文趋势分析。Sen's 斜率法是描述时间序列趋势性的定性方法，该方法得出的时间序列的斜率为所有斜率估计值的中值[45]。1968 年，Sen 等首次利用 Sen's 斜率估计算法研究时序变化，此后该方法广泛用于研究气象、水文数据序列的变化趋势[46]。此算法抗噪性强，能够克服一元线性回归受异常值影响的缺点[47]。

设 $X = (x_1, x_2, x_3, \cdots, x_y)$ 代表某研究主题连续 y 年的发文量，则每个研究主题的 Sen's 斜率计算公式为：

$$\beta = Median\left(\frac{x_a - x_b}{a-b}\right), \quad \forall a > b, \ a \in \{2, 3, 4, \cdots, y\}、b \in \{1, 2, 3, \cdots, y-1\}$$

（10-5）

Sen's 斜率 β 表示发文趋势，当 $\beta > 0$ 时，发文量呈上升趋势；当 $\beta = 0$ 时，变化趋势不明显；当 $\beta < 0$ 时，呈下降趋势。

4. 研究主题的排序

Z 分数反映了用户对研究主题的需求趋势，Sen's 斜率 β 则反映了研究者的发文趋势，为综合反映学科领域的研究前沿，利用熵权法为两者分配客观权重分别为 ω_z、ω_β，在此基础上，构建研究主题排序指标 R，对学科领域研究主题进行排序。

每个研究主题 R 值的计算如下：

$$R_j = Z_j * \omega_z + \beta_j * \omega_\beta, \ j \in (1, 2, 3, \cdots, M)$$　（10-6）

（三）数据收集及处理

参考 2018 年核心期刊目录，根据文献[48]的学科期刊分类结果，选取 2012—2017 年 6 年发表在五种核心期刊（包括《中国图书馆学报》《大学图书馆学报》《图书馆建设》《图书馆论坛》《图书馆杂志》）的文献为原始数据，通过去重操作除去会议论文、征文通知、结果公布等，得到 4252 篇文献，以此作为研究数据集。

抽取上述文献的摘要组成实验语料库，首先利用 SATI 软件从数据集中抽取摘要，删除题录信息中摘要字段缺失的文献记录，得到 4215 篇文献的摘要。其次，利用中文停用词表删除数字、无意义常用词和标点符号，使用 jiebaR 包[49] 与自定义领域词典实现中文分词，将分词的最小频率设定为 2，分词的长度设为 2 个字符以上，对特征词进行过滤。最后，得到实验文本语料库。

（四）实验结果

根据图书馆学学科特征，结合专家经验，将主题数目设定为 10。借助 R 语言中 lda 包对文本语料库进行 LDA 主题建模，得到文档-主题分布及主题-词汇分布。提取 10 个研究主题、该主题下的文献总量和高概率词项，如表 10-3 所示。

表 10-3　研究主题及高概率词项（部分）

序号	主题标签	文献量	主题高概率词项（前 5 个）
1	图书馆空间管理	995	大学图书馆、战略规划、创客空间、空间设计、图书馆空间
2	图书馆学理论	345	图书馆学、研究主题、研究领域、图书馆学研究、研究热点
3	信息资源建设与知识管理	444	数字图书馆、数字资源、信息资源、资源建设、管理系统
4	图书馆网络化与自动化	402	智慧图书馆、"互联网+"、移动图书馆、数字阅读、移动服务
5	阅读推广	352	阅读推广、全民阅读、未成年人、阅读活动、阅读疗法
6	用户满意度或需求	136	满意度、信息需求、服务质量、读者满意度、信息质量
7	图书馆服务	474	学科服务、机构知识库、知识服务、推送服务、咨询服务
8	图书馆业务研究	249	图书馆员、馆际互借、文献传递、出版商、图书馆协会
9	公共文化事业	137	公共文化服务、公共文化、公共数字文化、公共图书馆事业、公共服务体系
10	图书馆建设	681	图书馆联盟、理事会、公共图书馆、绩效评估、历史文献

根据前面给出的排序算法，通过活跃度分析（式（10-1）~式（10-4））与趋势分析（式（10-5））计算每个研究主题的 Z 分数和 Sen's 斜率 β，如表10-4、表10-5所示。

表 10-4　基于 Z 分数的引用率

研究主题	发文总量	总被引量	主题平均引用率	Z 分数
图书馆空间管理	995	5493	5.52	-25.68
图书馆学理论	345	2117	6.14	-19.21
信息资源建设与知识管理	444	3939	8.87	9.61
图书馆网络化与自动化	402	4660	11.59	38.22
阅读推广	352	3560	10.11	22.66
用户满意度或需求	136	1090	8.01	0.57
图书馆服务	474	4137	8.73	8.07
图书馆业务研究	249	1272	5.11	-30.03
公共文化事业	137	1103	8.05	0.95
图书馆建设	681	6186	9.08	11.82
图书馆学领域平均引用率	7.96			

表 10-5　基于 Sen's 斜率估计的 β 值

研究主题	2012 年	2013 年	2014 年	2015 年	2016 年	2017 年	β
图书馆空间管理	184	134	211	194	129	143	-8.2
图书馆学理论	54	54	81	57	47	52	-0.5
信息资源建设与知识管理	108	77	76	66	61	56	-6.67
图书馆网络化与自动化	81	62	66	65	60	68	-1
阅读推广	47	48	53	61	70	73	6
用户满意度或需求	32	23	28	29	10	14	-3.6
图书馆服务	107	100	90	61	70	46	-10
图书馆业务研究	61	40	46	45	28	29	-5.67
公共文化事业	17	16	22	35	22	25	2
图书馆建设	144	164	124	99	92	58	-20.5

　　根据 10 个研究主题在 2012—2017 年的发文量绘制增长趋势图，如图 10-5 所示（横轴表示年份（年），纵轴表示发文量（篇））。

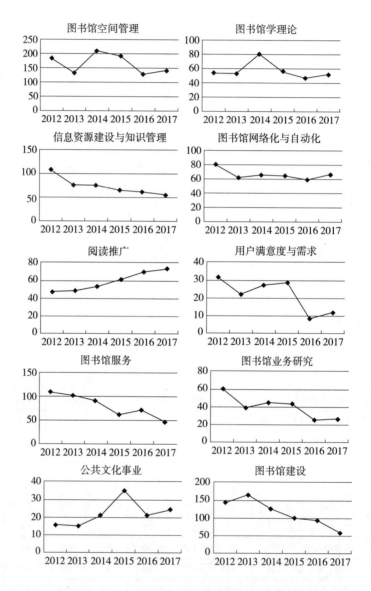

图 10-5　2012—2017 年 10 个研究主题的发文量增长趋势

　　由图 10-5 可知，主题"图书馆网络化与自动化，阅读推广、公共文化事业"

发文量呈现稳步上升的趋势；主题"信息资源建设与知识管理、图书馆建设"呈下降趋势；主题"图书馆学理论""图书馆空间管理"相对稳定。

综合 Z 分数和 β 值，利用熵权法计算得 Z 分数权重为 0.54，β 值权重为 0.46，在此基础上利用式（10-6）计算每个研究主题的 R 值，结果如表 10-6 所示，并以此作为研究主题热度的排序依据。

表 10-6　各研究主题的 Z 分数、β 值和 R 值

研究主题	Z 分数	β	R
图书馆网络化与自动化	38.22	−1	17.04
阅读推广	22.66	6	13.67
公共文化事业	0.95	2	1.52
信息资源建设与知识管理	9.61	−6.67	0.82
用户满意度或需求	0.57	−3.6	−1.68
图书馆服务	8.07	−10	−1.69
图书馆建设	11.82	−20.5	−5.63
图书馆学理论	−19.21	−0.5	−9.11
图书馆空间管理	−25.68	−8.2	−16.24
图书馆业务研究	−30.03	−5.67	−16.88

从表 10-6 中可看出，R>0 的主题有：图书馆网络化与自动化、阅读推广、公共文化事业、信息资源建设与知识管理，属于图书馆学领域的研究前沿。

（五）排序结果评估

为了检验本研究所提出方法的有效性，将其与 CiteSpace 突发检测法进行对比。CiteSpace 集成了 J Kleinberg 突发词算法，该算法可用于检测一个学科领域研究兴趣的突然增长，因此可用于识别研究前沿[50]。其中，突现权重（Strength）作为突现程度的测度指标，其值的大小代表了突现可信度的高低，突现权重大则突现可信度高，反之则可信度低；突现时间指突现发生的起始和结束的时间[33]，检测结果如表 10-7 所示。

表 10-7　CiteSpace 突发检测结果

词语	突现权重	突发开始年	突发结束年	2012—2017 年
公共文化事业	11.961	2015	2017	- - - - ■ ■ ■
信息资源建设与知识管理	11.6967	2012	2013	■ ■ - - - - -
法人治理	10.2248	2015	2017	- - - - ■ ■ ■
文献编目	9.2166	2012	2013	■ ■ - - - - -
阅读推广	7.6154	2015	2017	- - - - ■ ■ ■
绩效评价	7.5352	2013	2014	- ■ ■ - - -
图书馆事业	6.9572	2014	2015	- - ■ ■ - -

注：表 10-7 中加粗部分为主题突发时间段。

　　主题"公共文化事业"的发文量在 2015 年达到近 6 年来的最大值，因为在 2015 年政府印发《关于加快构建现代公共文化服务体系的意见》（以下简称《意见》），《意见》对加快构建现代公共文化服务体系，推进基本公共文化服务标准化、均等化，保障人民群众基本文化权益作了全面部署[51]。该文件第一次将公共文化服务的专业人才培养纳入国民教育体系，明确了公共图书馆的定位和职能，由此引起学术人员对公共文化事业极大的关注和研究。在这一主题上，本书提出的识别研究前沿方法与 CiteSpace 的检测结果是一致的。

　　关于主题"信息资源建设与知识管理"的发文量在近 6 年内虽呈现下降趋势，但 Z 分数为 9.61，活跃度高于图书馆学领域的平均水平，R 值为 0.82，属于图书馆学领域的研究前沿；CiteSpace 检测到此主题突发时间为 2012—2013 年，说明"信息资源建设与知识管理"是关注度有波动的研究主题。图书馆信息资源建设是提升图书馆服务能力的核心因素，尽管对此主题的研究有波动，但对该主题的研究是持续不断的，可见"信息资源建设与知识管理"一直是图书馆学领域稳定的研究前沿。

　　从活跃度分析以及趋势分析可看出，"阅读推广"的计算值都居于前列。我国在 2014 年和 2015 年的《政府工作报告》中都提及了全民阅读。与之对应，阅读权利研究、阅读行为与阅读推广研究分别被列入 2015 年度、2016 年度国家社科基金图书馆学科项目申报指南，成为阅读促进与推广研究的理论支撑；数字阅读、经典阅读、未成年人阅读、基层及贫困地区图书馆阅读服务成为图书馆学界全民阅读促进与推广研究的热点[52]。这一结果与 CiteSpace 检测到的突发时间段也是一致的。

两种识别结果中差异比较大的研究主题是"图书馆网络化与自动化"，R 值为 17.04，在表 10-6 中居于首位，属于图书馆学领域的研究前沿；CiteSpace 突发检测中却没有检测出此主题。因为 CiteSpace 重点考察增长率突然增加的词汇，而本书的研究方法综合考虑发文量与引用率，识别效果更准确。同时，在中国知网中，以"图书馆网络化与自动化"为主题词检索发现，此研究主题的发文量在 2012 年之前呈快速增长趋势，这一现象与科学技术、信息技术的发展和应用密切相关，智能技术、数据库技术等在图书馆的应用，使移动图书馆、数字图书馆、智慧图书馆应运而生，成为图书馆学学科领域近些年稳定的研究前沿[53]。

综上所述，本书提出的方法综合考虑了用户需求与发文趋势，能全面、精确地识别图书馆学学科领域的研究前沿，准确反映该学科领域的发展状况及研究前沿。

（六）小结

提出一种将 Z 分数、Sen's 斜率估计法相结合的学科领域研究前沿识别的方法。用 Z 分数表征研究主题的活跃度；用 Sen's 斜率估计法计算研究主题的发文斜率，估计研究主题的发文趋势幅度；利用熵权法将活跃度分析与发文趋势相结合，构建学科领域研究主题的排序算法，进而识别学科领域研究前沿。

通过对图书馆学领域研究前沿的识别，发现该学科领域具有较高研究优先级的主题是："图书馆网络化与自动化""阅读推广""公共文化事业"与"信息资源建设与知识管理"。通过与 CiteSpace 突发词检测结果相比较，发现：①两种方法识别的结果中有三个重合的研究主题（"公共文化事业""阅读推广""信息资源建设与知识管理"）；②本书的研究方法能够识别出 CiteSpace 无法识别的研究前沿，如"图书馆网络化与自动化"；③本书的研究方法还能识别出关注度有波动的研究主

题，如"信息资源建设与知识管理"。可见，本书提出的方法在识别学科领域研究
前沿主题时更有效，识别的主题更可靠。

参考文献

［1］张晓林. 颠覆数字图书馆的大趋势［J］. 中国图书馆学报，2011（9）：4-11.

［2］Law J, Bauin S, Courtial J P, et al. Policy and the Mapping of Scientific Change：
A Co-word Analysis of Research into Environmental Acidification［J］. Scientometrics,
1988, 14（3）：251-264.

［3］赵蓉英，吴胜男. 我国开放存取研究主题和作者影响力分析——战略坐标与社
会网络分析相融合视角［J］. 情报理论与实践，2013，36（11）：57-62.

［4］Jiménez-Contreras E, Delgado-Lózar E, Ruiz-Pérez R, et al. Co-network Analysis
［C］//ISSI 2005：Proceedings of the 10th International Conference of the International
Society for Scientometrics and Informetrics. Stockholm：Karolinska University Press, 2005.

［5］Yang Y, Wu M, Cui L. Integration of Three Visualization Methods Based on Co-
word Analysis［J］. Scientometrics, 2012, 90（2）：659-673.

［6］王凌燕，方曙，季培培. 利用专利文献识别新兴技术主题的技术框架研究
［J］. 图书情报工作，2011，55（18）：23，74-78.

［7］马费成，望俊成，张于涛. 国内生命周期理论研究知识图谱绘制——基于战略
坐标图和概念网络分析法［J］. 情报科学，2010，28（4）：481-487，506.

［8］李秀霞. 邵作运. "密度-距离"快速搜索聚类算法及其在共词聚类中的应用
［J］. 情报学报，2016，35（4）：380-388.

［9］钟伟金. 共词分析法应用的规范化研究——主题词和关键词的聚类效果对比分
析［J］. 图书情报工作，2011，55（6）：114-118.

［10］崔雷，杨颖. 重点学科发展战略情报研究（一）——引文战略坐标［J］. 情
报理论与实践，2009，32（6）：8-13.

[11] 李雅. 优化战略坐标方法在科研选题中的应用研究——以那他霉素纳米乳新型纳米乳创制为例 [J]. 图书情报工作, 2014, 58 (18): 95-101.

[12] 储伊力. 基于三维战略坐标图的信息经济学热点分析 [J]. 图书情报研究, 2016 (2): 87-92.

[13] 刘欣. 基于阅读价值的科技文献排序方法研究 [D]. 大连理工大学硕士学位论文, 2010.

[14] Wang C H, Zhang M, Ru L Y, et al. Automatic Online News Topic Ranking Using Media Focus and User Attention Based on Aging Theory [C] //Proceedings of the 17th ACM Conference on Information and Knowledge Management. New York: ACM Press, 2008: 1033-1042.

[15] 姜晓伟, 王建民, 丁贵广. 基于主题模型的微博重要话题发现与排序方法 [J]. 计算机研究与发展, 2013, 50 (5): 179-185.

[16] 刘培玉, 侯秀艳, 朱振方. 基于热度联合排序的微博热点话题发现 [J]. 计算机科学与探索, 2016, 10 (4): 574-581.

[17] Cui W, Liu S, Tan L, et al. TextFlow: Towards better Understanding of Evolving Topics in Text [J]. IEEE Transactions on Visualization & Computer Graphics. 2011, 17 (12): 2412-2421.

[18] 肖智博. 排序主题模型及其应用研究 [D]. 大连海事大学博士学位论文, 2014.

[19] Xiao Z, Che F, Miao E, et al. Increasing Serendipity of Recommender System with Ranking Topic Model [J]. Applied Mathematics & Information Sciences, 2014, 8 (4): 2041-2053.

[20] 蒋卓人, 高良才, 赵星. 中英文科技主题排序相关性的比较研究: 以计算机领域为例 [J]. 情报学报, 2017, 36 (9): 940-953.

[21] 邱均平, 吕红. 近五年国际图书情报学研究热点、前沿及其知识基础 [J]. 图书情报知识, 2013 (3): 4-15, 58.

［22］苏福，柯平．国际图书情报学热点与前沿动态研究（2014—2015 年）——27 种 SSCI 核心期刊的全样本分析［J］．大学图书馆学报，2017（1）：11-19，45.

［23］JGibbLDA－V.1.0［EB/OL］．［2022-6-23］．http：//download.csdn.net/download/u012176591/9322345？utm_source＝iteye_new.

［24］陆伟，彭玉，陈武．基于 SOM 的领域热点主题探测［J］．数据分析与知识发现，2011，27（1）：63-68.

［25］Price D J.Networks of Scientific Papers［J］.Science，1965，149（3683）：510-515.

［26］Dalpé R，Gauthier E，Ippersiel M P.The State of Nanotechnology Research：Report to the National Research Council of Canada［R］.1997.

［27］李姗姗，张国强，徐桂芬．基于关键词分析的 ERP 系统研究热点评述［J］．情报科学，2012（8）：1272-1276.

［28］郑军然，黎元元，谢雁鸣．基于关键词分析的抑郁障碍中医药科研发展趋势研究［J］．中华中医药杂志，2016（2）：555-558.

［29］郝韦霞，滕立，陈悦．基于共词分析的中国能源材料领域主题研究［J］．情报杂志，2011，30（6）：70-75.

［30］马费成，望俊成，陈金霞，等．我国数字信息资源研究的热点领域：共词分析透视［J］．情报理论与实践，2007，30（4）：438-443.

［31］丁晟春，王楠，吴靓婵媛．基于关键词共现和社区发现的微博热点主题识别研究［J］．现代情报，2018（3）：10-18.

［32］Lee J Y.Identifying the Research Fronts in Korean Library and Information Science by Document Co－citation Analysis［J］.Journal of the Korean Society for Information Management，2015，32（4）：77-106.

［33］张倩，潘云涛，武夷山．基于 Web of Science 数据的图书情报学研究聚类分析［J］．情报杂志，2007，26（2）：82-84.

［34］陈立新．学科结构研究的新视角——基于学术期刊论文引文的学科结构探索

［J］．统计与信息论坛，2011，26（5）：105-108．

［35］张琳，梁立明，Janssens F，等．混合聚类方法用于科学结构研究——以"心理学、社会学和教育学"领域为例［J］．科学学研究，2010，28（6）：837-845．

［36］Alam M M，Ismail M A．RTRS：A Recommender System for Academic Researchers［J］．Scientometrics，2017（113）：1325-1348．

［37］冷伏海，王林，李勇．基于文献关键词的三元共词分析方法——以知识发现领域为例［J］．情报学报，2011，30（10）：1072-1077．

［38］关鹏，王曰芬．基于 LDA 主题模型和生命周期理论的科学文献主题挖掘［J］．情报学报，2015，34（3）：286-299．

［39］叶春蕾，冷伏海．基于概率模型的主题识别方法实证研究［J］．情报科学，2013（2）：138-142．

［40］傅柱，王曰芬，关鹏．以分类主题抽取为视角的学科主题挖掘——基于 LDA 模型的国外知识流研究结构探讨［J］．情报理论与实践，2016，39（8）：96-102．

［41］戴海崎，张锋，陈雪枫．心理与教育测量（第三版）［M］．广州：暨南大学出版社，2015．

［42］魏光琼，徐伟良．标准分数在综合评估法评标中的应用初探［J］．工程建设与设计，2013（8）：119-121．

［43］沈勇．标准分数在医学生临床实践评价中的应用［J］．继续教育研究，2017（12）：127-128．

［44］李志涛．近二十年我国图书馆学文献增长趋势和动态分布区域［J］．现代情报，2010，30（8）：32-35．

［45］汪攀，刘毅敏．Sen's 斜率估计与 Mann-Kendall 法在设备运行趋势分析中的应用［J］．武汉科技大学学报，2014，37（6）：454-457，472．

［46］刘蓉，文军，王欣．黄河源区蒸散发量时空变化趋势及突变分析［J］．气候与环境研究，2016，21（5）：503-511．

［47］冯克鹏，田军仓．河套地区 1951—2014 年极端气温事件特征分析［J］．水

利水电技术，2017，48（9）：41-53.

[48] 李秀霞，马秀峰，程结晶．融入引文内容的期刊耦合分析［J］．图书情报工作，2016，60（11）：100-106.

[49] Qin W，Settings C Y G，Wu Y. jiebaR：Changes in Version 0.7［EB/OL］．https：//zenodo. org/record134924/export/schemaorg jsonld#. YmCiuvm Fdpk. 2015-12-6.

[50] Chen C M. CiteSpace Ⅱ：Detecting and Visualizing Emerging Trends and Transient Patterns in Scientific Literature［J］．Journal of American Society for information Science and Technology，2006，57（3）：359-377.

[51] 中共中央办公厅、国务院办公厅印发《关于加快构建现代公共文化服务体系的意见》［J］．中国职工教育，2015（2）：13-15.

[52] 邱均平，马凤．近五年我国图书馆研究论文的计量分析［J］．图书馆论坛，2011，31（5）：22-26.

[53] 马海群．国内图书馆学研究进展与发展动向［J］．情报资料工作，2017，38（1）：12-16.

后　记

　　本书的出版得到国家社会科学基金项目"文献内容分析与引文分析融合的知识挖掘与发现研究"（16BTQ074）的资助，在课题选题、立项、研究过程中得到国家哲学社会科学规划办公室和图书馆、情报与文献学学科评审组的大力支持，在此深表感谢；同时，感谢课题组负责人所在单位给予的大力支持和帮助。在本书的写作过程中，我广泛吸取了国内外相关的研究成果，参考并引用了大量的文献资料，前人的先进理念为本书撰写奠定了坚实的基础，谨向被引用学者致以真诚的感谢。本书还集成了课题组成员及其合作者发表的系列期刊论文成果；在本书策划以及编写过程中，承蒙程结晶教授的指导和鼓励，并提出许多宝贵的修改意见，在此一并表示由衷的感谢！

　　本书的完成，既是本人研究的阶段性成果，也是进一步学习的新起点，未来将在已有研究的基础上，创新研究方法和研究模式，进行更深入细致、更扎实有效的研究，为推动我国图书情报学学科发展尽微薄之力。

　　受本人水平所限，书中不足和疏漏之处在所难免，敬请读者不吝赐教！

李秀霞

2022 年 1 月